国际法渊源视角下的网络空间国际造法研究

应瑶慧 ◎ 著

中国社会科学出版社

图书在版编目(CIP)数据

国际法渊源视角下的网络空间国际造法研究 / 应瑶慧著. -- 北京：中国社会科学出版社, 2025. 6.
ISBN 978-7-5227-5008-8

Ⅰ. D922.174

中国国家版本馆 CIP 数据核字第 202570AQ48 号

出 版 人	季为民
责任编辑	梁剑琴
责任校对	周　昊
责任印制	郝美娜

出　　版	中国社会科学出版社
社　　址	北京鼓楼西大街甲 158 号
邮　　编	100720
网　　址	http://www.csspw.cn
发 行 部	010-84083685
门 市 部	010-84029450
经　　销	新华书店及其他书店

印刷装订	北京君升印刷有限公司
版　　次	2025 年 6 月第 1 版
印　　次	2025 年 6 月第 1 次印刷

开　　本	710×1000　1/16
印　　张	14.75
插　　页	2
字　　数	242 千字
定　　价	88.00 元

凡购买中国社会科学出版社图书，如有质量问题请与本社营销中心联系调换
电话：010-84083683
版权所有　侵权必究

序　　言

当今时代，新一轮科技革命和产业变革突飞猛进，以人工智能为代表的数字化技术日益融入经济社会发展各领域、全过程，网络空间和现实世界的交错共生也带来了一系列新的风险挑战。在这一背景下，国际法在全球网络空间治理中的作用日益受到重视，各国尤其是网络大国围绕网络空间国际规则创设、解释和适用的博弈日趋激烈。

中国作为网络空间国际法治的重要建设者、维护者和贡献者，一直高度关注网络空间的"建章立制"。习近平总书记在主持 2016 年 10 月 9 日第三十六次中央政治局集体学习时，对网络强国建设提出了六个"加快"的要求，其中之一就是"加快提升我国对网络空间的国际话语权和规则制定权"。这表明：我国实施网络强国战略的核心要素和重要基石之一，是通过网络空间国际话语权和规则制定权的提升，成为网络空间国际法强国。

应瑶慧博士的《国际法渊源视角下的网络空间国际造法研究》一书，正是在这一时代背景下应运而生。该书从国际法渊源理论的角度，系统研究了网络空间国际造法的理论基础、动态进程及核心争议，对网络空间国际法的形成路径和发展逻辑进行了全方位的探讨。这部专著的出版，既具有鲜明的学术价值，也具备一定的实践意义。本书具备以下特点：

首先，从研究对象上看，本书选取了"网络空间国际造法"这一动态过程作为研究重点，区别于以往集中研究国际法现有规范的静态研究模式。网络空间作为人类活动的"第五空间"，是全球合作与竞争的战略新疆域，而网络空间国际造法则是一个从无到有、从旧到新的发展过程。在这一过程中，既有对传统国际法规则的适用，也有新规范的生成。本书选取这一独特的研究对象，填补了学术研究的空白，并对尚未被充分讨论的问题进行了深入挖掘，展现了其在研究对象选择上的新颖性。

其次，在研究视角上，本书从国际法渊源的视角出发，剖析了网络空间国际造法的核心争议，并提出了创新性分析框架。作者将网络空间国际造法划分为"旧法之适用、新法之产生、软法之发展"三大要素，并在此基础上，结合传统国际法渊源理论，对网络空间国际造法的全过程进行了体系化分析。同时，作者突破了静态的渊源理论局限，以动态演进的思维，将软法纳入网络空间国际造法体系，既扩展了传统理论的解释力，又为本书研究提供了更为丰富的视角。这种视角的突破，为我们理解网络空间国际造法的复杂性提供了新的思考路径。

再次，在学术观点上，本书提出了一些颇具新意的论断。例如，作者认为网络空间国际造法是一个从局部实践到整体规范的渐进式过程，并伴随着波浪式前进和螺旋式上升的动态特征，这一观点突破了部分学者主张的"新法排斥论"，对网络空间国际法的未来发展提供了深刻洞见。同时，作者主张将软法作为网络空间国际造法的重要组成部分，并试图构建一套自洽的解释体系，提出软法和硬法作为造法进程中不同阶段的产物，是一种"异质互补"的规范结构。此外，书中对正式造法与非正式造法的关系进行了辩证分析，并提出网络空间国际造法正处于"旧法、新规、软规范三轨并进"的格局之中，这一观点从全局视角揭示了网络空间国际造法的现实态势与未来可能性。

最后，在研究方法上，本书不仅坚持了国际法的规范分析和实证分析方法，还巧妙地融入了国际关系理论、全球治理理论、风险社会理论等跨学科视角，形成了多元化的研究方法论体系。这种跨学科的尝试，既拓宽了学术研究的深度与广度，也对其他学者在类似领域的研究提供了参考。此外，作者通过比较研究方法，对主要大国（如中国、美国、欧盟成员国、俄罗斯、巴西等）的立场与实践进行了全面分析，揭示了网络空间国际造法中的多样性和不平衡性，为解决发展中国家在这一领域的参与困境提供了启示。

总之，这本专著凝聚了作者对网络空间国际法问题的深入思考，也展现了她严谨的学术态度和扎实的理论功底。作者围绕网络空间国际造法这一前沿议题初步构建了一套清晰的学术框架，这种问题意识与逻辑思维令人欣慰。该书既是一部具有前瞻性的理论著作，也是对实践问题的回应尝试。它不仅为国际法学界提供了学术参考，也为全球网络空间治理提供了具有中国特色的理论支持。在中国加快建设网络强国、全球范围内网络空间国际规则博弈不断加剧的关键时刻，本书的出版恰逢其时。

应瑶慧自 2016 年从吉林大学进入武汉大学，在随后攻读国际法专业硕士和博士学位的六年里，就已经因为勤于钻研、勇于探索而小有名气。2022 年进入中南财经政法大学法学院工作后，又继续取得了一些新的成绩，成为一名能够独立思考、潜心研究的青年学者。作为她硕士和博士求学阶段的导师，我深感欣慰，也对她的未来充满期待。

习近平总书记强调指出：网络空间的竞争，归根结底是人才竞争。衷心希望应瑶慧博士能够一如既往地保持对于学术的热情与执着，加快成长为网络空间国际法这一新领域的高素质专业人才。一方面，应关注网络空间国际法实践的最新动态，与时代发展同频共振；另一方面，也要坚守学术研究的独立性与深度，以更加宽广的视野和更加包容的心态，探索网络空间国际法的复杂面貌。同时，我也期望她能将研究成果更多地转化为促进全球治理的实践智慧，为网络强国战略的实现和网络空间命运共同体的构建贡献新的力量。

黄志雄

武汉大学法学院副院长、网络治理研究院长、
国际法研究所弘毅特聘教授
2024 年 12 月 28 日

摘　　要

　　网络空间是人造的新疆域,被称为"第五空间",网络空间国际法方兴未艾。近年来,随着网络空间战略地位的稳步上升,各国越来越注重通过影响和塑造网络空间的国际法规范来实现本国利益和诉求,国际法在网络空间秩序构建中的重要性显著上升。在此背景下,本书选择网络空间国际造法作为研究对象,通过对这一动态进程中的三类核心争议进行剖析,提炼并深化对网络空间国际造法的体系性认知。

　　本书采用"总—分—总"的行文架构:首先,梳理网络空间国际造法的缘起与发展,阐释用国际法渊源的静态视角研究动态的网络空间国际造法问题的意义及其完善途径,将网络空间国际造法之核心争议类型化为旧法之适用、新法之产生和软法之发展三个方面。其次,以三大核心争议为线索,针对性考察网络空间国际造法的具体过程,对相关问题分门别类地展开论述,探究其现状、态势、成因、困境及化解可能,并确立其在造法进程中的相对地位和彼此关联。最后,据此对网络空间国际造法的整个过程予以体系性诠释,总结并提炼出网络空间国际造法之现状及远景的体系性认知,进而对我国参与网络空间造法博弈、争夺话语权提出可供执行的理性翔实建议。与上述总体思路和主要问题相对应,本书共分为五个章节,各自内容具体如下:

　　第一章涉及网络空间国际造法的缘起、视角与核心争议:基于对网络空间国际造法相关基础理论的研究,结合相关文本和实践考察,总结和提炼网络空间国际造法的核心争议,为全书确立必要的展开思路。首先,通过对网络空间国际造法的历史脉络和内涵外延等加以梳理和阐释,指出以相对静态的国际法渊源为视角来研究动态演进中的网络空间国际造法,能较好地对所涉核心争议加以类型化梳理,但也要避免对国际法渊源,尤其是对《国际法院规约》第38条存在的图腾式幻想。其次,在此基础上提出应从法的表现形式之内部视角切入,同时结合主体、平台和过程等外部视角，从而共同观察网络空间国际造法，以此完成网络空间国际造法从结果导向到过程导向的转换。最后，将网络空间国际造法与外空法、海洋法、环境法和能源法等相关领域进行对比，以期汲取经验、吸取教训。最后，本书认为主权国家回归网络空间为该领域国际造法奠定了社会基础，网络空间建章立制已是大势所趋，但网络空间国际造法仍处萌芽阶段。为此，应从国际法渊源的视角对网络空间国际造法的核心争议加以类型化，据此可提炼出旧法之适用、新法之创设与软法之发展三大议题。

第二章主要研究作为网络空间国际造法之基石的"旧法"之适用问题：基于对既有国际法能否、如何适用于网络空间两大前提性问题的研究，进而探讨网络空间之法律适用与国际造法的关联及差异。首先，既有国际法之于网络空间的可适用性，可从其本身的法理依据和功利主义视角下的现实需要来解释。其次，通过观察可知，各国关切侧重不同导致了各自为政局面，高政治领域合意难成则致使造法进度缓慢，相关分歧在主权及其衍生规则、诉诸武力权以及武装冲突法适用于网络空间等方面体现得最为明显。最后，鉴于国际社会关于国际法规范适用于网络空间的具体范围和方式等问题有待达成进一步共识，应从国际、国别与学者三个方面澄清既有国际法如何适用于网络空间，并通过法律发现、法律解释和法律推理的过程来弥合既有国际法规范与网络空间实际情况的差异。据此，既有国际法适用于网络空间通过对"一般法"进行解释、澄清，一定程度修改了后者的内涵和外延，本质上属于二次造法的过程。既有国际法适用于网络空间将是网络空间国际造法中的基础性、长期性问题。

第三章主要研究作为网络空间国际造法之愿景的"新法"之产生问题：基于对网络空间中专门性条约与新习惯国际法之产生的必要性、态势和困境及解决的研究，尝试阐释国际法渊源视角下网络空间传统造法模式的守正与变通。首先，从网络空间新法产生的必要性和态势入手，对所谓"马的法律"进行理论商榷，论述网络空间新规范制定的必要性，并总结目前国际社会对制定新法的立场倾向；其次，围绕制定专门性条约和发展新习惯国际法两种路径展开阐述，分析其各自的困境及化解可能；最后，总结出作为网络空间国际造法的路径之一的制定新条约和发展新习惯国际法过程的前景，以及网络空间的新规发展对传统造法模式的守正与变通。在此过程中，还将揭示网络空间"特别法"的创设是从量变引起质变的渐进式过程，同时新法的产生尚需依赖于国际软法的发展。

第四章主要研究作为网络空间国际造法之重要补充的"软法"之发展问题：尽管在《国际法院规约》第 38 条框架下国际软法尚不属于国际法渊源，但在本书逻辑中国际软法的发展是网络空间国际造法的重要部分。从国际造法的过程与作为其结果的各类国际法规范之区分出发，本书所倡导的动态法源论观点也由此明晰：除了正式的造法外，非正式造法也应该被纳入考虑。首先，多利益攸关方的互联网治理模式、传统国际造法进程滞缓与软法固有的成本低、程序简、更新快的优势，促成了网络空间国际软法的蓬勃发展。在此基础上，网络空间国际软法呈现多元主体踊跃参与，规范倡议数量众多且呈碎片化分布的趋势。其次，一方面，在网络空间负责任国家行为规范方面，作为典型传统造法模式滞缓背景下的新型路径，其具备独立造法与候补规则的双重定位；另一方面，以"塔林手册进程"与"牛津进程"为代表的学者倡议发挥出可观的影响力，实质上超出了学理解释的范畴而成为"影子立法"。最后，国际软法作为新旧法之争的第三条道路，或经过软法硬化成为国际法规范，或继续以软法形式提供规范性指引，这两种情况都将对网络空间国际造法产生重要影响。

第五章旨在完成"体系化观察"：通过前三章中对网络空间国际造法之各大要素的部分性探讨，对网络空间国际造法进行整体性诠释。无论是从形式到内容，抑或从核心到边缘，网络空间国际造法都在不断变化中，它并非线性演进，由此必定伴随着挫折或迂回。首先，网络空间国际造法呈现出旧法、新规、软规范三轨并进的格局。一方面，传统的造法模式在网络空间领域仍然发展缓慢。既有国际法适用于网络空间作为基石而存在，主要涉及国际法规则从旧到新的适应性改良；专门性条约和新习惯国际法的形成需要从无到有的长期努力，作为造法的愿景发挥作用。另一方面，非正式的造法模式与传统的造法模式在网络空间平行存在，并很可能在未来发生交叉，多利益攸关方模式下的国际软法规范发挥着网络空间国际造法的重要补充功能。其次，网络空间国际造法的成果，呈现出相关的国际法规则、原则与规范之间的异质互补关系：在调旧育新的过程中，旧法与新规呈现出嵌套和互相渗透的趋势；软法倡议则应被视为从规范到规则的试验产品，其可能会在未来升级为国际法；国际社会将持续依赖这种软硬兼施的复合型规范结构来构建和维持网络空间的国际秩序。并且还应认识到在软法倡议的多元参与下，可能出现实效优于外观的情况，从而对国家造法权威形成软侵蚀，规范梯级的"流水线"趋势也较为明显。最后，软法的产生与扩散需以成熟的市民社会为基础，这加剧了发达国家与发展中国家参与造法的不平衡，可能会巩固现有的国际格局，进一步挤压发展中国家参与造法的空间。作为国际社会中的网络大国，中国应当明确利益关切、分类施策参与网络空间国际造法进程，为网络空间国际法治贡献中国智慧、提出中国方案。

关键词：网络空间；国际造法；国际法渊源；条约；习惯国际法；负责任国家行为规范

目　录

导论 ·· （1）
 一　研究背景 ··· （2）
 二　国内外研究现状 ·· （3）
 三　既有研究的局限与研究意义 ······································· （22）
 四　写作思路与研究方法 ·· （24）
第一章　网络空间国际造法的基础理论、研究视角与核心争议 ······ （27）
 第一节　网络空间国际法的基础理论：缘起与概念界定 ······· （27）
  一　网络空间国际造法的缘起 ·· （28）
  二　网络空间国际造法的相关概念界定 ························· （31）
 第二节　作为研究视角的国际法渊源 ································· （37）
  一　静态的国际法渊源：以《国际法院规约》第38条为
    出发点 ··· （37）
  二　动态的网络空间国际造法：体系化的理想与碎片化的
    现实 ·· （42）
  三　国际法渊源作为网络空间国际造法研究视角的意义与
    完善 ·· （43）
 第三节　他山之石：与其他国际法分支造法之对比 ············· （45）
  一　与外层空间法的造法对比 ·· （46）
  二　与国际海洋法的造法对比 ·· （48）
  三　与国际环境法的造法对比 ·· （49）
  四　与国际能源法的造法对比 ·· （51）
 第四节　国际法渊源视角下网络空间国际造法的核心问题 ······ （53）
  一　旧法之适用 ··· （53）
  二　新法之产生 ··· （54）
  三　软法之发展 ··· （55）

第二章　旧法之适用：网络空间国际造法的基石 ……………………（56）
　第一节　既有国际法适用于网络空间的必然性、态势与主要
　　　　　分歧 ………………………………………………………（57）
　　　一　既有国际法适用于网络空间的必然性 ……………………（57）
　　　二　既有国际法适用于网络空间的态势 ………………………（59）
　　　三　主要分歧：以主权、诉诸武力权和武装冲突法为典型 ……（61）
　第二节　既有国际法适用于网络空间的澄清方式与适用方法 ……（69）
　　　一　澄清方式：国际层面、国别层面和学者层面 ……………（69）
　　　二　适用过程：法律发现、法律解释与法律推理 ……………（78）
　第三节　名与实：名义上的法律适用与事实上的二次造法 ………（85）
　　　一　旧瓶装新酒：既有国际法之适用的本质是二次造法 ……（85）
　　　二　既有国际法之适用的基础性定位与相对局限 ……………（90）

第三章　专门性条约与新习惯国际法之产生：网络空间国际造法的
　　　　愿景 ……………………………………………………………（93）
　第一节　网络空间新法之产生的必要性与态势 ……………………（93）
　　　一　网络空间领域"马的法律"理论商榷 ………………………（93）
　　　二　网络空间专门性条约和新习惯国际法的造法态势 ………（95）
　　　三　网络空间专门性条约和新习惯国际法的造法现状 ………（98）
　　　四　网络空间新法的必要性与可行性 …………………………（99）
　第二节　网络空间专门性条约之制定的困境与化解 ………………（101）
　　　一　专门性条约之制定尚需攻克的困境 ………………………（101）
　　　二　专门性条约之制定的长期愿景和可行目标 ………………（104）
　第三节　网络空间新习惯国际法之形成的困境与化解 ……………（110）
　　　一　新习惯国际法之形成的困境及其原因 ……………………（110）
　　　二　网络空间新习惯国际法形成的理论基础 …………………（114）
　　　三　新习惯国际法形成的可能路径与潜在案例分析 …………（120）
　第四节　理想与现实：国际法渊源下传统造法模式的守正与
　　　　　变通 ………………………………………………………（127）
　　　一　从量变到质变：网络空间新法之产生的渐进性 …………（127）
　　　二　"软法硬化"：网络空间新法之产生有赖于国际软法之
　　　　　发展 ………………………………………………………（130）

第四章　国际软法：网络空间国际造法的重要补充……(132)

第一节　网络空间国际软法的发展态势与驱动因素……(133)
一　网络空间国际软法的发展态势……(133)
二　网络空间国际软法的驱动因素……(134)

第二节　网络空间负责任国家行为规范……(136)
一　网络空间的专有模式与传统造法滞缓下的新型路径……(137)
二　负责任国家行为规范之法律性质：独立造法与候补规则的双重定位……(143)

第三节　网络空间国际造法进程中的学者倡议……(145)
一　网络空间学者倡议之实效：对塔林手册和牛津进程的考察……(146)
二　网络空间学者倡议之本质：学理解释抑或"影子立法"……(151)
三　网络空间学者倡议与国际法渊源的贯通衔接……(153)

第四节　中心与外围：国际法渊源下网络空间国际软法的相对位置……(157)
一　网络空间国际软法作为新旧法之争的第三条道路……(157)
二　软法规范如何作用于网络空间国际造法……(159)

第五章　网络空间国际造法的体系化观察……(161)

第一节　网络空间国际造法路径：三轨并进格局……(162)
一　传统国际造法模式仍在网络空间缓慢发展……(162)
二　非正式造法与传统造法模式平行或交叉……(167)

第二节　网络空间国际造法内容：异质互补成果……(169)
一　调旧育新：旧法与新规的嵌套渗透……(169)
二　软法倡议：从规范到规则的试验产品……(171)
三　刚柔并济：硬法与软法的关联互补……(173)

第三节　网络空间国际造法的中国应对……(174)
一　分类施策参与网络空间国际造法……(175)
二　明确利益关切多法并举取得战略主动……(179)

结论……(184)

参考文献……(187)

后记……(222)

导　　论

全球化是对当今世界时代特征的最具共识性的概括。① 面对全球化时代的危机与挑战，全球治理的视野为讨论问题提供了全新的范式。按照罗西瑙的理论，世界事务可以概念化为通过一个可被称为世界政治的二分体系来管理，其一是长期以来支配事件进程的国家间体系，其二则是由其他集团组成的多元中心体系。为了争夺权威，它们与国家间体系既开展合作，又相互存在竞争关系，并且处在永不停止的互动过程中。② 因为网络空间具有去中心化、匿名、开放、交互、弹性等专有特质，网络空间的规范化与国际造法注定需要多元治理。需赘言，全球治理理论对网络空间的国际造法产生了巨大影响，不同于全球治理理论从传统的主权国家中心转向多元治理的模式，网络空间的法治化是从"无政府治理"逐渐回归到"主权国家中心的多元治理模式"。③ 网络空间作为人类活动的新疆域，正在日益走向国际法治。在网络空间国际造法领域，中国不再是规则的后来者，在参与和影响造法方面面临着难得的历史机遇。习近平总书记指出："大国网络安全博弈，不单是技术博弈，还是理念博弈、话语权博弈。"④ 我国有必要充分认识网络空间国际造法的过程体系性与内容多元性，就核心争议分类施策地参与网络空间国际造法。

---

① ［英］博温托·迪·苏萨·桑托斯：《迈向新法律常识——法律、全球化和解放》（第二版），刘坤轮、叶传星译，中国人民大学出版社 2009 年版，第 203 页。

② See James N. Rosenau, "Governance in a New Global Order", in David Held and Anthony McGrew eds., *Governing Globalization: Power, Authority and Global Governance*, Polity, 2002, pp. 76-83.

③ 鲁传颖：《网络空间治理与多利益攸关方理论》，时事出版社 2016 年版，第 49 页。

④ 习近平：《在网络安全和信息化工作座谈会上的讲话（2016 年 4 月 19 日）》，人民出版社 2016 年版，第 23 页。

一　研究背景

从20世纪90年代起至今，网络空间国际法逐步发展成为一个新的学术研究领域，相关研究成果也经历了由无到有、由浅到深、由点到面的过程，但很多问题还有进一步深化、拓展的空间。

网络空间每天都在发生着新的变化，信息通信技术的不断突破加速了对人类传统社会的解构与重构。网络空间战略地位的上升催生了国际社会对网络空间进行国际造法的需求。2013年爱德华·斯诺登揭露美国国家安全局在全球范围内开展大规模网络监控的"棱镜计划"，引起了国际社会关于网络空间国家安全、个人隐私等问题的广泛关注，同时推动了网络空间治理成为国际社会的优先议题。各国在增强网络技术能力的同时，不得不正视网络空间带来的安全隐患，以国际法为武器保卫自己在网络空间的利益不受侵犯。一个明显的趋势是，自斯诺登事件后，各国政府纷纷发布网络空间的战略文件，加大对网络空间规范化的投入，彻底改变了网络空间全球治理原有的松散格局。

从联合国层面来看，联合国信息安全政府专家组（UNGGE）全称为"国际安全背景下信息和通信领域的发展政府专家组"，是迄今为止在国家层面推动网络空间国际规则制定与发展的最重要的渠道。2013年该政府专家组通过的共识性文件（A/68/98）在国际法在网络空间"可否适用"的问题上达成一致意见，取得了阶段性的进展。但之后，各国继续面临国际法"如何适用"于网络空间这一棘手难题。2015年，该政府专家组经过深度协商，最终成功达成了新的共识性文件（A/70/174），在肯定前一份文件的基础上，进一步提出了11项自愿、不具约束力的负责任国家行为规范。2016年，第五届政府专家组虽然经过多次协商，最终因为各方对一些争议问题分歧不可弥合而无疾而终。2018年11月，联合国建立了囊括任何有意愿参与进程的成员国的开放式工作组（OEWG），与联合国信息安全政府专家组并行，形成了联合国框架下的"双轨制"格局。2021年，开放式工作组与联合国信息安全政府专家组分别通过了迄今为止最新的共识性报告，进一步推进了网络空间国际法治进程。

在联合国之外，网络空间国际造法也正如火如荼地进行中，各种双边、区域、小多边的网络空间国际法对话层出不穷，许多国家纷纷出台自己关于"国际法适用于网络空间"的立场文件，非国家行为体也积极参与到网络空间国际造法中,跨国公司、学者智库、非政府组织等在其中起到了不容忽视的作用。例如,微软总裁布拉德·史密斯在美国旧金山召开的网络安全大会中提出制定全球"数字日内瓦公约"的倡议;北约卓越合作网络防御中心(CCDCOE)发起并组织国际专家组编写了《塔林手册1.0版》和《塔林手册2.0版》用以澄清网络空间国际法,《塔林手册3.0版》也已宣布启动;全球网络空间稳定委员会(GCSC)提出了"捍卫互联网公共核心"的网络规范。在此种主权国家、联合国、区域性政府间国际组织(例如北大西洋公约组织、上海合作组织)、互联网行业、跨国公司、学者团体、非政府组织等形形色色的多元主体参与网络空间国际秩序塑造,尤其是法治化、规范化进程的背景下,对演进中的网络空间国际造法问题有一个动态的、体系性认知的重要性就显得尤为突出。

  网络空间国际造法内容纷繁复杂,本书选择从国际法渊源的角度切入。对于国际法渊源,学界有不同观点,有人主张从法律生成的角度去理解,有人主张从历史的角度去理解,但就目前而言,从法的表现形式的角度理解国际法渊源的观点受到了最广泛的认同。在过去的半个多世纪,《国际法院规约》第38条规定了国际法院在处理案件时应依据的国际法规范,而这条规定经过反复适用从而被视为国际法渊源的权威说明。本书也以此项条款为研究视角的出发点,但对国际法渊源的理解有以下几点澄清。首先,该条作为关于"可适用的法"的条文,并不等同于国际法渊源本身;其次,案文形式不宜直接理解为封闭式列举;最后,如希金斯法官所说:国际法是一套体系和进程,而不是一个规则集合。《国际法院规约》第38条实际上是对《常设国际法院规约》第38条的继承,故条文产生至今已逾百年,随着时代的发展,对国际法渊源的理解应该有必要作出相应拓展。选择从国际法渊源视角入手研究网络空间国际造法,是因为网络空间国际造法本身是一个动态的过程,对此我们需要有一个体系性、整体性的认识。国际法渊源的视角能帮助识别网络空间国际法原则、规则与规范,将涉及的实质内容类型化把握,便于观察网络空间国际规则制定中的某些倾向或规律并总结出核心争议。

二 国内外研究现状

  随着因特网技术的发展和普及,网络空间的战略地位日趋重要,关于网络空间国际法的相关研究呈现出井喷之势,国内外学界都产出了数量可观的成果。就本书选题而言,目前尚无体系地研究网络空间国际造法的学术成果,但是与此相关的学术成果已有不少,下文将从网络空间国际法的一般性研究、既有国际法之于网络空间的适用、专门性条约的创设、网络空间新习惯国际法的逐渐形成、网络空间国际软法五个方面展开阐述。

(一) 关于网络空间国际法的一般性研究

与中国相比,国外学界对网络空间国际法的问题关注更早,研究成果更为成熟和深入,代表性著作包括但不限于以下几部:由北大西洋公约组织网络合作防御卓越中心的研究员卡特里娜·佐伊科夫斯基主编的《网络空间国家活动的和平时期机制:国际法、国际关系与外交》,将和平时期的网络空间国家活动的国际规范作为讨论对象,同时融入了外交学、国际关系、国际法的跨学科视角。① 安娜-玛利亚·奥苏拉和亨利·罗伊加斯主编的《国际网络规范:法律、政策和行业视角》则再次尝试以跨学科的视角来研究网络空间国际规范。② 迈克尔·施密特和丽斯·维芙尔撰写的《国际网络法律规范的性质》一文提出用《国际法院规约》第38条的角度来确定网络规范的法律性质是有益的尝试,也提及一般法律原则不太可能为国际法适用于网络空间提供太大帮助,认为在条约和习惯国际法都相对缺位的网络空间反而应该多注重辅助渊源,例如包括《塔林手册》在内的学者贡献被证明对于识别和塑造网络空间国际规范是相对更有效的。③ 克里安沙克·基蒂猜沙里的《网络空间国际公法》作为为数不多的从公法角度讨论网络空间国际法的专著,首先从多利益攸关方的治理模式来总结了网络空间国际法的发展所面临的挑战,并认为既有国际法本身就可适用于网络空间,并不是"类推适用",故是网络空间国际法治的最佳选择;其次从管辖权、人权、网络战、网络间谍、网络犯罪、网络反

---

① Katharina Ziolkowski ed., *Peacetime Regime for State Activities in Cyberspace: International Law, International Relations and Diplomacy*, NATO CCD COE, 2013.

② Anna-Maria Osula and Henry Rõigas eds., *International Cyber Norms: Legal, Policy & Industry Perspectives*, NATO CCD COE, 2016.

③ Michael N. Schmitt and Liis Vihul, "The Nature of International Law Cyber Norms", in Anna-Maria Osula and Henry Rõigas eds., *International Cyber Norms: Legal, Policy & Industry Perspectives*, NATO CCD COE, 2016, pp. 23-48.

恐等典型方面切入，对既有国际法适用于网络空间分章进行了探讨。① 与此类似，弗朗西·德勒鲁的《网络行动与国际法》一书也采用这种类似总分的结构来布局全书。德勒鲁首先认为网络空间不是一个新的"领域"，没有任何法律上的理由阻挡一般国际法适用于网络空间，应该重视非国家行为体在国际造法过程的作用。在造法方式上，其认为在网络空间中国家可能会更偏好发展软法而不是制定硬法，创设新条约可行空间有限，应将重心放在既有国际法适用于网络空间。其次，全书从归因、网络行动的合法性、对于国家支持的网络行动的救济三大板块入手来架构行文。② 英国伯明翰大学教授尼古拉斯·塔古利亚斯和拉塞尔·布坎主编《国际法与网络空间研究手册》同样认为国际法适用于网络空间是理论前提，进而从网络空间和一般国际法原则、网络威胁、网络攻击与诉诸武力权、网络战与战时法、网络安全的区域和国际方案几个方面来对网络空间国际法进行了较为全面的论述，并在第二版中更新区域与国别的相关研究。③ 马修·霍辛顿在《通过国际法规范网络行动：在盒子内或在盒子外》一文中提出了三种规制网络行动的国际法路径，分别是既有国际法律体系的适用、创设全新规则或者以在既有国际法内部调试的方法应对挑战。④

近年来，国内关于网络空间国际法一般性研究的数量和质量都有大幅上升，比较有代表性的，如黄志雄指出，国内外学界对网络空间国际法的研究阶段可大致分为"荒芜期""萌芽期"和"快速成长期"。不过，相较于国际法的其他分支，网络空间的国际造法仍方兴未艾，各主要国家对于网络空间国际规则的制定和适用还存在一系列分歧。⑤ 目前国际社会对

---

① ［泰］克里安沙克·基蒂猜沙里：《网络空间国际公法》，程乐、裴佳敏、王敏译，中国民主法制出版社2020年版。

② François Delerue, *Cyber Operations and International Law*, Cambridge University Press, 2020.

③ Nicholas Tsagourias and Russell Buchan eds., *Research Handbook on International Law and Cyberspace*, Edward Elgar Publishing, 2nd edition, 2021.

④ Matthew Hoisington, "Regulating Cyber Operations Through International Law: In, Out or Against the Box?", in Mariarosaria Taddeo and Ludovica Glorioso eds., *Ethics and Policies for Cyber Operations A NATO Cooperative Cyber Defence Centre of Excellence Initiative*, Springer, 2017, pp. 87-98.

⑤ 黄志雄：《网络空间规则博弈中的"软实力"——近年来国内外网络空间国际法研究综述》，《人大法律评论》2017年第3期。

网络空间国际法的矛盾分歧体现在规则的形式、内容、制定场所等方面。① 王贵国从网络空间国际造法的主体切入，认为主权国家仍作为网络空间治理的最重要的行为体，而非政府机构则共同参与治理，填补规则空白。② 鲁传颖、杨乐则指出，联合国信息安全政府专家组是主权国家参与构建网络空间规范的主要平台，对专家组机制的运行情况和特征进行梳理，对专家组机制在推动形成网络规范方面的作用和面临的挑战进行深入分析。③

（二）关于既有国际法适用于网络空间的研究

既有国际法可适用于网络空间，在目前的国内外学界已经达成共识。国内方面，刘碧琦在《论国际法在网络空间适用的依据和正当性》一文中则梳理学界对于国际法在网络空间适用的以"工具论""习惯国际法论"和"替代方案论"为主要代表的矛盾性主张，认为这些主张都有不足，国际法之所以在网络空间具有适用性，根源于国际法的社会基础并未产生动摇，国际社会也亟须发挥国际法对网络空间命运共同体的保障性作用，而广泛的国际共识将成为统领一切之核心。④ 国外方面，西方国家政府和学界热衷于积极推动既有国际法适用于网络空间，而对制定网络空间新条约兴趣不大。例如，时任美国国务院法律顾问高洪柱2012年名为"网络空间的国际法"的演讲，多次提及"既有国际法无疑适用于网络空间"。这一观点在其继任者布莱恩·伊根2017年名为"国际法与网络空间的稳定"的演讲中得到重申。这一观点在西方学者中几乎没有争议，如2013年出版的《网络战国际法塔林手册》（以下简称《塔林手册1.0版》）和2017年出版的《网络行动国际法塔林手册2.0版》（以下简称《塔林手册2.0版》）都强调既有国际法在对网络空间的适用，并对这一问题进行了具有一定前瞻性的研究。弗朗西·德勒鲁在《网络空间国际法的重新解释或辩论》一文中强调既有国际法在网络空间的可适用性，但也承认既有国际法有一定的局限性，需要对其进

---

① 黄志雄：《国际法在网络空间的适用：秩序构建中的规则博弈》，《环球法律评论》2016年第3期。
② 王贵国：《网络空间国际治理的规则及适用》，《中国法律评论》2021年第2期。
③ 鲁传颖、杨乐：《论联合国信息安全政府专家组在网络空间规范制定进程中的运作机制》，《全球传媒学刊》2020年第1期。
④ 刘碧琦：《论国际法在网络空间适用的依据和正当性》，《理论月刊》2020年第8期。

行再解释,以应对网络威胁。①

另有一些学者观察到虽然国际法可以适用于网络空间这个大前提已经确立,但对于具体适用哪些规则和原则,不同国家间各有侧重。例如,黄志雄认为:网络技术的革新与普及深刻改变了人类社会,但归根结底,人类驾驭此种新技术进行社会活动与通过传统手段进行社会活动并无二致。既有国际法可适用于网络空间,但不应对网络主权、不干涉原则等问题加以回避,甚至避重就轻地只讨论自卫权等例外规则。② 时任外交部条法司副司长的马新民在英文论文《我们需要怎么样的互联网秩序》中提出应当将研究的重点和优先事项着眼于国际法基本原则之于网络领域的适用,例如主权原则、不干涉原则等的适用,而不是避重就轻地只讨论使用武力法(尤其是其例外)和武装冲突法这些不属于和平时期国际法的内容。③

目前学界关于既有国际法适用于网络空间的研究,大量文献集中在具体规则的讨论,并没有刻意区分是哪一类国际法渊源,因为通常都既包括条约又包括习惯国际法,例如主权原则、网络战的国际法问题(包括使用武力、反措施、自卫权、国际人道法)、国家责任法(包括反措施、归因)等。这些问题与和平与安全这一国际社会的永恒主题联系紧密,所以即使国家和学界都承认这些既有相关国际法在网络空间的可适用性,但对于到底如何适用与解释的理解差异仍然较大。例如,麦克·施密特在《网络空间国际法灰色区域》一文中以开放式列举的方式阐述了既有国际法适用于网络空间的六大关键灰色领域。④ 其后,麦克·施密特又在《驯服无法之地:追踪网络空间国际法规则的演变》一文中重申这几个核心争议:主权、不干涉、归因、审慎义务、使用武力与自卫权、国际人道法

---

① François Delerue, "Reinterpretation or Contestation of International Law in Cyberspace?", *Israel Law Review*, Vol. 52, No. 3, 2019, pp. 295-326.

② 黄志雄:《国际法在网络空间的适用:秩序构建中的规则博弈》,《环球法律评论》2016年第3期。

③ Ma Xinmin, "Letter to the Editors: What Kind of Internet Order Do We Need?", *Chinese Journal of International Law*, Vol. 14, Issue 2, 2015, pp. 399-401.

④ Michael N. Schmitt, "Grey Zones in the International Law of Cyberspace", *Yale Journal of International Law Online*, Vol. 42, 2017, pp. 1-8.

下的"攻击"。①

这些关于具体规则的研究,并不是本书的侧重点,但将这些对微观规则的研究作为考察样本,是有利于本书抽象出关于国际法如何适用于网络空间以及这种适用在多大程度上属于造法问题的,故在此以国家责任法为例进行说明。在国家责任法适用于网络空间方面,相关研究基本集中在网络行动的归因以及采取反措施两个方面。首先,从网络归因方面来看,尼古拉斯·塔古利亚斯在《网络攻击、自卫和归因问题》一文中提出面对网络攻击时,国家应该放宽归因的标准或者提出新的归因标准的观点。② 卢克·查科普在《网络空间归因的审慎义务标准》一文中,主张将审慎义务作为一种网络归因的判断标准,以解决网络空间恶意行为无法得到国际法规制的问题。③ 张华则系统归纳了网络攻击归因过程中存在的技术和法律障碍,重点就审慎原则适用于网络空间的可能性和法律不确定性进行了法解释学分析,同时对西方近期主张审慎原则构成归因标准的危险倾向进行了实证主义层面的批驳。④ 黄志雄指出,国际法上归因是追究国家责任的前提,归因应该是严谨而有限制的,其目的是使采取不法行为的国家付出代价,但不能伤及无辜。⑤ 在网络空间不存在特殊的归因标准的现状下,2001 年的《国家责任条款》所反映的习惯国际法规则仍然是国际社会的首选。何志鹏、王惠茹的《网络攻击国家责任判定中的证明标准初探——基于国际法院判例的实证分析和比较分析》一文讨论了证明标准的问题,认为对于主张网络攻击构成使用武力或者在武装攻击条件下行使自卫权的情况,"明确而令人信服"的证据标准是网络攻击背景下相对合理、普遍接受和适宜采纳的证明标准。⑥ 朱玲玲的《从〈塔林手册

---

① Michael N. Schmitt, "Taming the Lawless Void: Tracking the Evolution of International Law Rules for Cyberspace", *Texas National Security Review*, Volume 3, Issue 3, 2020, p. 32.

② Nicholas Tsagourias, "Cyber Attacks, Self-defence and the Problem of Attribution", *Journal of Conflict & Security Law*, Vol. 17, No. 2, 2012, pp. 229-244.

③ Luke Chircop, "A Due Diligence Standard of Attribution in Cyberspace", *International and Comparative Law Quarterly*, Vol. 67, No. 3, 2018, pp. 643-668.

④ 张华:《论非国家行为体之网络攻击的国际法律责任问题——基于审慎原则的分析》,《法学评论》2019 年第 5 期。

⑤ 黄志雄:《论网络攻击在国际法上的归因》,《环球法律评论》2014 年第 5 期。

⑥ 何志鹏、王惠茹:《网络攻击国家责任判定中的证明标准初探——基于国际法院判例的实证分析和比较分析》,《武大国际法评论》2017 年第 5 期。

2.0 版〉看网络攻击中国家责任归因的演绎与发展》一文认为《塔林手册2.0 版》结合网络攻击的不同情境解释和阐明了两种"控制"标准在网络空间的适用性，并根据网络的特性对"有效控制"标准进行了补充和改良，这对正确认识网络攻击中国家责任的归因有着积极意义。① 关于网络空间的证据标准，也有几位西方学者论及。2019 年美国国际法杂志曾刊出"网络归因"为专题的研讨会论文，例如威廉·班克斯的《通往有意义的网络归因国际法的坎坷之路》一文概述了归因问题及其国际法理论，并认为各国必须发展负责任的归因机制，使国际法在这一领域具有实际价值。② 总的来说，研讨会上的文章既强调了将网络行为归因于国家的挑战，也为克服这些挑战提供了一些前景。克里斯汀·艾森瑟尔在《分散的网络攻击归因》和《网络攻击归因的法律与政治》两文中建议建立一个新的独立实体来处理由国家支持的网络攻击行动的归因问题。③

其次，关于反措施在网络空间的适用问题，学界也有初步涉及。2016—2017 年联合国政府专家组的谈判破裂，在一定程度上引起了国内学者对于反措施适用于网络空间问题的关注。朱磊专门就反措施制度的内在矛盾性及其在网络空间适用的前提条件、程序性要件和实体性要件进行了相关探讨，是国内对目前该问题研究比较深入的文章。④ 唐岚在《从 WannaCry 事件看网络空间国际规则的困境及思考》一文中，也用一定篇幅讨论了反措施在网络空间适用的限制条件，但仍认为该制度被滥用的可能性很大以及国家对反措施的不同解读可能会对相关国际规则的谈判造成巨大障碍。⑤ 麦克·施密特的《门槛以下的网络行动：反措施回应选项与

---

① 朱玲玲：《从〈塔林手册 2.0 版〉看网络攻击中国家责任归因的演绎与发展》，《当代法学》2019 年第 1 期。

② William C. Banks, "The Bumpy Road to a Meaningful International Law of Cyber Attribution", *AJIL Unbound*, Vol. 113, 2019, pp. 191-196.

③ Kristen E. Eichensehr, "Decentralized Cyberattack Attribution", *AJIL Unbound*, Vol. 113, 2019, pp. 213-217; Kristen E. Eichensehr, "The Law and Politics of Cyberattack Attribution", *UCLA Law Review*, Vol. 67, 2020, pp. 520-598.

④ 朱磊：《论国际法上的反措施在网络空间的适用》，《武大国际法评论》2019 年第 4 期。

⑤ 唐岚：《从 WannaCry 事件看网络空间国际规则的困境及思考》，《云南民族大学学报》（哲学社会科学版）2019 年第 6 期。

国际法》① 和凯瑟琳·亨克的《网络环境下的反措施：又一件要担心的事情》② 都提到了反措施这一自助制度在网络空间的可适用性。尼古拉斯·塔古利亚斯则在《应对低强度网络行动的反措施法律适用》一文中研究了反措施的制度起源、在低烈度网络行动中的归因以及反措施行使需遵守的比例限度。③ 玛丽·艾伦奥康奈尔的《归因和其他针对网络不当行为的合法反措施条件》一文，专门就网络空间的反措施的实施条件进行了讨论，但认为在实践中，在满足这些实施条件的情况下来用一个不法行为回应另一个不法行为，最后被排除违法性的可能性是很低的。④ 迈克尔·N. 施密特与克里斯多弗·匹茨的《网络反措施及对第三方的影响：国际法律制度》一文对行使反措施的国家对第三国（方）造成损害的情况的违法性和救济途径进行了探讨，并且呼吁国家在进行反措施前需要谨慎考虑其对第三方权益的不利影响。⑤ 萨穆利·哈塔亚在《网络行动与国际法下的集体反措施》一文中对"集体反措施"这一观点进行了阐释，认为虽然国际法尚未承认非受害国采取反措施的一般权利，在受害国请求非受害国援助的情况下，这一权利得到了一些支持。在网络环境中，应该承认集体对抗的有限权利。因它扩大了可用于网络行动的国家补救措施，并为技术不先进的国家提供了一种援助。⑥

总体而言，既有国际法如何适用于网络空间，是网络空间国际造法中一个复杂的基础性、长期性问题。国际社会已经就既有国际法适用于网络空间达成原则共识，中外学者也都对既有国际法在网络空间的适用进行了

---

① Michael N. Schimitt, "Below the Threshold Cyber Operations: The Countermeasures Response Option and International Law", *Virginia Journal of International Law*, Vol. 54, 2014, pp. 697-732.

② Katharine C. Hinkle, "Countermeasures in the Cyber Context: One More Thing to Worry About", *The Yale Journal of International Law Online*, Vol. 37, 2011, pp. 11-21.

③ Nicholas Tsagourias, "The Law Applicable to Countermeasures Against Low-Intensity Cyber Operations", *Baltic Yearbook of International Law*, Vol. 14, 2014, pp. 105-124.

④ Mary Ellen O'Connell, "Attribution and Other Conditions of Lawful Countermeasures to Cyber Misconduct", *Notre Dame International and Comparative Law*, Vol. 10, 2020, pp. 1-17.

⑤ Michael N. Schmitt and Christopher Pitts, "Cyber Countermeasures and Effects on Third Parties: The International Legal Regime", *Baltic Yearbook of International Law*, Vol. 14, 2014, pp. 1-22.

⑥ Samuli Haataja, "Cyber Operations and Collective Countermeasures under International Law", *Journal of Conflict and Security Law*, Vol. 25, No. 1, 2020, pp. 33-51.

较为深入的探讨，但各有侧重。国外学者高度关注并积极推动诉诸武力权、自卫权、国际人道法、国家责任等规则的适用，并倾向于对此作出扩大解释，相较而言，中国学者则更注重网络主权、不干涉内政、和平解决争端等《联合国宪章》中的基本原则的适用。从上文列举的国家责任法适用于网络空间来看，对于将审慎原则作为网络归因的标准、实施集体反措施、网络空间反措施不需要严格遵守通知的要件这些主张，虽然是建立在既有国际法适用于网络空间的基础上，但本质上确实在重新造法，故值得深入思考。

（三）网络空间新条约的创设

首先，对于是否需要在网络空间制定新的专门性条约，学界众说纷纭。西方学者基本持反对意见，中国学者则基本持赞同态度。如黄志雄倡导网络空间国际规则应遵循既有国际法适用与新规则发展"两条腿走路"的路径，也是这一主张的体现。① 与中国政府和学者的总体立场不同，不少西方国家政府和学者大多担心制定网络空间新条约不仅在政治层面难以实现，也在法律层面难以保证实施，更会与"互联网自由"战略相抵触；认为既有国际规则，辅之以自愿、不具约束力的规范能较好地维护网络空间的秩序和稳定，没必要耗费资源制定网络空间新条约。2019年12月联合国启动制定联合国框架下打击网络犯罪全球性公约进程后，美国、欧盟等纷纷表态反对该进程。一些西方学者中也有不同意见，美国天普大学邓肯·B.霍利斯教授的论文《重新思考网络空间的法律边界：黑客的责任》对直接适用既有规则是否能妥善处理网络问题提出怀疑，进而主张"量身定制"新规则。②

其次，对于在网络空间具体领域制定新条约的学术讨论，大都集中在网络犯罪和网络恐怖主义两个方面。在打击网络犯罪国际公约的制定方面，世界各国在网络安全领域的价值观和意识形态分歧巨大。2000年前后，国内外学者对网络犯罪的研究大多都围绕《布达佩斯网络犯罪公约》（以下简称《布达佩斯公约》）展开。近年来，部分欧美国家尝试将作为

---

① 黄志雄：《国际法在网络空间的适用：秩序构建中的规则博弈》，《环球法律评论》2016年第3期。

② Duncan B. Hollis, "Re-Thinking the Boundaries of Law in Cyberspace A Duty to Hack?", in Jens David Ohlin, Kevin Govern and Claire Finkelstein eds., *Cyber War: Law and Ethics for Virtual Conflicts*, Oxford University Press, 2015.

区域性公约的《布达佩斯公约》推广为全球性公约，中国学者则主张在联合国的平台中重新制定新的网络犯罪国际公约而不加入《布达佩斯公约》。例如，胡健生和黄志雄建议在将《布达佩斯公约》作为参考框架的基础上，先制定关于网络犯罪的示范条款，进而在联合国内推动起草和制定一份包含网络主权在内的网络犯罪全球性公约。① 2019 年，中俄等 47 国共同提案的启动打击网络犯罪公约谈判的决议在联大通过，取得阶段性胜利，也意味着制定打击网络犯罪全球性公约进程正式开启。随着联合国框架下打击网络犯罪全球性公约谈判进程的启动，更多相关研究已经结合国际形势新发展进行了有益探索。国外学者则更加质疑制定打击网络犯罪全球性公约，例如黛博拉·布朗的《网络犯罪是危险的，但一项新的联合国条约可能对人权更不利》一文中认为全球性网络犯罪公约会以牺牲人权为代价因而表示反对。② 2024 年 8 月，《联合国打击网络犯罪公约》案文由联合国网络犯罪问题特设委员会全体一致通过。裴炜、黄志雄等认为《联合国打击网络犯罪公约》的顺利出台，不仅为打击网络犯罪提供了一份更具权威性和全球代表性的法律框架，也标志着中俄等非西方国家推动制定网络空间新公约的主张首次取得了成果，全球南方国家在全球规则的制定中的影响力也进一步提升。③

在打击网络恐怖主义国际规则方面，国内学者一般认为需要新条约来规范和打击网络恐怖主义行为。对网络恐怖主义犯罪的治理研究中，黄德明、杨凯的《中国对网络反恐国际法的参与》④ 和苏红红、郭锐的《网络恐怖主义国际治理的制度困境与优化路径》⑤ 都认为为了克服目前存在的相关规则碎片化、低阶性等困境，国际社会需要从构建网络空间命运共同体、构建互动性机制体系、完善国际性法律法规和形成整合性顶层设计等

---

① 胡健生、黄志雄：《打击网络犯罪国际法机制的困境与前景——以欧洲委员会〈网络犯罪公约〉为视角》，《国际法研究》2016 年第 6 期。

② Deborah Brown, "Cybercrime is Dangerous, but a New UN Treaty Could Be Worse for Rights", *Just Security*, August 13, 2021.

③ 裴炜、黄志雄、冯俊伟等：《〈联合国打击网络犯罪公约〉：背景、内容与展望》，《数字法治》2024 年第 5 期。

④ 黄德明、杨凯：《中国对网络反恐国际法的参与》，《山东师范大学学报》（人文社会科学版）2018 年第 1 期。

⑤ 苏红红、郭锐：《网络恐怖主义国际治理的制度困境与优化路径》，《情报杂志》2020 年第 2 期。

方面来作出改进。林靖的《网络安全国际合作的障碍与中国作为》① 一文认为在网络恐怖主义问题上，世界各国存在较为广泛的共同利益，但在如何平衡安全与保障网络安全必须遵守国际人权义务之间，各国存在分歧。对于打击网络恐怖主义国际规则的研究，目前大多与网络犯罪问题有一定联系，尽管相关文献观点基本达成需要新规则的共识，但具体以何种方式实现规则成文化还有待继续研究。国外学术成果除了强调加强国家间司法合作以外，也不乏主张制定专门的网络恐怖主义国际公约的，如本·索尔和凯瑟琳·希斯的《网络恐怖主义》一文②。希瑟·丁尼斯在《网络恐怖主义的威胁及国际法应如何应对》一文中则指出，国际社会对网络恐怖主义的法律回应有些进退两难。在没有发生严重网络恐怖事件以凝聚各国政治意愿的情况下，能制定条约的可能性很小，为网络恐怖监管提供国际框架只好诉诸软法，并与其他志同道合的国家合作提出行为指导。③ 大卫·P. 费德勒在《网络空间、恐怖主义与国际法》一文中也认为在恐怖分子利用互联网和社交媒体进行宣传、煽动、招募和筹款方面，"伊斯兰国"网络活动引发的危机尚未形成足够强大的共识，不足以支持国际法在打击网络助长的恐怖主义方面发挥突出作用。④

（四）网络空间新习惯法的形成

大多数的习惯法规则在网络空间的适用都会面临再解释、再澄清，以贴合网络空间实际情况的问题，这在很大程度上可以构成网络空间新习惯国际法是一个见仁见智的问题。本部分主要是对目前尚不存在的、网络空间特有的习惯法规则的相关研究进行综述。总的来说，对于网络空间新习惯国际法形成的学术研讨，不论国内还是国外都只处于起步阶段。

---

① 林婧：《网络安全国际合作的障碍与中国作为》，《西安交通大学学报》（社会科学版）2017 年第 2 期。

② Ben Saul and Kathleen Heath, "Cyber Terrorism", in Nicholas Tsagourias and Russell Buchan eds., *Research Handbook on International Law and Cyberspace*, Edward Elgar Publishing, 2nd edition, 2021.

③ Heather Dinness, "The Threat of Cyber Terrorism and What International Law Should (Try To) Do about It", *Georgetown Journal of International Affairs*, Vol. 19, Issue 1, 2018, pp. 43-50.

④ David P. Fidler, "Cyberspace, Terrorism and International Law", *Journal of Conflict and Security Law*, Vol. 21, Issue 3, 2016, pp. 475-493.

从国内来讲，目前尚无专门讨论网络空间习惯国际法的成果，但一些相关论文提及了这一造法方式。代表性的研究例如，王贵国认为特别应注意新的及特别习惯国际法规则的形成和出现以及特定的具体习惯规则与原则在网络空间治理方面的适用。① 黄志雄则指出西方国家实际上对既有国际法适用于网络空间并非万全之策早有领会，但出于策略考虑，他们倾向于选择习惯国际法这种潜移默化的方式发展新规，并以美国将网络经济间谍和其他间谍行为相区分的方式带动和影响国家实践，进而通过习惯或条约的方式来确立网络知识产权窃密相关的国际法规则。②

国外研究基本分为两种，第一种观点对网络空间新习惯国际法的形成表示怀疑和悲观，例如，迈克尔·N.施密特等表示不看好网络空间新习惯国际法的形成，并举出一些原因，例如国家的实践都趋于保密；国家发表的意见通常并非"法律"性质的等原因。③ 第二种观点则认为假以时日，网络空间新习惯法是可以形成的，并且已有苗头。例如，巴斯比·罗伯特和瑞弗斯·肖恩认为比起制定网络空间新条约的方式，国家渐渐形成习惯国际法更具可操作性。④ 保罗·P.波兰斯基在《网络空间：国际习惯法的一个新分支》一文中认为在网络安全、隐私、有害言论的规制等方面，完全可能形成新的习惯国际法。⑤ 丹·艾夫罗尼和尤瓦尔·沙尼在2018年的《架子上的规则手册：网络行动塔林手册2.0版和后续国家实践》一文中指出，随着时间的推移，一些负责任国家行为规范可能会形成习惯国际法。然而，国家间网络行动的规制存在显著差距。因为国家实

---

① 王贵国：《网络空间国际治理的规则及适用》，《中国法律评论》2021年第2期。

② 黄志雄：《国际法在网络空间的适用：秩序构建中的规则博弈》，《环球法律评论》2016年第3期。

③ Michael N. Schmitt, "Taming the Lawless Void: Tracking the Evolution of International Law Rules for Cyberspace", *Texas National Security Review*, Volume 3, Issue 3, 2020, p. 32; Michael N. Schmitt and Liis Vihul, "The Nature of International Law Cyber Norms", in Anna-Maria Osula and Henry Rõigas eds., *International Cyber Norms: Legal, Policy & Industry Perspectives*, NATO CCD COE, 2016, p. 46.

④ Robert Barnsby and Shane Reeves, "Give Them an Inch, They'll Take a Terabyte: How States May Interpret Tallinn Manual 2.0's International Human Rights Law Chapter", *Texas Law Review*, Vol. 95, No. 7, 2017.

⑤ Paul P. Polański, "Cyberspace: A New Branch of International Customary Law", *Computer Law and Security Review*, Vol. 33, Issue 3, 2017, p. 372.

践中的沉默和模糊,以及国家不愿再阐明其网络空间国际法官方立场,阻碍或至少减缓了全球行为规范的发展。① 弗朗西·德勒鲁则探讨了国际法委员会是否能在网络空间习惯国际法的编纂中做出贡献,并得出了肯定的结论。②

一种值得注意的趋势是,越来越多的国家就自己对网络空间国际法的理解发表了单方声明,例如,美国、英国、德国、法国、以色列、澳大利亚、新西兰、日本、伊朗、爱沙尼亚、芬兰、荷兰等国已经公开发表了立场文件,这很有可能会构成一种新的习惯国际法的形成路径,并在一定程度上印证郑斌在 1997 所提出的"速成习惯国际法"理论③。

(五) 网络空间国际软法的发展

关于网络空间国际软法的研究,下文将分成三个部分阐述。第一是国际软法、网络空间国际软法的一般性研究;第二是网络空间国际软法的博弈焦点,即网络空间负责任国家行为规范的相关研究;第三是作为网络空间国际软法的专家智库的研究,主要以《塔林手册》、牛津进程为研究对象。

1. 国际软法、网络空间国际软法的一般性研究

关于国际软法的研究,国外学者已经取得了一些阶段性成果,国内对软法的研究主要是国内法层面,最近十年也逐渐出现了关于国际软法的有益探讨。戴娜·L. 谢尔顿在 2000 年出版了《承诺与遵守:无约束力的规范在国际法律制度中的作用》一书,该专著从跨学科及多层次的角度研究国际法、国际环境法、人权等领域中无约束力规范的问题,即软法现象。④ 艾伦·博伊尔和克里斯汀·钦金在《国际造法》一书中专章对国际软法进行了介绍。⑤ 近年来,国内学界开始对国际软法的研究,并取得了一定有

---

① Dan Efrony and Yuval Shany, "A Rule Book on the Shelf? Tallinn Manual 2.0 on Cyberoperations and Subsequent State Practice", *American Journal of International Law*, Vol. 112, No. 4, 2018, pp. 583–657.

② François Delerue, *Cyber Operations and International Law*, Cambridge University Press, 2020, p. 28.

③ Bin Cheng, "United Nations Resolutions on Outer Space: 'Instant' International Customary Law?", in *Studies in International Space Law*, Clarendon Press, 1992, pp. 126–150.

④ Dinah L. Shelton ed., *Commitment and Compliance: The Role of Non-binding Norms in the International Legal System*, Oxford University Press, 2000.

⑤ Alan Boyle and Christine Chinkin, *The Making of International Law*, Oxford University Press, 2007.

益成果，对于国际软法的发展脉络、兴起原因、作用效力等问题都进行了探讨。何志鹏的《逆全球化潮流与国际软法的趋势》一文更是提出了将国际软法纳入国际法渊源的可能性。① 也有学者对软法持比较否定的态度，例如，贾兵兵认为"一个规则要么是法律，要么不是法律。'软法'这种似是而非的表述方法没有准确地反映出国际法具有法律拘束力的性质"②。另外，对空间法、环境法等其他国际法分支的国际软法的研究，也可为本书的研究提供一定的智力基础，例如易佳德·马波主编的《外层空间的软法：无约束力规则的国际空间法功能》③ 一书，以及以皮埃尔玛里·杜普伊教授的《软法与国际环境法》④ 为代表的论文。玛莎·芬尼莫尔和凯瑟琳·斯金克在《国际规范动态与政治变革》一文中提出了规范的生命周期的概念，将规范定义为"行为者在某个给定的身份下适当行为的标准"，并将规范生命周期划分为"规范出现""规范扩散"和"规范内化"三个阶段，⑤ 这为研究网络空间的国际规范提供了一定的思路。

对于网络空间国际软法的专门研究，目前还尚处于初步阶段。国内学者涉及该问题主要有居梦的博士学位论文《网络空间国际软法研究》以及两篇相关论文，将对网络空间国际软法的理论基础、形成与发展、作用与局限以及发展前景的问题做了初步探索；⑥ 国外对于网络空间国际软法的讨论，基本集中在网络规范的探讨这一点，几乎没有直接提及"软法"，但从效果来讲，都是着重于研究不具拘束力但有一定的效果的行为规范。2011 年，蒂姆·毛瑞尔注意到国家作为规范倡导者（norm entre-

---

① 何志鹏：《逆全球化潮流与国际软法的趋势》，《武汉大学学报》（哲学社会科学版）2017 年第 4 期。

② 贾兵兵：《国际公法：和平时期的解释与适用》（第二版），清华大学出版社 2022 年版，第 58 页。

③ Irmgard Marboe ed., *Soft Law in Outer Space: The Function of Non-binding Norms in International Space Law*, Bohlau Verlag, 2012.

④ Pierre-Marie Dupuy, "Soft Law and the International Law of the Environment", *Michigan Journal of International Law*, Vol.12, Issue 2, 1991, pp.420-435.

⑤ Martha Finnemore and Kathryn Sikkink, "International Norm Dynamics and Political Change", *International Organization*, Vol.52, No.4, 1998, pp.887-917.

⑥ 居梦：《网络空间国际软法研究》，博士学位论文，武汉大学，2019 年；居梦：《网络空间国际软法比较研究》，《广西社会科学》2020 年第 5 期；居梦：《网络空间国际软法的发展前景与方向》，《情报杂志》2022 年第 7 期。

preneurs) 在联合国框架内推广网络安全国际规范,并从政治(含军事)以及经济两个层次来进行观察。① 玛莎·芬尼莫尔和邓肯·B. 霍利斯的《构建全球网络安全规范》一文,深度解析了何为规范以及其与制定有拘束力的国际规则相比网络规范的优势。② 格伦·卡罗尔在《全球安全中的规范倡导者》一文则主要从市民社会的角度来讨论"从下到上"推动全球网络安全规范的传播与认可。③

2. 网络空间负责任国家行为规范的相关研究

自从 2015 年联合国信息安全政府专家组的报告提出 11 项负责任国家行为规范以来,关于负责任国家行为规范在国际关系与国际法领域的相关讨论不断增加。负责任国家行为规范被认为是网络空间自愿、非约束性的一类"国际软法"规则,独立于新旧法之争,成为当前网络空间国际造法中的重要路径之一。通过联合国信息安全政府专家组、全球网络空间稳定委员会、2018 年法国总统马克龙提出的"巴黎倡议"等平台,目前网络空间负责任国家行为规范已经涉足关键基础设施保护、网络空间供应链的完整性、信通技术的漏洞报告和资料分享等诸多具体领域。不过,由于这一概念的提出仅有十年时间,国内外相关研究都处于起步阶段,国内学者的研究相对更为薄弱。下文从负责任国家行为规范的一般性问题和具体领域两个方面加以梳理。

在网络空间的负责任国家行为规范的一般性问题方面,克里斯蒂安·鲁尔、邓肯·B. 霍利斯、蒂姆·毛瑞尔等在卡耐基国际和平基金会的智库报告中,将联合国信息安全政府专家组、开放式工作组、全球网络空间稳定委员会以及巴黎倡议等平台进行了历史梳理,分析了制约负责任国家行为规范有效性的因素,并对目前各平台所倡导的规范之间各有侧重但高度碎片化的现状进行了总结,认为这总体而言是有利于网络空间法治化的。④ 不过,保

---

① [美] 蒂姆·毛瑞尔:《联合国网络规范的出现:联合国网络安全活动分析》,曲甜、王艳编译,《汕头大学学报》(人文社会科学版)2017 年第 5 期。

② Martha Finnemore and Duncan B. Hollis, "Constructing Norms for Global Cybersecurity", American Journal of International Law, Vol. 110, No. 3, 2016, pp. 425-479.

③ Carol Glen, "Norm Entrepreneurship in Global Cybersecurity", Politics and Policy, Vol. 49, No. 5, 2021, pp. 1121-1145.

④ Christian Ruhl, Duncan B. Hollis, Wyatt Hoffman and Tim Maurer, Cyberspace and Geopolitics: Assessing Global Cybersecurity Norm Processes at a Crossroads, Carnegie Endowment for International Peace, 2020.

罗·梅耶在《网络安全伦理》的《网络空间负责任国家行为规范》章节中分析了国家间就负责任国家行为规范达成一致意见的前景后认为不乐观，因为推动负责任国家行为规范的新努力需要私营部门和市民社会加大参与力度。① 哈丽雅特·莫伊尼汉认为国际法为网络空间负责任国家行为规范的形成提供了以规则为基础的框架，尤其是主权和不干涉内政原则，可为负责任国家行为规范的发展提供确定性和可预期性。②

国内研究中，黄志雄的《网络空间负责任国家行为规范：源起、影响和应对》是国内较早专门探讨网络空间负责任国家行为规范的学术论文，对负责任国家行为规范的发展脉络进行了归纳梳理，并对这类规范对于网络空间国际法发展的独特作用及内在的不平衡性和局限性进行了评析。③ 王丹娜在《在联合国框架下构架网络空间负责任国家行为规范》一文中提出要关注网络空间行为规范的"争议性"、警惕网络空间规则制定的"双重标准"和需加强全球协同合作而非搞小圈子等建议。④ 除开放式工作组对于推动负责任国家行为规范的发展发挥了关键作用外，其他多个平台也在积极推出不同的负责任国家行为规范倡议。例如，一些研究涉及了全球网络空间稳定委员会这一平台在 2017 年推出的"捍卫互联网公共核心"国际规范的问题。黄志雄和潘泽玲的《〈网络空间信任和安全巴黎倡议〉评析》也对"巴黎倡议"中所含 9 条负责任国家行为规范进行了探讨，特别是对这些规范与其他平台推动的类似规范的关联性进行了分析。⑤

在网络空间负责任国家行为规范的具体领域方面，国外学者的研究成果更为细致，覆盖面也更广。例如，在联合国裁军事务办公室的支持下，非政府组织"为了和平的信通技术"（ICT4Peace）对相关学术界人士发

---

① Paul Meyer, "Norms of Responsible State Behaviour in Cyberspace", in Markus Christen, Bert Gordijn and Michele Loi eds., *The Ethics of Cybersecurity*, Springer, 2020, p. 351.

② Harriet Moynihan, "The Vital Role of International Law in the Framework for Responsible State Behaviour in Cyberspace", *Journal of Cyber Policy*, Vol. 6, 2021, pp. 394-410.

③ 黄志雄：《网络空间负责任国家行为规范：源起、影响和应对》，《当代法学》2019 年第 1 期。

④ 王丹娜：《在联合国框架下构建网络空间负责任国家行为规范》，《中国信息安全》2019 年第 10 期。

⑤ 黄志雄、潘泽玲：《〈网络空间信任与安全巴黎倡议〉评析》，《中国信息安全》2019 年第 2 期。

出邀请，编辑了一本名为《使用信息通信技术的自愿性、非约束性负责任国家行为规范：相关评注》的文献，① 主要讨论内容涉及2015年联合国信息安全政府专家组的共识性报告中的负责任国家行为规范的制定背景、规范内容以及落实建议等一系列相关问题。在这些负责任国家行为规范中，争议性内容主要集中在网络间谍、关键信息基础设施和ICT供应链安全这三个问题上。

首先，针对美国试图区分对待所谓的"网络经济间谍"和政治、军事领域的间谍行为，并试图推动将"各国不应通过网络手段窃取知识产权、商业机密和其他敏感商业信息用于获取商业利益"确立为一项新的负责任国家行为规范。黄志雄在《论间谍活动的国际法规制——兼评2014年美国起诉中国军人事件》一文中指出，美国这一做法是"法律霸权主义"的体现，没有国际法依据，并认为要打破这种两分法。② 黄志雄和孙芸芸在《网络主权原则的法理宣示与实践运用——再论网络间谍活动的国际法规制》一文中指出中国应当基于网络主权原则的法理宣示与实践运用，着力推动对网络间谍的同等约束，在维护网络空间良法善治的同时，最大限度地维护本国正当利益。③ 汪晓风的《中美经济网络间谍争端的冲突根源与调适路径》一文认为，中美经济网络间谍争端的根源在于网络空间发展与经济社会运行深度融合、中美网络战略的结构矛盾，以及两国安全和发展利益的竞争特性。④ 拉塞尔·布坎在《网络间谍与国际法》一书中质疑了西方盛行的关于网络间谍行为在国际法上未受到一般性约束的观点，认为这类行为一般地违反了不干涉原则。⑤ 大卫·费德勒和凯瑟琳·罗翠昂特都认为，网络经济间谍的说法在理论上可能面临无法

---

① Eneken Tikk ed., *Voluntary, Non-Binding Norms for Responsible State Behaviour in the Use of Information and Communications Technology: A Commentary*, United Nations for Disarmament Affairs, 2017.

② 黄志雄：《论间谍活动的国际法规制——兼评2014年美国起诉中国军人事件》，《当代法学》2015年第1期。

③ 黄志雄、孙芸芸：《网络主权原则的法理宣示与实践运用——再论网络间谍活动的国际法规制》，《云南社会科学》2021年第6期。

④ 汪晓风：《中美经济网络间谍争端的冲突根源与调适路径》，《美国研究》2016年第5期。

⑤ Russell Buchan, *Cyber Espionage and International Law*, Hart Publishing, 2019, pp. 61–62.

可依的窘境。①

其次，国内学者对于关键信息基础设施的国际规范保护，已有相对初步研究。例如，鲁传颖认为"关键信息基础设施"这一关键概念目前在国际社会尚未形成明确定义是相关合作难以开展的障碍。相较于关键设备与关键功能，关键信息更为重要。如果不能确定关键信息的具体范畴，相关的保护措施无从落实。② 陈红松等的《从网络空间国际准则看国际关键信息基础设施保护及启示建议》与傅一苹的《网络全球治理中的关键信息基础设施保护》则分别以《信息安全国际行为准则》《塔林手册2.0版》为切入点和从国家和非国家行为体二分的角度来尝试分析了既有对关键信息基础设施保护的规范。③④ 科林·纽比尔的《定义全球应用的关键基础》提出了关键信息基础设施的共同要件。⑤ 在提倡承诺不适用代理人进行网络攻击领域，提姆·毛瑞尔的《代理与网络空间》一文对于使用代理人进行网络攻击进行了专门性探讨。⑥ 此外，针对新冠疫情期间报道的多起对卫生健康设施的网络攻击，牛津大学联合相关国际法学者于2020年5月发表的《牛津声明》提倡禁止针对他国关键医疗服务设施进行网络攻击。

最后，学界对于ICT供应链安全相关的负责任国家行为规范也有涉及。黄志雄、陈徽在《网络空间供应链国际规范研究——构建供应链生态系统态系统总体安全观》一文中基于对2015年联合国信息安全政府专家组报告为共识基础的"GGE供应链规范"的解构，提出由于在内容上

---

① David Fidler, "Economic Cyber Espionage and International Law: Controversies Involving Government Acquisition of Trade Secrets through Cyber Technologies", *ASIL Insights*, Vol. 17, 2013; Catherine Lotrionte, "Countering State-Sponsored Cyber Economic Espionage under International Law", *North Carolina Journal of International Law*, Vol. 40, 2014, pp. 488-492.

② 鲁传颖：《新形势下如何进一步在联合国框架下加强国际网络安全治理》，《中国信息安全》2018年第2期。

③ 陈红松、王辉、黄海峰：《从网络空间国际准则看国际关键信息基础设施保护及启示建议》，《中国信息安全》2021年第1期。

④ 傅一苹：《网络全球治理中的关键信息基础设施保护》，《国际法与比较法论丛》2019年。

⑤ Colleen Newbill, "Defining Critical Infrastructure for a Global Application", *Indiana Journal of Global Legal Studies*, Vol. 26, 2019, pp. 761-779.

⑥ Tim Maurer, "'Proxies' and Cyberspace", *Journal of Conflict and Security Law*, Vol. 21, No. 3, 2016, pp. 383-403.

过于专注西方国家所重视的技术攻击威胁，忽视了中国等发展中国家避免对环境进行干预和扰乱的需求，导致了"技术安全观"与"环境安全观"之间的差异。①

总结而言，作为维护网络空间和平与稳定的"三大支柱"之一，负责任国家行为规范的重要性不言而喻，并且具有与条约相比更易于达成的特点，但由于这一问题相对较新，总体而言国内外学者的相关研究都基本集中在对联合国信息安全政府专家组的2015年共识性报告的背景梳理、内容呈现与初步解读的阶段，理论深度比较有限，并且不成体系，这也是本书可以进一步深入探讨的地方。

3. 专家学者的作用

网络空间国际造法中专家学者的贡献是突出的，其重要性甚至可以说超过了绝大部分国际法分支，在一定程度上引领着国家争议的议题，最具代表性的专家学者成果便是《塔林手册1.0版》与《塔林手册2.0版》。鲁传颖在《美国智库在网络安全政策决策机制中的作用及特点》一文中观察到结合网络安全决策跨领域、跨议题、跨部门的特点，美国智库通过建立平台、议程设置和人才交流等方式，或间接或直接地把自身的研究成果、思想理念嵌入美国网络安全决策之中，并对相关政策产生重要影响。例如，《塔林手册1.0版》和《塔林手册2.0版》都是影响国家对网络空间国际法问题看法的重要学术成果。② 赵骏和谷向阳的论文《国际法中"权威学说"功能的流变与当下意义》认为以《塔林手册》为代表的新型"权威学说"在国际法实践中呈现出新的活力。③ 黄志雄在《网络空间国际规则制定的新趋向——基于〈塔林手册2.0版〉的考察》一文中认为《塔林手册2.0版》规则体系体现了实然法与应然法之间的微妙区分，是一种具有事实上的"专家造法"色彩的学者学说，同时反映了网络空间

---

① 黄志雄、陈徽：《网络空间供应链国际规范研究——构建供应链生态系统总体安全观》，《法学论坛》2021年第1期。

② 鲁传颖：《美国智库在网络安全政策决策机制中的作用及特点》，《现代国际关系》2015年第7期。

③ 赵骏、谷向阳：《国际法中"权威学说"功能的流变与当下意义》，《太平洋学报》2020年第7期。

国际规则制定中西方主导与国际参与之间的艰难平衡。① 黄志雄、应瑶慧在《美国对网络空间国际法的影响及其对中国的启示》一文指出美国善于利用政府与学界的旋转门，政学结合，最大限度地发挥学者的支撑、补充作用。② 迈克尔·N. 施密特在《网络空间的国际法：高洪柱演讲与塔林手册并列》一文中提及了《塔林手册1.0版》与高洪柱的演讲高度一致。③ 丹·艾夫罗尼和尤瓦尔·沙尼的论文《架子上的规则手册：网络行动塔林手册2.0版和后续国家实践》用网络事件研究的方式讨论了各国对《塔林手册1.0版》的接受程度，并得出三个阶段结论：主权国家对《塔林手册》采取接受或拒绝的态度不明晰；不同国家对此提升网络空间国际法的确定性的热情程度参差不齐；网络攻击日益猖獗，使得各国对其作出反映的客观需求显著上升，在这种情势下各国吸收采纳《塔林手册》相关意见的可能性增加。④

除此之外，牛津大学道德、法律与武装冲突研究所发起的"网络空间国际法保护牛津进程"也非常值得关注。2020年5月起至今，牛津大学先后牵头发布了《关于针对卫生保健部门的网络行动之国际法保护的牛津声明》《关于COVID-19期间卫生保健部门国际法保护的第二份牛津声明：保障疫苗研究》《关于针对他国通过数字手段干涉选举的国际法保护声明》《牛津国际法保护声明：信息行动和行为的规制》以及《网络空间的国际法保护牛津声明：勒索软件行动的规制》五份牛津声明，并在全球范围内呼吁专家学者以及实践人员公开署名，在国际上引起了较大反响。但迄今为止尚无专门针对牛津进程的学术研究。

三 既有研究的局限与研究意义

就学术探究的角度而言，西方学者仍然有着明显的话语权优势，可以

---

① 黄志雄：《网络空间国际规则制定的新趋向——基于〈塔林手册2.0版〉的考察》，《厦门大学学报》（哲学社会科学版）2018年第1期。

② 黄志雄、应瑶慧：《美国对网络空间国际法的影响及其对中国的启示》，《复旦国际关系评论》2017年第2辑。

③ Michael N. Schmitt, "International Law in Cyberspace: The Koh Speech and Tallinn Manual Juxtaposed", *Harvard International Law Journal*, Vol. 54, 2012, pp. 13-37.

④ Dan Efrony and Yuval Shany, "A Rule Book on the Shelf? Tallinn Manual 2.0 on Cyberoperations and Subsequent State Practice", *American Journal of International Law*, Vol. 112, No. 4, 2018, pp. 583-657.

说引领着网络空间国际造法方面的学术动向,不仅在研究方法、研究对象上占据先机,在研究结论上也有着广泛的影响力。而就中国学者的研究现状来看,近年来国内学界认识到了网络空间国际法的重要并就此开展了一些探索,但相关成果数量和质量都与西方学界有一定差距,两者互相对比呈现出明显的不对称性,我国的研究基本还未达到引领实践的理想状态,缺乏体系性,一定程度上呈现出一种被动回应的态势。每当有热点或者新闻时,就会涌现出一批相关的研究,但往往在系统性和深度上都有待加强。目前国内学界对网络空间国际法的探讨有相当一部分属于对某一项规则(如网络主权)或某一类规则(如网络犯罪)的剖析,停留在点的层面,还没有整合成面的布局。

目前既有研究偏向于微观层面,更多的是对于某一国际法规则(实然或应然)"是什么"的讨论,而对于整体性的网络空间"怎么样"国际造法的讨论还很少。对于网络空间国际造法的三种并行路径(既有国际法如何适用于网络空间、网络空间负责任国家行为规范的逐渐形成、有无必要为网络空间制定新的条约或习惯体系),国内外研究的共性在于:既有研究同样偏重关注中观乃至微观层面的具体问题,而对相关问题领域的一般原理性和基础性问题相对而言关注还不够。例如,至少以下问题在未来理论研究中还需要进一步关注:其一,既有国际法适用于网络空间的必然性、合理性和局限性需要进一步地研究和探索;其二,与发展负责任国家行为规范以及制定专门性条约等其他路径相比,《联合国宪章》等既有国际法在网络空间中适用有哪些利弊,前者是否必然优于后者?其三,如何看待上述三种相对独立的发展路径,以及在实践中业已出现的相互补充、相互渗透和相互制约关系?总体来看,网络空间国际法,尤其是造法的原理性、规律性研究较为为单薄、滞后,亟待补充。

选择从国际法渊源视角入手研究网络空间国际造法,是因为网络空间国际造法本身是一个动态的过程,对此我们需要有一个体系性、整体性的认识。国际法渊源的视角能帮助识别网络空间国际法原则、规则与规范,将涉及的实质内容类型化把握,便于观察网络空间国际规则制定中的某些倾向或规律并总结出核心争议。另外,在把我国建设成网络强国的战略号召下,对网络空间国际造法问题的研究,也在一定程度上服务实践,有利于我国更好地将自身利益和诉求融入网络空间国际造法的进程中。

四　写作思路与研究方法

（一）写作思路

本书采用"提出问题—分析问题—总结问题"的"总—分—总"结构。

第一章作为全书开篇，主要起到"提出问题"的作用，为全书确立必要的展开思路。本章具体分为四个部分：首先，我们对网络空间国际造法的缘起发展做一个梳理并对一些关键概念给出界定，这一步能够明晰本书的讨论范畴；其次，作为研究视角的国际法渊源将会被比较细致地展开论述，主要是为了阐明采用国际法渊源的视角来研究网络空间国际造法的理由，并尝试阐释这个相对静态的视角对研究动态的网络空间国际造法问题的意义与完善；再次，网络空间并不是人类活动首次拓宽到新的领域，我们尝试将网络空间的情况与"他山之石"，即国际法其他分支的造法进程对比分析，找出一些类似的经验教训供网络空间国际造法研究参考；最后，基于前文的讨论，总结出国际法渊源视角下的网络空间国际造法问题的核心争议。

第二章将讨论网络空间国际造法的核心争议之一——旧法之适用。从既有国际法能否适用于网络空间，既有国际法如何适用于网络空间，以及既有国际法适用于网络空间与网络空间国际造法之间的关系三个层次展开。首先，我们需要讨论既有国际法适用于网络空间的必然性，并根据对实践的持续观察总结出适用的态势和主要分歧；其次，从国际、国别与学者三个方面澄清既有国际法如何适用于网络空间，并通过法律发现、法律解释和法律推理的过程来弥合既有国际法规范与网络空间实际情况，在此过程中，本书观察到网络空间的法律适用与重新造法之间的界限并非泾渭分明；最后，根据对前述内容的提炼，本书认为既有国际法适用于网络空间是一个"旧瓶装新酒"的问题，本质上是二次造法的过程，并且将成为网络空间国际造法中基础性、长期性的问题。

第三章将讨论网络空间国际造法的核心争议之二——新法之产生，也就是制定网络空间的专门性新国际法规范的"特别法"。下文将首先从网络空间新法产生的必要性和态势入手，对所谓"马的法律"进行理论商榷，论述网络空间新规范制定的必要性，并总结目前国际社会对制定新法的立场倾向；进而从制定专门性条约和发展新习惯国际法两种路径展开阐述，分析其各自的困境及化解可能；最后总结出作为网络空间国际造法的路径之一的制定新条约和发展新习惯国际法过程的前景，以及网络空间的新规发展对传统造法模式的守正与变通。

第四章将讨论网络空间国际造法的核心争议之三——软法之发展。首先，我们将尝试总结网络空间国际软法的发展态势以及驱动因素。其次，受到广泛关注的网络空间负责任国家行为规范将会被单独讨论，本书认为它属于典型的传统造法模式滞缓下的新型路径，负责任国家行为规范也具备独立造法与候补规则的双重定位。再次，以"塔林手册进程"与"牛津进程"为代表的学者倡议在网络空间发挥着可观的影响力，实质上超出了学理解释的范畴而成为"影子立法"。最后，本书认为国际软法是网络空间国际造法的重要补充，与既有的国际法，即硬法规则呈现出外围与中心的相对位置关系，国际软法作为新旧法之争的第三条道路，将继续在网络空间蓬勃发展。

在对网络空间国际造法的核心争议——旧法之适用、新法之产生和软法之发展进行阐述之后，第五章将总结一些体系性观察，并试图结合核心争议及其发展趋势，从网络空间国际造法的中国应对出发提出相关建议。首先，从路径来说，网络空间国际造法呈现出三轨并进的格局。第一，既有国际法适用于网络空间作为基石而存在，主要涉及国际法规则从旧到新的适应性改良。第二，专门性条约和新习惯国际法的形成需要从无到有的长期努力，作为造法的愿景发挥作用。第三，多利益攸关方模式下的国际软法规范是网络空间国际造法的重要补充。其次，从造法的成果来看，相关的国际法规则、原则与规范呈现出异质互补的趋势，共同指引网络空间的国际秩序。旧法与新法直接呈现出嵌套和互相渗透的关系。软法被视为国际规范产生的试验产品，可能会在未来升格为国际法，国际社会将会依赖这种软硬兼施的复合型规范结构来构建和维持网络空间的国际秩序。最后，中国作为一个网络大国，需要分类施策地参与网络空间国际造法进程，为网络空间国际法治贡献中国智慧、提出中国方案。

（二）研究方法

1. 国际法学与其他相关学科相结合的研究方法

在坚持国际法的规范分析和实证分析为主的同时，本书也吸收了包括现实主义国际关系、建构主义国际关系、全球治理、风险社会等相关理论，采取将跨学科研究方法有机结合的方式来考察网络空间国际造法这一动态进程。这种跨学科的尝试本身具有一定的学术价值和参考意义。

2. 比较研究的方法

本书采用了比较研究的方法，将参与网络空间国际造法的主要大国的立场主张，包括中国、美国、欧盟成员国、俄罗斯、巴西等主张及实践进行比较、辨明异同，归纳出网络空间国际造法的态势与核心争议。

第一章 网络空间国际造法的基础理论、研究视角与核心争议

本章主要起到"提出问题"的作用,为全书确立必要的展开思路。本章具体分为四个部分:首先,对网络空间国际造法的缘起发展做一个梳理并对本书中的一些关键概念给出界定,明晰本书的讨论范畴;其次,作为研究视角的国际法渊源将会被比较细致地展开论述,主要是为了阐明采用国际法渊源的视角来研究网络空间国际造法的理由,并尝试阐释这个相对静态的视角对研究动态的网络空间国际造法问题的意义和局限性;再次,网络空间并不是人类活动首次拓宽到新的领域,我们尝试将网络空间的情况与"他山之石",即国际法其他分支的造法进程对比分析,找出一些类似的经验教训供网络空间国际造法研究参考;最后,基于前文的讨论,总结出国际法渊源视角下的网络空间国际造法问题的核心争议。

第一节 网络空间国际法的基础理论:缘起与概念界定

随着网络技术对人类生活的渗透程度日益加深,网络空间的战略地位也在不断攀升。尽管网络空间带来了巨大的好处,但它也已成为各种威胁和漏洞的发源地。网络威胁来自政府、有组织的团体、企业和个人,其目标可能与金融、犯罪、军事、政治、情报相关或纯属恶意。网络带来的威胁会影响个人、企业和国家,并破坏国际和平与安全的维护,并且不受物理、法律和政治边界的限制。① 网络空间继续加快建章立制、确立国家和

---

① Michael N. Schmitt, "Introduction to the Research Handbook on International Law and Cyberspace", in Nicholas Tsagourias and Russell Buchan eds., *Research Handbook on International Law and Cyberspace*, Edward Elgar Publishing, 2nd edition, 2021, p. 1.

有关行为体的行为准则，渐渐成为国际共识。

一　网络空间国际造法的缘起

相较于"因特网（互联网）"（Internet），网络空间的含义更加宽泛。《牛津英语词典》将其定义为提供各种各样的信息和通信设施的全球计算机网络，包括适用标准化通信协议的互联网络。① 也有观点认为网络空间包括互联网、电信网络、计算机系统和嵌入式处理器、控制器组成的相互依赖的信息技术基础设施。②

网络空间进入国际关系的视野是在1991年海湾战争之后，军事战略家已经认识到军事力量已不是获胜的唯一法宝，赢得信息战和确保信息主导权的能力日益重要。③ 1993年，兰德公司的两名研究员发表了一份研究报告称"网络战即将到来"。④ 一时间有关计算机和网络战的各种争论甚嚣尘上，但由于网络战似乎还离现实很远，争论很快就陷入沉寂。2007年爱沙尼亚政府遭遇大规模网络攻击⑤、2008年格鲁吉亚战争中使用的网络手段⑥以及2010年的伊朗核设施受到震网病毒攻击⑦等恶意网络事件，让国家开始警觉原来网络威胁就近在咫尺。

网络空间的规范化、秩序化，大体经过了从"自我规制"到"国内法治"，再到"国际法治"的三个阶段。⑧ 互联网产生后到20世纪90年代中期，国家对于互联网几乎没有任何管制，互联网处于一种自由放任的

---

① "Cyberspace", *Oxford English Dictionary*, Oxford University Press, 2023.

② The White House, Cyberspace Policy Review: Assuring a Trusted and Resilient Information and Communications Infrastructure, p. 1, https://www.energy.gov/sites/default/files/cioprod/documents/Cyberspace_Policy_Review_final.pdf.

③ 郎平：《全球网络空间规则制定的合作与博弈》，《国际展望》2014年第6期。

④ John Arquilla and David F. Ronfeldt, "Cyberwar is Coming", *Comparative Strategy*, Vol. 12, No. 2, 1993, pp. 141-165.

⑤ See Cyber Attacks against Estonia (2007), https://cyberlaw.ccdcoe.org/wiki/Cyber_attacks_against_Estonia_ (2007).

⑥ See Georgia-Russia conflict (2008), https://cyberlaw.ccdcoe.org/wiki/Georgia-Russia_conflict_ (2008).

⑦ See Stuxnet (2010), https://cyberlaw.ccdcoe.org/wiki/Stuxnet_ (2010).

⑧ 黄志雄：《网络空间国际法治：中国的立场、主张和对策》，《云南民族大学学报》（哲学社会科学版）2015年第4期。

治理阶段。美国网络活动家约翰·巴洛于 1996 年发表的《网络空间独立宣言》①便是一个典型例证。

随着黑客攻击、网络犯罪、网络侵权等恶意行为层出不穷,网络空间逐渐也成为犯罪的温床和社会不稳定的来源,自由放任的治理模式难以维持一个开放安全的网络环境,在网络空间日益成为国家安全战略重要议题的背景下,网络空间的无政府状态走向完结。国家越来越多地参与到网络空间治理中,尤其是以制定各种国内立法的方式。尤其典型的是美国的做法,一方面,美国作为互联网技术的顶尖国家,大力倡导互联网自由,另一方面,其也是最早开始网络安全领域立法的国家之一,"9·11"事件后,美国相继发布了《爱国者法案》《国土安全法》《保护美国法案》《对 1978 年外情报监控法修订法案》等国内法令。

网络空间国际法在发展与安全、自由与秩序的价值矛盾中应运而生。2010 年以来,网络空间的相关国际造法开始兴起,网络空间国际法方兴未艾。尽管网络空间给人类生活带来了巨大的便利,并且渗透到了生活的方方面面,人们似乎已经不能想象没有网络的生活,但实际上网络空间的国际法治进程,迄今为止不过十年时间。互联网的互联互通、即时、匿名等特质,决定了其必然是一个全球性的问题,各国国内的网络空间安全立法虽然有助于填补规则空白,但不足以处理网络空间轻易跨境的威胁和损害,国际层面上的规范需求让各国开始意识到网络空间国际法治的必要。

2011 年美国发布《网络空间国际战略》,承认指导国家行为的国际规则应当适用于网络空间,是第一份就国际法适用于网络空间的系统主张。而联合国作为最具权威和代表性的政府间国际组织,也开始设置议程讨论信通技术带来的威胁和应对。最典型的尝试是在联合国大会第一委员会的主持下设立了国际安全背景下信息和通信领域发展的信息安全政府专家组(UN GGE)②,该专家组在 2013 年达成的共识性报告肯定了国际法在网络

---

① John Barlow, A Cyberspace Independence Declaration, 8 February 1996, https://www.eff.org/cyberspace-independence.

② 联合国信息安全政府专家组,具有广泛的国际代表性,且在网络空间国际造法中的作用非常突出,被视为是网络空间国际法领域最重要的多边机制之一。关于联合国信息安全政府专家组的历史以及其在网络空间规范制定进程中的机制和作用,参见鲁传颖、杨乐《论联合国信息安全政府专家组在网络空间规范制定进程中的运作机制》,《全球传媒学刊》2020 年第 1 期;黄志雄:《网络空间负责任国家行为规范:源起、影响和应对》,《当代法学》2019 年第 1 期。

空间适用的重要性，该报告指出"国际法特别是《联合国宪章》的适用，对国际维持和平与稳定及促进创造开放、安全、和平和无障碍的信通技术环境尤为重要"①。至此，国际法是否适用于网络空间的争议告一段落，也正是因为如此，这份共识性报告被认为具有里程碑的意义。② 2015 年，该政府专家组在其前一份共识报告的基础上，进一步深化了共识，并提出了 11 条自愿、非约束性的负责任国家行为规范来进一步对网络空间进行规范。③ 遗憾的是，随着网络空间国际法的规则制定与博弈日益进入深水区，该政府专家组没能在 2017 年按期达成新的共识性报告。一些学者认为，国家间的核心争议体现在武装冲突法、使用武力法、国际责任法是否及如何适用于网络空间的问题上。④ 此后，联合国框架下的网络空间国际法进程取得了新的进展，除了政府专家组继续进行议程谈判以外，还通过联大第 73/27 号决议设立了一个不限成员名额的工作组，即联合国开放式工作组（OEWG），并提出所有联合国会员国都可参加。由俄罗斯提出设立的开放式工作组⑤与由美国提出设立的新一届信息安全政府专家组⑥在一段时期内是两轨并行的状态，⑦ 2021 年，这两个工作组先后达成了迄今

---

① See United Nations General Assembly, Report of the Group of Governmental Experts on Developments in the Field of Information and Telecommunications in the Context of International Security (24 June 2013), Sixty-eighth session, A/68/98, para. 11, paras. 19-20.

② Michael N. Schmitt and Liis Vihul, "International Cyber Law Politicized: The UN GGE's Failure to Advance Cyber Norms", *Just Security*, 30 June 2017, www.justsecurity.org/42768/; Arun Mohan Sukumar, "The UN GGE Failed, is International Law in Cyberspace Doomed as Well", *Lawfare*, 4 July 2017, https://lawfareblog.com/un-gge-failed-international-law-cyberspace-doomed-well.

③ Report of the Group of Governmental Experts on Developments in the Field of information and Telecommunications in the Context of International Security, UN Doc. A/70/174, 22 July 2015, at 7, para. 10.

④ Michael N. Schmitt and Liis Vihul, "International Cyber Law Politicized: The UN GGE's Failure to Advance Cyber Norms", *Just Security*, 30 June 2017.

⑤ United Nations General Assembly, Developments in the Field of Information and Telecommunications in the Context of International Security (29 October 2018), Seventy-third session, UN Doc. A/C.1/73/L.27/Rev.1.

⑥ Advancing Responsible State Behaviour in Cyberspace in the Context of International Security (A/C.1/73/L.37), Seventy-third session, UN Doc. A/C.1/73/L.37.

⑦ 田立：《国际安全视角下的中国参与网络空间国际法建构的路径选择》，《云南社会科学》2021 年第 6 期。

为止最新的工作报告,① 目前看来,双轨制的局面似乎已经结束。此外,包括上海合作组织(SCO)②、七国集团(G7)③ 和 20 国集团(G20)④ 在内的其他组织也在寻求推动各自的多边进程。

二 网络空间国际造法的相关概念界定

虽然本书所关心的是造法分析,但对相关术语的辨析不能省略。对术语的辨析并非旨在了解语词本身。在社会科学的不同分支中,部分重要差别并非能直白体现,我们有必要推敲这些语词所处的语境来分析出这些差别。据此我们能通过"深化对语词的认识,来加深对现象的认知"⑤。

(一) 国际造法

国际造法是一个动态的过程。诚如罗萨林·希金斯法官所说,国际法不是规则或过去积累的决定,而是一个持续的过程⑥——从规则的形成到在具体案例中应用规则的细化,涉及多个行为体、机构、法律相关的工具和行为。⑦

国际造法(international law-making)既包含正式的国际造法,又包含非正式的国际造法。⑧ 正式的国际造法,指的是国际法主体通过条约或

---

① Report of the Group of Governmental Experts on Advancing Responsible State Behaviour in Cyberspace in the Context of International Security, UN Doc. A/76/135, July 14 2021.

② From the Permanent Representatives of China, Kazakhstan, Kyrgyzstan, the Russian Federation, Tajikistan and Uzbekistan to the United Nations Addressed to the Secretary-General (Jan. 9, 2015), UN Doc. A/69/723, Annex, January 9 2015.

③ The Charlevoix G7 Summit Communique, June 9, 2019, http://www.g7.utoronto.ca/summit/2018charlevoix/communique.html.

④ Antalya Summit Leader's Communique, G20, 2015, http://g20.org.tr/g20-leaders-commenced-the-antalya-summit/index.html.

⑤ [英] 哈特:《法律的概念》(第三版),许家馨、李冠宜译,法律出版社 2018 年版,"第一版前言"第 2 页。

⑥ Rosalyn Higgins, *Problems and Process: International Law and How We Use it*, Clarendon Press, 1994, p. 2.

⑦ Rosalyn Higgins, "International Law and the Avoidance, Containment and Resolution of Disputes: General Course on Public International Law", *Recueil Des Cours de l'Académie de Droit International*, Vol. 230, 1991, p. 23.

⑧ See Joost Pauwelyn, Ramses A Wessel and Jan Wouters eds., *Informal International Lawmaking*, Oxford University Press, 2012.

习惯等方式，制定、承认、修改、废止国际法规范的活动。① 拉丁谚语云：有社会，必有法。国际社会亦是如此。国际社会的造法是国际法的核心问题，对于国际法学科而言也具有基石的重要性。作为一个法律体系，国际法也必须回答造法和找法的问题。② 直接拆分这个词，就是要解决，谁在什么场合用什么方式造了什么法。学者有时会提到所谓"国际立法"③ 的问题，尤其是以缔结条约形式和国际法委员会将国际法进行编纂。本书认为国际立法，抛去概念可能带来的歧义（毕竟国际法并没有中央权威的立法机构），属于国际造法的下位概念，也就是国际造法不仅包含国际立法（国际法的制定），即一些国际法规范的从无到有，也包括了国际法的承认、修改和废止，即国际法规范的从旧到新，甚至从有到无。非正式的国际造法④，可能会形成很明显的法，也可能不能形成，但也产生在法和非法之间的灰色地带。⑤

（二）原则、规则和规范

国际法中造法的对象，无非就是原则、规则、规范的集合。这几个概念的关联的是国际造法到底在造什么的问题。国际法到底是规则的集合（a set of rules）还是一个体系（system）似乎没有定论，⑥ 但毫无疑问，国际造法首先要做的是以规范手段来确定相关主体的权利和义务。从最微观的角度观察，国际造法的结果以原则、规则、规范的形式呈现。

1. 规则与原则

国际法中的原则（principle）和规则（rule）有时难以区分，这对于网络空间国际造法而言更是加大了各国间达成共识的难度。例如，国家主权到底是一项原则，还是一项规则，国家似乎出现了分歧。英国似乎认为

---

① 古祖雪：《国际造法：基本原则及其对国际法意义》，《中国社会科学》2012 年第 2 期。

② 陈一峰：《国际造法问题的理论再造——评村濑信也〈国际立法——国际法的法源论〉》，《国际法研究》2014 年第 1 期。

③ 参见 [日] 村濑信也《国际立法——国际法的法源论》，秦一禾译，中国人民公安大学出版社 2012 年版。

④ Joost Pauwelyn, Ramses A Wessel and Jan Wouters eds., *Informal International Lawmaking*, Oxford University Press, 2012, p. 15.

⑤ Alain Pellet, "The Normative Dilemma: Will and Consent in International Law-Making", *Australian Yearbook of International Law*, Vol. 12, 1992, pp. 22-53.

⑥ Adil Ahmad Haque, International Law: System or Set, November 5, 2021, https://www.ejiltalk.org/international-law-system-or-set/.

主权作为一项原则，而非一项规则存在，这个观点推导出主权无法作为一项单独的权利义务来源存在而必须附着于一个具体规则，① 例如不干涉内政。这一论断也引起了国际层面的争论②。为了方便下文的讨论，此处将对原则和规则做一个法理学上的区分。

将一项法律义务定性为一项原则或是一项规则会带来什么后果？1903年的 Gentini 案为此提供了一些思路。"一项'规则'本质上是实用的，并且具有拘束力……就像有针对艺术的规则，针对政府的规则那样；而'原则'表达了一个普遍真理，它指导我们的行动，作为我们生活中各种行为的理论基础，并将其应用到现实中产生一个给定的结果"③。从这个意义上说，实证法规则可以被视为"原则的实际表述"，"规则将原则应用于实际生活无限变化的环境，旨在每个案例中实现实质正义"④。在国内法层面，罗纳德·德沃金曾作过经典的论断：一个规则与原则的差别在于，一项规则对于一个预定的实践作出一个固定的反应，而一项原则则知道我们在决定如何对一个特定的事件作出反应时，指导我们对特定因素的思考。规则和原则的不同处在于其所作的指示的特点。规则在使用时，是以完全有效或完全无效的方式（all-or-nothing）⑤，而法律原则说明了主张某种方针的理由但并不要求必须作出某一特定的决定。在相关情况下，官员们在考虑和决定一种方向或另一种方向时，必须考虑这一原则。⑥ 这种区别在国际法院的实践中得到了支持，原则与规则不同，其"体现了

---

① Jeremy Wright and Attorney General of the UK, Cyber and International Law in the 21st Century, 23 May 2018, https：//www.gov.uk/government/speeches/cyber-and-international-law-in-the-21st-century.

② Gary P. Corn and Robert Taylor, "Sovereignty in the Age of Cyber", *AJIL Unbound*, Vol. 111, 2017, p.207-212.

③ Gentini Case (*Italy vs. Venezuela*) 10 RIAA 551, in J. H. Ralston and W. T. S. Doyle, Venezuelan Arbitrations of 1903 Etc. (1904), 720, 725, cited in B. Cheng, General Principles of Law as Applied by International Courts and Tribunals (London：Stevens, 1953, reprinted 2006), p.376.

④ Gentini Case (*Italy vs. Venezuela*) 10 RIAA 551, in J. H. Ralston and W. T. S. Doyle, Venezuelan Arbitrations of 1903 Etc. (1904), 720, 725, cited in B. Cheng, General Principles of Law as Applied by International Courts and Tribunals (London：Stevens, 1953, reprinted 2006), p.376.

⑤ [美] 罗纳德·德沃金：《认真对待权利》，信春鹰、吴玉章译，上海三联书店 2008 年版，第 44 页。

⑥ [美] 罗纳德·德沃金：《认真对待权利》，信春鹰、吴玉章译，上海三联书店 2008 年版，第 46 页。

法律标准，但它们所包含的标准比承诺更笼统，而且不具体规定特定的行动"①。

概言之，德沃金对原则与规则区别是"硬"的，非此即彼。而本书认为国际法上原则与规则的区别是相对的，是程度问题，没有尖锐对立，要找出同作为法的要素的规则和原则的清晰界限极为困难，但首先，要明确的是规则和原则都能作为义务的来源，产生国际法律后果。② 其次，存在法律规则时，优先适用法律规则，即适用法律原则是例外。此种适用方法被称为"禁止向一般条款逃逸"或者"穷尽法律规则方得适用法律原则"。法律规则缺位时，可以选择适用法律原则来弥补法律漏洞，避免出现法律不明（non liquet）的情况。当规则缺位或排斥规则优先适用原则时，适用者有充分说明理由的义务。③ 再次，在对事物的覆盖面上，原则具有较为宏观的指导性，抽象程度更高，而规则则较窄，法律原则常常作为一系列规则的基础④。复次，在变化的速率方面，"天下有定理而无定法"。规则要比原则更容易修改，由于原则往往是一段时期内社会价值的积淀，不会轻易改变。最后，在适用的确定性方面，规则是"全有或全无"的适用，而原则则提供价值的指引。⑤

2. 规则与规范

规范（norm）与规则（rule）是否属同一概念尚无定论，但总体而言我国的法学学者倾向于视其为同一概念。⑥ 国际法上似乎鲜有讨论。"规范"并不是一个传统国际法讨论中会经常提及的术语，国际法学者甚至有时会为了避免歧义而少用。之所以此处要涉及对规范的界定，是因为在网络空间国际造法的过程中，有一个高频出现的术语"自愿、不具约束

---

① Daniel Bodansky, "The United Nations Framework Convention on Climate Change: A Commentary", *Yale Journal of International Law*, Vol. 18, 1993, p. 501.

② Philippe Sands, Jacqueline Peel, Adriana Fabra and Ruth MacKenzie, *Principles of International Environmental Law*, Cambridge University Press, 3rd edition, 2012, p. 200.

③ 李龙主编、汪习根执行主编：《法理学》，武汉大学出版社2011年版，第130页。

④ 张文显主编：《法理学》（第五版），高等教育出版社、北京大学出版社2018年版，第121页。

⑤ ［美］罗纳德·德沃金：《认真对待权利》，信春鹰、吴玉章译，上海三联书店2008年版，第44页。

⑥ 张文显主编：《法理学》（第五版），高等教育出版社、北京大学出版社2018年版，第115—116页。

力的负责任国家行为规范"①,为了避免歧义,此处将简要介绍规范一词的相关背景。规范是一个广泛的术语。放在整个社会科学项下都没有问题,如社会规范、道德规范、法律规范的划分对社会科学相关学者并没有难以接受的地方。凯尔森认为,立法者制定是规范,法律科学表述的却是规则。前者是规定性的,后者是描述性的。②

本书认同玛莎·芬尼莫尔凯瑟琳·斯金克对"规范"的定义,即"具有特定身份的行为体的适当行为标准"。③ 这个宽泛的定义意味着,规范在范围和法律约束力上可能同时存在本质的差异,同时具有法律、政治、技术、伦理或社会特征。④ 在这个定义下,规范的内涵其实要大于规则,也就是说,规则指的是国际法规范,也就是有法律拘束力的规范,规范除了包括规则以外,也包括不具法律拘束力的自愿行为规范,例如,行为守则⑤(code of conduct)或自愿、不具约束力的负责任国家行为规范。网络规范不仅在全球和多边层面进行讨论,⑥ 也在双边和非国家利益攸关方参与的论坛中经常被提及。

(三) 国际软法

此处要讨论的"造法"并不仅限于有拘束力的规则,也要讨论网络空间大量存在的无拘束力的软法规范。英国的麦克奈尔勋爵最早使用"软法"(soft law)这一术语来概括那些虽并不具有直接的法律约束力,但能直接或间接产生法律效果的规范。"软法"并非独立和自足的概念,要与"硬法"的概念相对应才能界定,⑦ 一种比较宽泛的解释认为软法

---

① 详细论证请参见第四章第二节。

② [奥] 凯尔森:《法与国家的一般理论》,沈宗灵译,中国大百科全书出版社 1996 年版,第 48 页。

③ Martha Finnemore and Kathryn Sikkink, "International Norm Dynamics and Political Change", *International Organization*, Vol. 52, No. 4, 1998, pp. 887-917.

④ Anna-Maria Osula and Henry Rõigas eds., *International Cyber Norms: Legal, Policy & Industry Perspectives*, NATO CCD COE, p. 12.

⑤ See Jurgern Friedrich, Code of Conduct, *Max Planck Encyclopedias of International Law*, October 2010.

⑥ See INCYDER, https://ccdcoe.org/incyder.html.

⑦ 何志鹏:《逆全球化潮流与国际软法的趋势》,《武汉大学学报》(哲学社会科学版) 2017 年第 4 期。

是"在内容和外观上部分或全部没有法律约束力的国际立法"①。从内涵而言，国际软法是指缺乏直接法律约束力但又能产生特定法律效果的国际规范，这也就明确软法不能产生可执行的权利义务。② 就外延来说，国际软法无法归于《国际法院规约》第38条所列任何一项渊源之下。③ 软法对成文的国际法渊源有引领和补充作用、对不成文的国际法有证明作用、对正在发展中的国际法有塑造作用。④ 在处于变革过程中的法律领域，新规则的快速成型和落实往往难以实现，鉴于此，立法主体往往首先采用不具法律约束力的软法文件抽象地承认这些原则，然后通过国际惯行的积累，将成熟的"软法"凝固、结晶化为"硬法"。⑤ 软法的勃兴，与亟待治理的领域的社会秩序实现从"统治到治理"的发展趋势密切相关。⑥

软法在国际法中是否需要讨论，或者是否利大于弊至今仍有争议。⑦ 一些学者认为"法"从本质上讲就应具有拘束力否则不应称为法。一个规则要么是法律要么不是法律，要么具有法律约束力要么没有，⑧ 软法这种似是而非的表述没有准确反映国际法具有法律拘束力的性质。⑨ 这

---

① Michael Reisman, "The Supervisory Jurisdiction of the International Court of Justice: International Arbitration and International Adjudication", *Collected Courses of the Hague Academy of International Law*, Vol. 258, pp. 180–182.

② Francesco Francioni, "International 'Soft Law': a Contemporary Assessment", in Vaughan Lowe and Malgosia Fitzmaurice eds., *In Fifty Years of the International Court of Justice: Essays in Honour of Sir Robert Jennings*, Cambridge University Press, 1996, p. 167.

③ 陈海明：《国际软法论纲》，《学习与探索》2018年第11期。

④ 何志鹏：《逆全球化潮流与国际软法的趋势》，《武汉大学学报》（哲学社会科学版）2017年第4期。

⑤ ［日］村濑信也：《国际立法——国际法的法源论》，秦一禾译，中国人民公安大学出版社2012年版，第2页。

⑥ 罗豪才、毕洪海：《通过软法的治理》，《法学家》2006年第1期。

⑦ 对于国际软法争论的学术梳理，参见 Joost Pauwelyn, Ramses A. Wessel and Jan Wouters eds., *Informal International Lawmaking*, Oxford University Press, 2012, pp. 125–161; László Blutman, "In the Trap of a Legal Metaphor: International Soft Law", *International and Comparative Law Quarterly*, Vol. 59, 2010, pp. 605–624。

⑧ Jan Klabbers, "The Redundancy of Soft Law", *Nordic Journal of International Law*, Vol. 65, 1996, p. 181.

⑨ 贾兵兵：《国际公法：和平时期的解释与适用》（第二版），清华大学出版社2022年版，第58页。

种看法似乎不能解释当前国际法发展中的种种现象，本书认为国际造法可以包含非正式的造法，诚如贝克斯特的国际法的"无限多样性"理论所言，有约束力的规范与没有约束力的规范之间的差异不是定性的，而是定量的——不同的规范会带来各种不同的影响和法律效果。① 成为法和有法律效果应该被区分开，某种规范属于非法律的部分不代表它不具备法律效果。② 软法包括只能软性执行的具有法律约束力的文书以及处于规范性灰色地带的文书，这些文书仅仅在某些方面具有软性约束力，或者作为习惯国际法形成的一部分而尚在造法过程中。③

第二节 作为研究视角的国际法渊源

一 静态的国际法渊源：以《国际法院规约》第38条为出发点

（一）国际法渊源的内涵

"法律渊源"有其特定含义。从国内法看，法律渊源是指法的表现形式或形成程序，例如全国人民代表大会通过的法律。国际法上对何为国际法的渊源历来有不同理解。有学者认为从历史视角观察，国际法渊源是国际法原则和规则首次出现的地方；有学者认为从法律生成的角度观察，国际法渊源是国际法规范的形成方式或程序。④ 本书采取被广泛接受的通说，也就是从国际法看，渊源是指有效的国际法规范产生或形成的过程、程序，或这些规范之表现形式。⑤《奥本海国际法》将形式渊源与实质渊源二分，认为前者是法律规则产生其有效性的渊源，后者则代表此规则实

---

① R. R. Baxter, "International Law in 'Her Infinite Variety'", *International and Comparative Law Quarterly*, Vol. 29, 1980, p. 549.
② Joost Pauwelyn, Ramses A Wessel and Jan Wouters eds., *Informal International Lawmaking*, Oxford University Press, 2012, p. 130.
③ A. E. Boyle, "Some Reflections on the Relationship of Treaties and Soft Law", *International and Comparative Law Quarterly*, Vol. 48, 1999, pp. 901-913.
④ 何志鹏、孙璐、王彦志等：《国际法原理》，高等教育出版社2017年版，第49页。
⑤ 周鲠生：《国际法》（上册），商务印书馆1976年版，第10页。

质性内容的来源。① 国际法的形式渊源和实质渊源的区分②也许并不完全周延，但对本书的讨论是有益的。村濑信也认为，形式渊源指的是国际法的形式是否存在的静态标准。与此相反，实质渊源是指产生的事实或者行为，即着眼于促使某一法律规则制定的要因的动态标准，是实在法的修正、变更、新形式的广泛意义上的国际造法指标。③ 他主张用动态的法源论来看待国际法，而不只是限于质问法的存在形式。这与本书观点相契合，本书认为将国际法渊源作为法的表现形式，也就是一个相对静止尺度，并意图将其作为研究视角来观察网络空间的动态国际造法过程。

（二）作为出发点的《国际法院规约》第 38 条

通常认为《国际法院规约》第 38 条第 1 款确立的国际法的渊源体系，是国际法渊源的权威表述。④ 第 38 条第 1 款没有出现"渊源"一词，严格来讲，它只描述了国际法院在解决争端时"可适用的法"的问题，并不是对国际法渊源的直接列举。尽管如此，如果从法的表现形式来观察国际法渊源，那么《国际法院规约》第 38 条列举的三种正式渊源和两种辅助渊源无疑是最完整和权威的表述。⑤

在此基础上，条约是当代国际法中最主要的渊源。条约是国际法主体间缔结并且以国际法为准的书面协定。条约有时被分为造法性条约和契约性条约，这种区分意义有限。确如李浩培先生所言，凡是条约从某种意义上来说都是造法性的，不过是涉及的一般规则和个别规则的不同而已。⑥ 严格来说，条约与其说是国际法渊源，不如说是法律义务的来源。⑦ 条约只对成为条约缔约国的国家有约束力而不能为非缔约国设定权

---

① ［英］詹宁斯、瓦兹修订：《奥本海国际法》（第一卷第一分册），王铁崖、陈公绰、汤宗舜等译，中国大百科全书出版社 1995 年版，第 14 页。

② Georg Schwarzenberger, *International Law as Applied by International Courts and Tribunals*, Vol. 1, Stevens and Sons Ltd., 3rd edition, 1957, pp. 16-17.

③ ［日］村濑信也：《国际立法——国际法的法源论》，秦一禾译，中国人民公安大学出版社 2012 年版，第 20 页。

④ 李浩培：《国际法的概念和渊源》，贵州人民出版社 1994 年版，第 67 页。

⑤ Malcolm Shaw, *International Law*, Cambridge University Press, 9th edition, 2021, p. 59.

⑥ 李浩培：《国际法的概念和渊源》，贵州人民出版社 1994 年版，第 67 页。

⑦ Gerald Fitzmaurice, "Some Problems Regarding the Formal Sources of International Law", in Martti Koskenniemi ed., *Sources of International Law*, Routledge, 2000, p. 164.

利义务，是否成为条约缔约国完全由国家决定。条约作为国际法的渊源可以说取决于国家的明示同意。另外，条约的拘束力是建立在"条约必须信守"（pacta sunt servanda）这项习惯国际法原则之上的。

根据《国际法院规约》第 38 条第 1 款第 b 项，习惯国际法被定义为"作为通例之证明而经接受为法律者"。这是对习惯国际法作出的最权威的界定，这一界定反映了一个广为接受的观点，即习惯国际法是由"国家实践"和"法律确信"（opinio juris）两个要素组成。国家实践或所谓"物质因素"，即在某一方面，国家实践不仅数量众多、具有代表性并且趋于一致，包括了最有利害关系的国家；以及"法律确信"或所谓"心理因素"，即国家进行前述国家实践是出于对一项行为属于法律义务的一般承认。① 传统国际法进程中，习惯通常不是一个自觉的造法过程。与条约不同，条约是一些国家聚集在一起，在法律上确定对于所有参加造法过程的它们来说可以接受的行为规范。这些国家就是为了形成共识的规范而有意识地努力。习惯则不然，有关国家参与规范创立的过程中，它们主要目的不是确立国际规则而是保护自己的某些政治、经济或者社会利益。一个新的国际规则的产生只是国家在国际关系中行为的副产品。凯尔森由此把习惯定义为"不自觉的、无意识的造法"②，也有其他学者认为习惯法是"自发的过程"③。习惯国际法与条约有两个明显区别。第一，条约是成文法，而习惯则是不成文规则或原则；第二，条约只能约束缔约国，而习惯国际法一般来说具有普遍约束力，可以约束除持续反对者以外的国家。

《国际法院规约》第 38 条第 1 款第 c 项规定，第三种国际法渊源为"文明各国所接受"的"一般法律原则"。从历史的角度来分析，这一条与《常设国际法院规约》中的规定完全一致，而《常设国际法院规约》制定于 20 世纪 20 年代，这能解释为何会出现"文明各国"这样过于欧洲中心主义并且过时的词汇。今天看来，这个词语已经没有太多价值，因为所有国家都被认为是同等文明的。将一般法律原则纳入国际法渊源中，

---

① 邵津主编：《国际法》（第四版），北京大学出版社、高等教育出版社 2011 年版，第 12 页。
② [美] 汉斯·凯尔森：《国际法原理》，王铁崖译，华夏出版社 1989 年版，第 257 页。
③ [意] 安东尼奥·卡塞斯：《国际法》，蔡从燕等译，法律出版社 2009 年版，第 208 页。

是为了弥补国际法可能没有涵盖的空白，并解决了所谓法律不明的问题。① 实际上，"一般法律原则"自提出之日起就充满争议。② 关于何谓一般法律原则，有多种不同的观点，其中一种认为一般法律原则是指各国国内法、特别是私法中所共有的原则（例如奥本海）；另一种认为是指国际法的原则（例如童金）。③ 国际法委员会《关于一般法律原则的第二次报告》中两者兼采，认为"一般法律原则"既包括国内法律体系的一般法律原则，也包括国际法体系内形成的一般法律原则。④ 到目前为止，虽然在判例中提到了某些原则，但国际法院或其前身似乎都没有完全和直接地根据这些一般原则作出决定。⑤ 这也是近代以来实证法崛起而自然法重要性下降的典型表现。卡塞斯认为，一般法律原则式微的主要原因似乎是，在国际共同体中已经建立条约规则网络，并且在形成了数量众多的习惯国际法过程中，一般法律原则被转化成了条约规则或习惯国际法规则。⑥

一般认为条约、习惯国际法和一般法律原则之间没有严格的等级位阶关系，三者都是国际法的正式渊源，而判例与权威公法学家学说则是国际法的辅助渊源，辅助渊源本身并非国际法，而是国际法存在的证明。

（三）《国际法院规约》第 38 条的局限

《国际法院规约》第 38 条是关于国际法渊源的权威表述，但其也并非尽善尽美。严格的实证主义对《国际法院规约》第 38 条的图腾式崇拜并不符合现在的国际形势。我们不应该认为，在如今的时代，《国际法院规约》第 38 条对国际义务的静态列举仍然是完全充分的。⑦

---

① Hugh Thirlway, *The Sources of International Law*, Oxford University Press, 2nd edition, 2019, pp. 126-127.

② 罗国强：《一般法律原则的困境与出路——从〈国际法院规约〉第 38 条的悖论谈起》，《法学评论》2010 年第 2 期。

③ 邵津主编：《国际法》（第四版），北京大学出版社、高等教育出版社 2011 年版，第 12 页。

④ International Law Commission, Second Report on General Principles of Law by Marcelo Vázquez-Bermúdez, Special Rapporteur, 9 April 2020, A/CN.4/741, pp. 5, 36.

⑤ Hugh Thirlway, *The Sources of International Law*, Oxford University Press, 2nd edition, 2019, p. 106.

⑥ [意] 安东尼奥·卡塞斯：《国际法》，蔡从燕等译，法律出版社 2009 年版，第 257 页。

⑦ [美] 何塞·E. 阿尔瓦雷茨：《作为造法者的国际组织》，蔡从燕等译，法律出版社 2011 年版，第 10 页。

首先,《国际法院规约》第 38 条本身可能严重滞后。此款条文是对《常设国际法院规约》的继承,而后者订立于 1920 年,迄今已超百年。在这百年间,国际社会的方方面面都发生了巨大的变化,这些变化都可能会对国际法渊源产生深刻影响,而让第 38 条与现实情况不再贴合。一种说法认为,《国际法院规约》是 1945 年的文件,其内容仅表达了国际社会对于到当时为止的国际法表现形式的认知,加之条约和习惯国际法这两种传统的国际法渊源的各自缺陷也颇为明显:条约的成员国必然有限,其效力具有相对性;习惯国际法一般旨在创设普适性的国际法规范,但区域习惯、双边习惯仍大量存在。因此《国际法院规约》中认可的国际法渊源在治理国际社会的新生事物时捉襟见肘。也有与之相反的观点认为滞后性是国际法的根本属性,它确保了国际法律体系的稳定性和可预见性,自身缺乏确定性的软法一旦被强行并入国际法渊源,可能会破坏既有体系的稳定性,从而对国际法治和实践无益。

其次,《国际法院规约》第 38 条并非对国际法渊源的穷尽式列举。《国际法院规约》第 38 条第 1 款是对国际法渊源的权威宣示,但不是全面的。李浩培教授指出,"就理论说,国际法的渊源是随着国际社会的发展而发展的,从而不能说已详细无遗"[①]。詹宁斯和瓦茨教授修订的《奥本海国际法》指出"《国际法院规约》第 38 条不能被认为任何时候必然是国际法渊源的详尽陈述"[②]。穆罕默德·沙哈布丁法官也认为法院至少不能阻止用其他方法来发现国际法。[③]

对国际法渊源的看法会影响对国际法整体,尤其是国际造法这一动态进程的看法。在很大程度上,国际法的研究是通过"归纳"的方法来确认有效的法律规则。在实证主义者的眼中,国际法渊源变成了法的表现形式,也就是通常所指的形式渊源。法律实证主义者寻求源自国家同意的规则,将倾向于遵守公认的权威、条约和习惯来源,并将重视《国际法院规约》第 38 条第 1 款中确定的其他来源。实证主义者不太愿意接受诸如联大决议或"全球首脑会议最后文件"等非法律文书的规范性影响,将

---

① 参见李浩培《国际法的概念和渊源》,贵州人民出版社 1994 年版,第 53 页。
② [英] 詹宁斯、瓦茨修订:《奥本海国际法》(第一卷第一分册),王铁崖、陈公绰、汤宗舜等译,中国大百科全书出版社 1995 年版,第 27 页。
③ Mohamed Shahabuddeen, *Precedent in the World Court*, Cambridge University Press, 1996, p. 81.

任何所谓的软法概念视为寻求"将法律概念前所未有地扩展到从未被认为属于法律的规范性监管领域"。

二 动态的网络空间国际造法：体系化的理想与碎片化的现实

随着全球治理话语的兴起和国际社会的结构性变化和调整，国际法的造法机制也渐渐发生了变化，国际法上的"法"与"非法"的界限似乎日益模糊。国际法并不是一个静止的规则体系，它更是一个持续的权威决策制定进程。[①]

20世纪90年代以来，国际法领域出现了对国际法渊源和国际造法的反思。国际造法问题开始渐渐为学者们所关注，这有很大一部分要归因于国际法渊源理论，该理论和造法问题属于一体两面的关联问题，其理论构建和假定前提在不断受到冲击。在全球化深入发展的背景下，世界联系更加紧密，国际组织在国际事务中发挥着日益重要的作用。另外，私主体——尤其是跨国公司、非政府组织、市民社会，也渐渐靠近了国际法的制定体系，越来越深入地影响到国际社会的方方面面，模糊了传统的由国家来制定国际法的边界。国际社会的权力分配的总体趋势是从主权国家向国际组织让渡，从国家向私人实体转移。国际法日益的人本化让传统的绝对主权观念受到严重挑战，这正在日益侵蚀着国际法渊源这一理论暗含的国家中心主义的现实基础，也削弱了法律实证主义的理论根基。

网络空间尤为如此。从网络空间的发展历程来看，非国家行为体扮演着重要的角色，主权国家作为"后来者"不断参与现存的非政府机制。[②] 除了传统的条约谈判和习惯国际法生成的正式造法方式，网络空间更出现了大量的非正式的造法（informal lawmaking）进程。这些非正式的造法不论在参与造法者的身份、决策过程的性质以及实际采取的决策的性

[①] Rosalyn Higgins, "Policy Considerations and the International Judicial Process", *International and Comparative Law Quarterly*, Vol. 17, 1968, pp. 58-59; Rosalyn Higgins, *Problems and Process: International Law and How We Use it*, Clarendon Press, 1994, p. 2.

[②] Jovan Kurbalija, *An Introduction to Internet Governance*, DiploFoundation, 4th edition, 2010, p. 159.

质上①都有别于传统的国家间谈判。自 2011 年以来，网络空间的建章立制开始明显加速，国家以及许多形形色色的非国家行为体，尤其是非政府组织、跨国公司、市民社会与学术团体纷纷加入网络空间的规范化进程，提出了涉及方方面面的决议、宣言、规范倡议，形成了传统的国际造法模式与新兴的多利益攸关方参与网络空间规范化并存的局面。在动态的网络空间环境中软法的灵活性彰显，大量的网络空间国际软法蓬勃发展，与传统的国际造法模式形成了并行甚至互补的形势，但当前网络规范的生态出现了明显的碎片化趋势，各种主张之间也出现了冲突，可能是因为不同的国家或利益攸关方更倾向各自认为最符合其利益的特定选择。② 综合起来，这些看似支离破碎的过程类似于网络规范的"机制复合体"，正如约瑟夫·奈所认为的那样，这是一套"松散耦合的机制"。③

三 国际法渊源作为网络空间国际造法研究视角的意义与完善

国际造法问题之所以重要，是因为它关系到国际法体系的正当性问题。国际法学界对于国际造法的讨论，尤其是在国际法教科书中，几乎都是放在"国际法渊源"的主题下加以讨论的。通过对国际法渊源进行探讨，尤其是对《国际法院规约》第 38 条进行逐项剖析，国际法学者至少在形式上明确了一个类似于国内法的造法机制。这样的列举让国际法更加看得到摸得着，不再那么虚无缥缈。国内法中一般由宪制立法机关进行立法，立法机关和立法程序都是确定的，什么是法、什么不是法很少出现疑问，并且法律规则之间的位阶关系基本呈现以宪法为顶点的金字塔型；相反，国际法的立法主体，主要是国家，基于主权平等的前提，立法主体之间是分散的，国际社会中不存在凌驾于国家之上的立法权威，因此国际法的造法程序就尤为重要，否则在国际法的识别问题上就难成合意最终进一

---

① Joost Pauwelyn, Ramses A Wessel and Jan Wouters eds., *Informal International Lawmaking*, Oxford University Press, 2012, p. 15.

② Christian Ruhl, Duncan Hollis, Wyatt Hoffman and Tim Maurer, *Cyberspace and Geopolitics: Assessing Global Cybersecurity Norm Processes at a Crossroads*, Carnegie Endowment for International Peace, 2020, p. 13.

③ Joseph Nye, "The Regime Complex for Managing Global Cyber Activities", *Global Commission on Internet Governance Paper Series*, No. 1, 2014, p. 7.

步冲击国际法的合法性。国际法中各类渊源很难说存在明确的位阶，在冲突时如何解决也是一大难题。国际法的渊源，尤其是《国际法院规约》第 38 条，在很大程度上是从法的外观，即法的表现形式的层面确立的一个程序性制度。

国际法渊源这一理论在一定程度上淡化了国际社会缺乏中央立法机关的问题，使用了实用的结果导向策略，但很大程度上将国家中心主义和法律实证主义的意识形态根植于现代的国际法体系中，① 这对研究国际法有利也有弊。例如，实证主义倾向于认为国际法渊源是指确定国际法原则和规则的现实存在及其法律效力的表现形式，这些表现形式就是条约、习惯国际法和一般法律原则。② 用国际法的渊源，尤其是形式渊源，可以解释国际法的表现形式与国际法规范之间的关系。有学者形象地把国际法的渊源称为国际法规范，也就是国际法权利和义务的"载体"。③ 毫无疑问，国际法渊源的表现形式的外延非常清晰，可以很好地将网络空间纷繁复杂的国际造法现象根据其是否确定了法律上的权利和义务而进行类型化。

与国内法相比，国际法体系确实不具备超越不同等级的法律主体权威的造法机制，但这并不等于国际法没有造法机制。④ 网络空间的国际造法进程，可以说是在国际法的宪制主义和多元主义之争⑤中明显地倒向了后者。本书虽然适用国际法渊源这个分析框架，但承认国际法渊源的视角对研究网络空间国际造法而言并非完全周延。首先，或许是因为网络空间国际造法还处于萌芽阶段，国际法渊源框架下的一般法律原则以及判例这两部分在网络空间国际造法中几乎没有任何特殊的体现。其次，国家和其他国际法主体，更关心某一原则、规则、规范是否能够付诸实践、发挥实效，而非其在国际法渊源上具体属于哪一类。⑥ 再次，即使《国际法院规约》第 38 条——体现并界定了国际法渊源——就条文本身看也只是在于确定

---

① 陈一峰：《国际造法问题的理论再造——评村濑信也〈国际立法——国际法的法源论〉》，《国际法研究》2014 年第 1 期。

② 王虎华：《国际法渊源的定义》，《法学》2017 第 1 期。

③ 王秋玲：《国际法表现形式与渊源之我见》，《当代法学》2003 年第 4 期。

④ 白桂梅：《国际法》（第三版），北京大学出版社 2015 年版，第 38 页。

⑤ Carmen E. Pavel, *Law Beyond the State: Dynamic Coordination, State Consent, and Binding International Law*, Oxford University Press, 2021, p.140.

⑥ Rosalyn Higgins, *Problems and Process: International Law and How We Use it*, Clarendon Press, 1994, p.3.

国际法院的法官为了解决提交给他们的争端应该利用哪些国际法渊源，而并非旨在一劳永逸地界定国际法律义务之合法渊源的全部范围。① 最后，国际规范制定的多元化不仅让参与造法的主体更加分散和多元，造法的平台也在不断增加，形成的规范质量良莠不齐，更有相互重复、相互矛盾与冲突的可能。非国家驱动的倡议使网络空间规范制定过程比传统的国家驱动的造法过程更具多向性和包容性，实证主义视角下作为法的表现形式的国际法渊源理论在此时不能周延地涵盖网络空间国际造法的全部范围。

本书认为应当将关注点从国际法规范（规则和原则）转换到国际造法主体与过程，从纯粹的内部视角到融合外部视角的拓展，所以本书试图以国际法的形式渊源这样的内部视角为基础，同时结合国际造法的过程，从主体、平台、过程、结果等外部视角来共同观察网络空间的国际造法，也就是从国际法规则的结果导向到国际造法的过程导向的拓展，以期能社会地思考，法律地行动，从而对网络空间国际造法提供新的见解。

第三节 他山之石：与其他国际法分支造法之对比

国际关系理论中的国际机制理论可以对网络空间国际造法带来启示。起初国际法律制度基本都是点对点模式，即针对某一领域进行问题解决和规范构建，在制度"密度"不大时，它们几乎是处于各自独立运行的状态。一旦国际法律制度"密度"增加，尤其是大量跨领域甚至全球性问题浮现，它们之间的互动就是必然发生的。② 一个典型例子是，在海洋法公约谈判时，马耳他代表团提出的"人类共同遗产"概念，实质性地影响了各国对于外空自然资源的理解，从而渗透进《月球协定》的谈判中。

有时候网络空间会被提及为继陆地、海洋、空气空间、外层空间之后

---

① Onyma Yasuaki, "The ICJ: An Emperor Without Clothes? International Conflict Resolution, Article 38 of the ICJ Statute and the Sources of International Law", in Nisuke Ando, Edward McWhinney and Rüdiger Wolfrum eds., *Liber Amicorum Judge Shigeru Oda*. Kluwer Law International, 2002, pp. 195-203.

② 刘志云《当代国际法的发展：一种从国际关系理论视角的分析》，法律出版社 2010 年版，第 181 页。

的"第五空间"。① 将网络空间视为一个新的"领域"（domain）的观点其实还有待商榷，但网络空间在确实具备一些"公域"的属性，这和公海、外层空间等领域具有一定的相似性。网络空间的国际造法，无法避免要从既有的国际法律制度中汲取经验和教训，基于成本收益的分析也要考虑直接移植或者类推适用相关规则的可能性和可操作性。必须要看到，虽然国际法发展至今，各个国际法分支领域已经有一定程度的内部体系和框架，但这些既有的框架不一定能对网络空间国际造法提供直接的借鉴，但无论如何，必须将它们纳入考量范围。

一　与外层空间法的造法对比

1957年苏联发射了第一颗人造卫星进入外空，之后美苏两国迅速达成合意，认为发射国无须向卫星绕转经过其领空的主权国家申请并获得批准。② 1959年12月12日，联合国大会通过第1472号决议③决定设立"和平利用外层空间委员会"（The Committee on the Peaceful Uses of Outer Space, COPUOS）并赋予其包括研究和平利用外层空间可能产生的法律问题的任务。和平利用外层空间委员会遂成为制定外层空间法的主要造法机构。1963年，联大一致通过了《各国探索和利用外层空间活动的法律原则宣言》，这对于外层空间法的形成具有开创性的作用。该宣言为人类探索和利用外空提出了9条应予遵循的基本法律原则，这为日后的国际外层空间立法活动奠定了政策基础。

从体系上来看，外层空间法呈现出"1+N"的结构，主要由五个条约组成，且五个条约无一例外都是在联合国和平利用外层空间委员会的组织下起草。1967年《外空条约》常被称为"外空的大宪章"④。《外空条约》是一个框架性条约，空间活动的调整还需要更具体的法律规范。1967年的《营救协定》、1971年的《责任公约》、1974年的《登记公约》

---

① 黄志雄：《2011年"伦敦进程"与网络安全国际立法的未来走向》，《法学评论》2013年第4期。

② 朱文奇主编：《国际法学原理与案例教程》（第四版），中国人民大学出版社2018年版，第225页。

③ International Co-operation in the Peaceful Use of Outer Space, UN Doc. A/RES/1472.

④ ［德］斯蒂芬·霍贝、伯恩哈德·施密特—泰德、凯—伍·施罗格主编：《科隆空间法评注第一卷：〈外空条约〉》，李寿平等译，世界知识出版社2017年版，第33页。

和1979年的《月球协定》丰富了外空法的法律体系。《月球协定》已经显现出国际造法的危机，因为它只得到了寥寥的回应。① 之后外空法似乎再也难达成硬法合意，而是转向了联合国大会的决议，从1980—1995年，联大通过了《关于从外层空间遥感地球的原则》《关于在外层空间适用核动力源的原则》等决议，之后又渐渐涉及外空透明与建立信任措施，空间碎片减缓指南等问题，但始终没有再形成新的条约。外层空间造法出现了一个由国际硬法慢慢向不具有法律约束力的规则或为特殊空间活动制定不具有法律约束力的规则，以重新解释具有法律约束力的规则的趋势。一些学者认为这种偏离实际上弱化和抑制了外层空间国际造法。②

实际上来看，学界已经开始初步关注外层空间法与网络空间国际法的对比。③ 尽管不少学者将网络空间和外层空间共同归为所谓的"全球公域"④，但二者显然存在巨大的区别。首先，从造法参与主体来看，外层空间活动的参与门槛比网络空间活动要高许多，自外层空间法萌芽开始，国家就是外空活动的首要主体。有能力且有意愿从事外空探索的行为体（主要是国家）寥寥无几，而条约和习惯恰好也是由国家来创设的。相比

---

① ［德］斯蒂芬·霍贝、伯恩哈德·施密特—泰德、凯—伍·施罗格主编：《科隆空间法评注 第一卷：〈外空条约〉》，李寿平等译，世界知识出版社2017年版，第34页。

② ［德］斯蒂芬·霍贝、伯恩哈德·施密特—泰德、凯—伍·施罗格主编：《科隆空间法评注 第一卷：〈外空条约〉》，李寿平等译，世界知识出版社2017年版，第36页。

③ See Martha Meija-Kaiser, "Space Law and Unauthorised Cyber Activities", in Katharina Ziolkowski ed., *Peacetime Regime for State Activities in Cyberspace: International Law, International Relations and Diplomacy*, NATO CCD COE, 2013, pp. 349-372; Benedikt Pirker, "Territorial Sovereignty and Integrity and the Challenges of Cyberspace", in Katharina Ziolkowski ed., *Peacetime Regime for State Activities in Cyberspace: International Law, International Relations and Diplomacy*, NATO CCD COE, 2013, pp. 189-216; Katharina Ziolkowski, "General Principles of International Law as Applicable in Cyberspace", in Katharina Ziolkowski ed., *Peacetime Regime for State Activities in Cyberspace: International Law, International Relations and Diplomacy*, NATO CCD COE, 2013, pp. 135-188; Katrin Nyman Metcalf, "A Legal View on Outer Space and Cyberspace: Similarities and Differences", Tallinn Papers, 2018, pp. 1-11.

④ Nicholas Tsagourias, "The Legal Status of Cyberspace", in Nicholas Tsagourias and Russell Buchan eds., *Research Handbook on International Law and Cyberspace*, Edward Elgar Publishing, 2nd edition, 2021, pp. 24-25; Paul Meyer, "Outer Space and Cyberspace: A Tale of Two Security Realms", in Anna-Maria Osula and Henry Rõigas eds., *International Cyber Norms: Legal, Policy & Industry Perspectives*, NATO CCD COE, 2016, p. 14.

之下，网络空间实在过于拥挤，与外层空间正好相反，网络空间活动的主体主要由非国家行为体构成，包括个人、公司和其他组织较为松散的团体，国家是网络空间的后来者。其次，网络的匿名和归因难题，让本属于国家的造法权威扩散了。诚然，就实力和资源而言，国家与非国家行为体的关系仍然呈现出"明显有利于国家的不平衡"①，然而，由于国家长时间的沉默，非国家行为体已经当仁不让地进入了空白的规范创制领域，而这一领域以前是由国家独占的。② 最后，网络空间活动并不像外层空间活动最初出现时那样是新的，网络空间活动主要是在它们自己的既定法律框架内以不同方式进行的新方式，包括电话、广播、公共服务、商业等，网络空间的法律发展更多的是关于如何使既有规则在新环境中合理适用。③ 当然，在"涉及外层空间的网络活动"的交叉领域，两者仍旧可以相互借鉴或在此基础上创设新规则。④

二 与国际海洋法的造法对比

海洋法的发展有着悠久的历史，并已经逐步发展成为国际法中一个比较完整的独立分支。古罗马的《优士丁尼法典》第一次以法律的形式规定海洋和空气一样是大家的"共有之物"，所有人都可加以利用。⑤ 17 世纪以后，随着航海贸易的兴盛，格劳秀斯发表了"海洋自由论"，一些学者，包括宾客舒克提出了诸如领海范围为大炮射程所及⑥等观点。过去海洋法主要由领海制度和公海制度两部分组成，继而又发展出其他相关制度。⑦

---

① Karine Bannelier and Theodore Christakis, *Cyber-Attacks Prevention-Reactions: The Role of States and Private Actors*, Les Cahiers de la Revue Défense Nationale, 2017, p. 9.

② Kubo Mačák, "From Cyber Norms to Cyber Rules: Re-engaging States as Law-makers", *Leiden Journal of International Law*, Vol. 30, 2017, p. 888.

③ Kriangsak Kittichaisaree, *Public International Law of Cyberspace*, Spinger, 2017, pp. 53-55.

④ 王国语：《外空、网络法律属性与主权法律关系的比较分析》，《法学评论》2019 年第 5 期。

⑤ [古罗马] 优士丁尼：《法学阶梯》，徐国栋译，中国政法大学出版社 1999 年版，第 111 页。

⑥ [美] 阿瑟·努斯鲍姆：《简明国际法史》，张小平译，法律出版社 2011 年版，第 116 页。

⑦ 详细的海洋法发展历史，参见魏敏主编《海洋法》，法律出版社 1987 年版。

除了早期的学者贡献和国内立法，现代意义上的海洋国际造法，主要体现在对海洋法的系统性编纂上，即制定《联合国海洋法公约》。对海洋法进行系统编纂的首次尝试是1930年的海牙会议。这次会议是在国际联盟的组织下召开的，由于各国的利益和分歧太大，没有达成协议。第二次世界大战后，在联合国的主持下，国际社会开始了海洋法的正式编纂。为此，联合国召开了三次海洋法会议。[1] 在经过了数十年的发达国家与发展中国家的博弈后，《联合国海洋法公约》于1982年的第三次海洋法会议上通过，共包括17部分，9个附件以及四项决议的会议最后文件。该公约成功将海洋划分为内海、领海、毗连区、专属经济区、大陆架、群岛国的群岛水域、公海、国际海底区域、用于国际航行海峡九大区域，规定了各区域的法律地位以及国际法主体在不同区域行为应遵循的国际法原则、规则、制度。[2] 1982年的《联合国海洋法公约》标志着完整的现代海洋法体系的建立，之后的海洋法领域相关造法都是以《联合国海洋法公约》为核心而引申向外拓展的尝试。概言之，海洋法领域的国际造法过程是通过对习惯国际法的编纂和国际法逐步发展的成文化进行的，很大程度上可以总结为由宪章性条约引领，其他条约或附件补充组成的"1+N"结构。

与国际海洋法这种明显以宪章性条约，即《联合国海洋法公约》为圆心向外扩展的"1+N"结构不同，网络空间的国际法规则是呈分散点状分布的，目前并没有一项宪章性条约，在未来的一段时期内，网络空间的宪章性条约制定成功并为国际社会广为接受的前景并不乐观。另一个明显的区别是国际海洋法有着悠久的发展历程，几百年来的国家实践与惯例、较为成熟的国内法体系等给海洋的国际造法打下了坚实的社会基础，提供了丰富的造法素材，而网络信息通信技术从发明至今，历时并不久，加之网络领域的国家实践趋于保密，这些因素都对网络空间的国际造法的时效性与前瞻性提出了挑战。

三 与国际环境法的造法对比

国际环境法，是指国家之间制定的以全球环境与生态保护为目的的国

---

[1] 杨泽伟：《国际法》（第三版），高等教育出版社2017年版，第147页。
[2] 何志鹏、孙璐、王彦志等：《国际法原理》，高等教育出版社2017年版，第221页。

际法规范的总称。① 国际环境法自20世纪70年代以来进入了系统发展的阶段。1972年的联合国人类环境会议（斯德哥尔摩会议）通过了《关于人类环境的斯德哥尔摩宣言》《人类环境行动计划》等重要的国际环境文件。1992年的联合国环境与发展大会（里约会议）则将可持续发展列为中心议题，通过了《21世纪议程》《里约环境与发展宣言》《关于森林问题的原则声明》，并且将《气候变化框架公约》和《生物多样性公约》开放签署。2002年的世界首脑可持续发展会议通过了《约翰内斯堡可持续发展宣言》和《可持续发展问题时就首脑会议执行计划》。2012年的联合国可持续发展会议则充分暴露了各国在环境问题上的观念分歧和合作困境，尤其集中在原则、资金和机制问题方面。②

正如瑞吉维尔观察到的那样，国际环境法牢固地植根于国际法的传统渊源，但它又增添了自己的风采和特点。③ 作为一个主要以国际书面文件为表现形式的国际法分支，造法性环境条约，较多采用了"框架公约+议定书+附件"（framework convention + protocol + annexed documents）的模式，④ 或称为"框架公约模式"⑤。各国通行的"污染者偿付原则"等习惯也得到了国际环境法的认可。而衍生于诸如"诚信""善意履行"等一般法律原则的"使用自己财产时不应损害他人财产"的原则也在特雷尔冶炼厂案等判决中得以体现。国际环境法渊源较适当地反映在国际法委员会1989年提出的清单中，包括《国际法院规约》第38条第（1）款所确定的渊源、国际组织的决议和国际法院或法庭的判决。⑥ 不仅如此，环境

---

① 邵津主编：《国际法》（第四版），北京大学出版社、高等教育出版社2011年版，第214页。

② 何志鹏、孙璐、王彦志等：《国际法原理》，高等教育出版社2017年版，第501页。

③ Catherine Redgwell, "Sources of International Environmental Law: Formality and Informality in the Dynamic Evolution of International Environmental Law Norms", in Samantha Besson and Jean d'Aspremont eds., *The Oxford Handbook on Sources of International Law*, Oxford University Press, 2017, p. 939.

④ 梁西主编：《国际法》（第三版），武汉大学出版社2011年版，第210—211页；何志鹏、孙璐、王彦志等：《国际法原理》，高等教育出版社2017年版，第502页。

⑤ 王铁崖主编：《国际法》，法律出版社1995年版，第456-457页。

⑥ International Law Commission, Draft Articles on State Responsibility, Part 2, Art. 5 (1), Report of the ILC to the United Nations General Assembly, UN Doc. A/44/10, 1989, p. 218.

法领域的软法现象尤为突出，一般认为国际环境法的渊源包含软法。①

国际环境法的特性与网络空间相似，即调整范围的全球性、调整方法的综合性、法律理念的生态性、法律规范的技术性。② 不仅如此，非政府组织的积极参与、国际组织的核心角色、软法群集的规范体系等也都投射出国际环境法与网络空间国际造法会面临一定程度的共同挑战。例如，环境法的零散分布，互不协调，不成系统，规范发展不足，并且缺少强制执行力等问题，在网络空间中也体现得淋漓尽致。国际环境法的体系日臻完善，风险预防的理念广泛传播并不断得到贯彻落实，安全与发展的法益平衡在超前环境立法的模式下得以实现，对网络空间的造法考量大有裨益。

四 与国际能源法的造法对比

通常认为，国际能源法的主要造法主体包含国家和国际组织。例如石油输出国组织（OPEC）、国际原子能机构、国际能源机构等，国际组织的立法活动很大程度上丰富了能源法的内容，各类以多边条约的形式进行的立法活动涉及能源领域的方方面面，如勘探、开发、生产、运输、贸易、储备、技术合作等。③ 除此之外，能源公司和非政府组织也深度参与国际造法。能源公司不仅以商业惯例的形式参与造法，而且通过制定公司内部有关环境、人权、公司治理等方面的行动指南来推动国际能源法的成型。

国际能源法的渊源除了《国际法院规约》第 38 条列举的内容外，国际组织的决议以及国际石油合同也应被视为重要补充。从国际条约的角度看，造法性条约比如《国际能源纲领协议》《国际原子能机构规约》《能源宪章条约》起到了提纲挈领的作用；而契约性条约，如 2004 年中国与哈萨克斯坦政府签署的《关于在油气领域开展全面合作的框架协议》、2007 年巴西与塞内加尔签署的《生物能源合作协议》等，则更多在双边层面约定权利义务。除此之外，司法判例，尤其是 1952 年的英伊石油公司案、1981 年的利埃姆科诉利比亚阿拉伯共和国政府仲裁案、1994 年欧

---

① 汪劲：《环境法学》（第四版），北京大学出版社 2018 年版，第 328 页；邵津主编：《国际法》（第四版），北京大学出版社、高等教育出版社 2011 年版，第 220 页；梁西主编：《国际法》（第三版），武汉大学出版社 2011 年版，第 210 页。

② 邵津主编：《国际法》（第四版），北京大学出版社、高等教育出版社 2011 年版，第 215 页。

③ 杨泽伟：《中国能源安全法律保障研究》，中国政法大学出版社 2009 年版，第 230 页。

盟诉美国对汽车征税案等典型案例对能源法的造法起到了重大影响。国际石油合同是特殊的情形，国际法院在英伊石油公司案的裁决中明确指出，伊朗和英伊石油公司签订的合同，是一国政府和外国公司签订的特许协定不构成条约，① 而这也契合了1969年的《维也纳条约法公约》的规定。国际组织的决议，国际组织的机关通过的宣言、决定、决议和行动指南等也很重要，例如联大通过的关于自然资源永久主权宣言、欧佩克关于石油生产和石油价格的决议，就其广泛代表性和舆论价值而言，是确立法律原则的补充资料，实际上对能源法有很大影响。②

在能源法领域中，关于核安全的新兴国际造法趋势的问题，也值得重点关注。虽然第一座核电站于1954年在苏联的奥布宁斯克开始运行，但第一项关于核安全的国际公约花了30多年的时间才通过。与此同时，各国主要以国际原子能机构发布的不具约束力的安全标准为指导。③ 此后，20世纪80年代和90年代通过的《核安全公约》巩固了这些新兴的非约束性规范，并使许多相关标准对所有成员国具有约束力。各国再次以传统国际法的方式造法，慢慢地将那些被所有利益攸关方视为可行和可接受的规范转变为具有约束力的法律。④ 但目前看来，核安全国际法也并非尽善尽美。首先，核安全国际公约存在缺乏普遍性、可操作性和强制性的问题。其次，核安全的监管也面临操作难度大且监管机构中立性无法保障的问题。

著名学者约瑟夫·奈曾发表名为《网络安全的核教训》，指出意识形态和政治竞争对核能规制与核合作制度安排提出了巨大的挑战，网络空间也面临类似的问题，网络与核能都是新技术，但区别很大，与核能领域相比，非国家行为体在网络空间有着大得多的影响力，国家需要对此重点关切。⑤ 总结而言，网络空间的参与造法主体众多，且目前看来制定宪章性条约希望渺茫。核安全规则这种软法先行、硬法补强的造法历程或许可为

---

① The Anglo-Iranian Oil Co. (the United Kingdom v. Iran), ICJ, Judgment of 22 July 1952, p. 113.

② 杨泽伟：《中国能源安全法律保障研究》，中国政法大学出版社2009年版，第233页。

③ See IAEA, Measures to Strengthen International Co-operation in Nuclear, Radiation, Transport and Waste Safety, IAEA Doc. GC (45) /INF/3, 31 August 2001, Attachment 2, pp. 1-7.

④ Kubo Mačák, "From Cyber Norms to Cyber Rules: Re-engaging States as Law-makers", *Leiden Journal of International Law*, Vol. 30, 2017, p. 893.

⑤ Joseph Nye, "Nuclear Lessons for Cyber Security?", *Strategic Studies Quarterly*, Vol. 5, 2011, pp. 18-38.

网络空间造法吸收借鉴。

第四节 国际法渊源视角下网络空间国际造法的核心问题

国际法领域的造法，显然还不属于法律规范比较成熟的状态，① 网络空间国际造法更是处于萌芽阶段。网络空间的互联互通和内在脆弱性，加大了通过国际法推动网络空间治理的现实需求。主权国家逐渐回归网络空间治理，也为网络空间国际造法奠定了社会基础，网络空间国际法的建章立制已经成为大趋势。

原则上，网络空间国际造法最大的争议在于所谓的新旧法之争，即是否有必要制定管理网络行动的新国际法规则，还是既有的法律体系已经令人满意。② 黄志雄教授用规则的形式来形容这个争议，即网络空间的国际法规则是应当首先立足于既有国际法规则（主要是习惯国际法）在网络空间的适用，还是应当强调为这一新的虚拟空间"量身定制"新的国际法规则（特别是达成新的国际条约）③ 在这个争议的基础上，又衍生出软法与硬法之争，即如果出现了既有国际法无法覆盖或规范不佳的情况，应该制定新的有法律约束力的国际规则，抑或发展不具约束力的国际规范就足以提供行为预期？

一 旧法之适用

所谓的旧法，包括作为国际法渊源的条约、习惯国际法和一般法律原则，都可以适用于网络空间。在下文的讨论中，主要涉及的是习惯国际法在网络空间的适用。这是因为既有国际条约中普适性的权利义务条款基本都是基于习惯国际法编纂而成，一般法律原则则作为查漏补缺的工具兜底

---

① Samantha Besson and John Tasioulas eds., *The Philosophy of International Law*, Oxford University Press, 2010, p. 178.

② Zhixiong Huang and Kubo Mačák, "Towards the International Rule of Law in Cyberspace: Contrasting Chinese and Western Approaches", *Chinese Journal of International Law*, Vol. 16, Issue 2, 2017, para. 15.

③ 黄志雄：《网络空间国际法强国论纲》，载中国国际法学会主办《中国国际法年刊》（2016），法律出版社2017年版，第119—120页。

存在，具有高度抽象的特征，在网络空间的适用不会有特别的挑战。

通过传统的方式，即通过多边协议制定新的国际法规则或通过普遍的国家实践过程制定习惯国际法，无法赶上网络领域的新技术发展。因此，现行的国际法规则必须立足网络空间背景下的不完美之处。既有国际法适用于网络空间，是网络空间国际造法的重点研究对象。尽管各国和国际组织已多次确认国际法适用于网络空间，[①] 但这些规则在实践中的适用方式往往未定，并因此受到不同观点的影响，总是会出现关于国际法在规范这一领域及其内发生的活动方面的效力的问题。[②] 简单地说，虽然国际法适用于网络空间已是国际共识，但具体哪些国际法规范得以适用，国际法规范到底如何适用于网络空间的问题仍然在造法的起步阶段。一方面，网络空间作为一个基于现代通信技术发展起来的新空间，具有不同于物理世界的若干独特属性，必然会对既有国家的使用提出新挑战。既有国际法在网络空间适用问题上的分歧往往体现为国际法体系普遍分歧在网络空间这一新环境下的复杂化与扩大化。另一方面，国际法整体上在某一空间或某一领域适用，也是一个没有先例的问题。在适用中如何区分法律适用与二次造法，也是要解决的棘手问题。

二　新法之产生

如果说旧法的适用，是出于成本和需求的必然，那么网络空间是否需要"量身定制"的新法，尤其是条约，则在很大程度上取决于国际法主体的战略选择了。从当前网络空间国际规则制定的现状来看，国际社会出现了两大阵营对立的局面，即以美国为代表的西方发达国家主张在网络领域适用传统的国际法规则，不愿意发展新的硬法规则；以中俄为代表的新兴国家主张在网络领域制定新的网络空间国际规则。对于创设网络空间的专门性国际法规则，不论是条约还是习惯国际法，是否有创设新规则的必要性需要探讨，如果确有制定和发展网络空间专门的国际法规则的需求，在造法过程中会遇到哪些困境，应该如何克服，也是

[①] Report of the Group of Governmental Experts on Advancing Responsible State Behaviour in Cyberspace in the Context of International Security, UN Doc. A/76/135, July 14 2021, para. 69.

[②] Dapo Akande, Antonio Coco and Talita de Souza Dias, "Drawing the Cyber Baseline: The Applicability of Existing International Law to the Governance of Information and Communication Technologies", *International Law Studies*, Vol. 99, No. 4, 2022, p. 12.

亟待解决的问题。

三 软法之发展

21世纪的国际法格局似乎日益松动,并不愿意被过去的形式主义限制。① 由于国际造法方面缺乏统一的权威,参与造法的国家和其他非国家行为体寻求为国际社会的各个方面建立或调整规则。当代国际法往往是各种造法工具微妙而不断演变的相互作用下的产物。② 尽管国家仍然是国际法的主要制定者,但也有其他行为体加入其中,如在国际法制定方面具有影响力的实体,包括非政府组织、市民社会甚至个人。③ 实证主义法律学者通常认为,软法是硬法的次优选择,要么是通往硬法的中转站,要么是硬法行不通时的退路。④

网络空间的国际软法却不只是如此,它们是网络空间国际造法中不可或缺的一部分,是法律规范制定多元化的典型,它们在传统的国际造法陷于滞缓时仍然保持活跃,且不完全以跻身为硬法为目标。实际上,国际法渊源范围之外的规范性表达并非网络空间独有,也不完全是新的,但它们已经变得极其多样化、碎片化,并且达到了前所未有的程度。无论网络空间国际软法的蓬勃发展现象被视为健康的多元主义反映,还是令人警觉的碎片化阴影,⑤ 我们都必须承认,传统的国际法渊源体系无法把握这些发展,我们应该将国际法软法纳入网络空间国际造法的讨论范围。网络空间国际软法为何能成为东西方都能接受的造法路径,以及以负责任国家行为规范和网络空间学者倡议为典型的软法规范对网络空间的国际造法有何种意义,都需要进一步讨论。

---

① Arnold N. Pronto, "Some Thoughts on the Making of International Law", *European Journal of International Law*, Vol. 19, No. 3, 2008, p. 616.

② Alan Boyle and Christine Chinkin, *The Making of International Law*, Oxford University Press, 2007, p. 5.

③ Arnold N. Pronto, "Some Thoughts on the Making of International Law", *European Journal of International Law*, Vol. 19, No. 3, 2008, p. 602.

④ Jeffrey L. Dunoff and Mark A. Pollack eds., *Interdisciplinary Perspectives on International Law and International Relations: The State of the Art*, Cambridge University Press, 2012, p. 208.

⑤ Anne-Charlotte Martineau, "The Rhetoric of Fragmentation: Fear and Faith in International Law", *Leiden Journal of International Law*, Vol. 22, No. 1, 2009, pp. 1–28.

第二章 旧法之适用：网络空间国际造法的基石

通过前一章，我们已经了解到，主权国家回归网络空间，为网络空间国际造法奠定了社会基础，网络空间国际法的建章立制已经成为大趋势。网络空间国际造法虽然已经如火如荼地开展了十余年，但仍任重道远。本章将集中讨论网络空间国际造法的核心争议之一——旧法之适用，即既有国际法适用于网络空间的相关问题。既有国际法适用于网络空间，指的是在网络技术出现以前，就已经存在的国际法，如何对其进行解释，让其继续在网络空间适用。从国际法渊源的角度观察，既有国际法适用于网络空间，主要指的是相关的习惯国际法之适用。由于既有国际法是所谓的"旧法"，即在网络技术问世和普及之前就存在的国际法原则、规则和制度，它们之于网络空间的适用，毫无疑问属于"一般法"（lex generalis）而非为网络空间量身定制的"特别法"（lex specialis）。

既存的国际规则、制度和认识往往不容易变更，但它们本身并非一成不变。国际造法是一种近乎持续的活动。[①] 下文将从既有国际法能否适用于网络空间，既有国际法如何适用于网络空间，以及既有国际法适用于网络空间与网络空间国际造法之间的关系三个层次展开。首先，我们需要讨论既有国际法适用于网络空间的必然性，并根据对实践的持续观察总结出适用的态势和主要分歧；其次，从国际、国别与学者三个方面澄清既有国际法如何适用于网络空间，并通过法律发现、法律解释和法律推理的过程来弥合既有国际法规范与网络空间实际情况，在此过程中，本书观察到网络空间的法律适用与重新造法之间的界限并非泾渭分明；最后，根据对前

---

① ［澳］克里斯蒂安·罗伊-斯米特、［英］邓肯·斯尼达尔：《牛津国际关系手册》，方芳、范鹏、詹继续等译，译林出版社2019年版，第683页。

述内容的提炼，本书认为既有国际法适用于网络空间是一个"旧瓶装新酒"的问题，本质上是二次造法的过程，并且将成为网络空间国际造法中基础性、长期性的问题。

第一节 既有国际法适用于网络空间的必然性、态势与主要分歧

一 既有国际法适用于网络空间的必然性

每当人类活动拓展至新的领域，一个几乎程式化的问题就会被问及，国际法可以适用吗？人类于20世纪探索空气空间和外层空间时，类似的问题也出现了，随着规范化的进程，这些质疑渐渐烟消云散。

（一）成本与需求

正如国家的活动范围进入空气空间、外层空间等领域催生了空气空间法、外层空间法等国际法新分支一样，国家在网络空间的存在也需要有相应的国际法规范来加以调整。如果国际法规范能与时俱进，与网络空间的客观需求相匹配，是最理想的情况。然而，法具有天然的滞后性，国际法也不例外。国际法规范，是通过一定时间洗礼才沉淀下来的，一些领域的规则更是经过千百年的反复实践才最终被澄清和识别，具有稳定性和权威性，不可能频繁变动。国际法永远都在从实然法向着应然法的方向前进，但国际法要处理的现实生活是变化万千的，信息通信技术的出现到普及不过短短几十年，国际法要针对网络空间进行彻底修订或"另起炉灶"制定全新的规则体系是不现实的。

目前很少有直接针对网络行动的条约，而且那些已生效的条约缔约范围也着实有限。[①] 制定新条约的现实困难被英国提交给联合国秘书长的文件中直接挑明："就其他议题缔结这些协定的经验表明，这些协定只有作为发展共同理解和办法的外交努力的顶点，而不是作为它们的起点，才有意义和有效……国际社会的努力应集中于发展对国际法和规范的共同理解，而不是谈判具有约束力的文书，因为这些文书只会导致对目前尚不成

[①] Paul Przemysław Polański, "Cyberspace: A New Branch of International Customary Law?", *Computer Law and Security Review*, Vol. 33, Issue 3, 2017, p. 372.

熟的领域采取片面和不成熟的做法。"① 另外，因为网络领域的国家实践大多涉密，公开表达的"法律确信"也不多，很难确切认定专门针对网络的习惯国际法。在条约和习惯国际法两大国际法渊源在网络空间的用武之地都还待发展的情况下，直接适用既有国际法来解决网络空间的问题是最低成本，也是最便捷和最不具争议的选择。

（二）法理依据

既有国际法在网络空间的可适用性，是基于以下的逻辑顺序进行论证：首先，网络空间是一个新的领域（domain）吗？如果这个问题的答案是否定的，那也就是意味着行为体在网络空间的行为没有创造出新的法律关系。例如，弗朗西·德勒鲁认为网络空间并不构成一个新的法律领域，由此得出国际法当然适用于网络空间的结论。其一，网络空间不是一个可以"上传"人类和人类活动的环境或领域，人类无法"进入"网络空间。其二，网络空间只是一种影响其他四个领域，即陆地、海洋、空气空间、外层空间的对象的手段。② 这种观点不能站住脚，因为它难以解释随着网络空间的发展，一些新兴权利义务，以及法律关系该如何应对的问题。对于领域的限定似乎也侧重物理层，而忽视了逻辑层和社会层。

其次，所有国际法规范都是有场域限制的吗？结果是否定的。除了某些"场域"限定的规则，如领海宽度为12海里，航空器的归属，公海上有捕鱼自由等，一般国际法并无场域限制。③ 将国际法假设为分领域适用的这个前提，恐怕在法理上很难成立。每个领域都有自己的一般法与特别法。一些普适性的规则，例如禁止使用武力，明显属于贯穿所有领域的规则，属一般法。而每个领域也会有"场域限定"的国际法规范，只是或多或少的问题。大部分的国际法既有的基础性规则或原则是没有场域限制的，但如果一项主张在国际法上是否存在本就存疑，那么它就不可以被当然适用于网络空间。

---

① Developments in the Field of Information and Telecommunications in the Context of International Security, UN Doc. A/68/156, 16 July 2013, pp. 18–19.

② François Delerue, "Reinterpretation or Contestation of International Law in Cyberspace", *Israel Law Review*, Vol. 52, No. 3, 2019, pp. 295–326.

③ Dapo Akande, Antonio Coco and Talita de Souza Dias, "Drawing the Cyber Baseline: The Applicability of Existing International Law to the Governance of Information and Communication Technologies", *International Law Studies*, Vol. 99, No. 4, 2022, p. 12.

最后，一般国际法，尤其是习惯国际法，具有普适性。不需要专门的国家实践和法律确信来证明国际法可以适用于新领域，除非有相反的情形出现。虽然包括条约、习惯国际法、一般法律原则在内的庞杂又充满内部矛盾的国际法渊源体系，使得国际法的普遍性受到了广泛质疑，① 但国际法的基本原则，尤其是体现在《联合国宪章》中的规定，已经被认可适用于网络环境。概言之，既有国际法在网络空间的适用无疑具有某种必然性和合理性。网络空间的形成主要基于互联网这一现代通信技术，而从法律角度来说，人类通过这一新技术从事的一些活动，与通过传统手段从事的类似活动并没有本质上的区别。②

二 既有国际法适用于网络空间的态势

国际法在网络空间的可适用性问题由来已久。2013年，联合国信息安全政府专家组的报告达成，其中指出"国际法，特别是《联合国宪章》适用于各国使用信通技术，对维持和平与稳定及促进创造开放、安全、和平和无障碍信通技术环境尤为重要"③，由此关于国际法能否适用于网络空间的问题基本宣告尘埃落定。在此基础上，下一步要解决的问题是，国际法究竟如何适用于网络空间？④

从形式上看，既有国际法中的条约、习惯国际法和一般法律原则都可继续在网络空间适用。由于条约仅约束缔约国，且突破场域限制、具有普适性的造法性条约一般都源自习惯国际法的编纂，所以谈及既有国际法适用于网络空间，很大程度上是既有的习惯国际法适用于网络空间的问题。没有国家会否认习惯国际法在网络空间的可适用性。习惯国际法相较于条约而言，就是具有普遍约束力的。当然，一般法律原则作为抽象的概念，应当可以适用于新领域。一般法律原则的存在很大程度上是自然法的体

---

① 参见何志鹏、孙璐、王彦志等《国际法原理》，高等教育出版社2017年版。

② 黄志雄：《网络空间国际规则制定的新趋向——基于〈塔林手册2.0版〉的考察》，《厦门大学学报》（哲学社会科学版）2018年第1期。

③ Report of the Group of Governmental Experts on Developments in the Field of Information and Telecommunications in the Context of International Security, UN Doc. A/68/98, 24 June 2013, at 8, para. 19.

④ Trends In International Law for Cyberspace, CCDCOE, May 2019, https：//www.ccdcoe.org/uploads/2019/05/Trends-Intlaw_a4_final.pdf.

现,作用在于避免出现法律不明的情况。在网络空间这种新兴领域,造法者在无法找到可适用的规则时也会诉诸某些合法性和公正的概念,并推进与这些概念相关联的推定规则,因为造法主体知道国际法体系至少在某种程度上是以那些根深蒂固的有关正义的共识为基础的。① 下文将分两点阐述既有国际法适用于网络空间的态势。

(一) 各自为政:关切侧重不同

随着网络空间国际造法向纵深发展,各国关于国际法如何适用于网络空间的立场和主张由虚转实。随着主权国家回归网络空间的国际治理,传统的政治博弈也自然渗透进了网络空间。随之而来的,是在议题设置时哪些规则应强调适用和重点澄清的问题。一些国家在网络空间国际法规范中"挑拣"(cherry-pick)② 或者选择性适用的做法加剧了国家间的分歧。

例如,以美国为首的西方国家,在既有国际法适用于网络空间的澄清顺序上,呈现出从"门槛以上"的网络战规则(包括武装冲突法和诉诸武力权)向"门槛以下"的平时规则渐进扩展的趋势。美国等西方国家,一方面力图凭借其强大的政治、经济和军事实力,通过扩大解释反报、反措施甚至自卫权的适用范围,来为其采取单方行动防控和制止网络威胁提供依据;另一方面为了给"互联网自由"等政策提供相应的法律依据支撑,还专门强调国际人权法在网络空间的适用。③ 相比之下,俄罗斯和中国外交官希望首先集中精力防止网络冲突,而不是为不应该发生的事情设定规则。④ 与此同时,中国及其他一些国家更侧重于国家主权、和平解决争端等国际法基本原则之于网络空间的适用与澄清。⑤ 正如时任外交部条法司司长黄惠康指出,不使用武力原则是"联合国集体安全制度的"的核心,自卫权"只是其例外",在近年来西方国家更多地强调"例外"而冷落

---

① Antony Anghie, "International Financial Institutions", in Christian Reus-Smit ed., *The Politics of International Law*, Cambridge University Press, 2004, pp. 232-233.

② Michael N. Schmitt, "Taming the Lawless Void: Tracking the Evolution of International Law Rules for Cyberspace", *Texas National Security Review*, Volume 3, Issue 3, 2020, p. 32.

③ Harold Hongju Koh, "International Law in Cyberspace", *Harvard International Law Journal Online*, Vol. 54, 2012, pp. 1-12; Brian J. Egan, "International Law and Stability in Cyberspace", *Berkeley Journal of International Law*, Vol. 35, Issue 1, 2017, pp. 169-180.

④ Alex Grigsby, "The End of Cyber Norms", *Survival*, Vol. 59, 2017, p. 114.

⑤ 参见《中国代表在中美互联网论坛上的发言》,载中国国际法学会主办《中国国际法年刊》(2013),法律出版社2014年版,第666页。

"不使用武力原则"的做法下,网络空间"面临滑向军事化的危险"。①

(二) 进度缓慢：高政治领域合意难成

在诸如国家主权、诉诸武力权、武装冲突法、国家责任法、国际人权法等高政治领域的既有国际法规范如何适用于网络空间的问题上，各国往往很难达成共识。2017 年联合国信息安全政府专家组的谈判破裂，就是一个典型例子。美国网络事务协调员米歇尔·G. 马尔科夫曾对此发表声明，指责有的国家不愿意认真参与有关国际法问题的谈判。② 实际上，当前各国无法达成共识的一个重要原因是，在网络领域掌握优势话语权的美国等西方国家，在国际法如何适用于网络空间特别是自卫权的行使、国际人道法的适用（如网络攻击中如何区分民用设施和军用设施）以及反措施等问题上所持的立场过于强势，而对其他国家的合理诉求包容性不足，这难以合理兼顾各方的利益。③ 即使在之后的 2021 年政府专家组与开放式工作组都形成了新的共识性报告，但不难看出，联合国层面的规则澄清因成员的立场分化而作用受限。④

三 主要分歧：以主权、诉诸武力权和武装冲突法为典型

(一) 主权及其衍生规则

国家主权相关的国际法规范在网络空间的适用，在近几年得到了国家越来越多的重视。一些之前反对"网络主权"概念的国家也逐步认可了主权在网络空间适用的必要性。关于"数据主权""信息主权"等主张也开始萌芽，主权原则及其衍生规则逐渐成为国际造法中博弈的重心。

以威斯特伐利亚为基础的当代国际法核心原则——主权原则——将如何适用于网络空间，在国际社会引发争议。一般国际法的主流观点认为，主权原则既是国际法的基石性原则，也直接设定义务、约束特定侵犯他国

---

① 参见《中国代表在网络空间首尔会议上的发言》，载中国国际法学会主办《中国国际法年刊》(2013)，法律出版社 2014 年版，第 680 页。

② Michele G. Markoff, Explanation of Position at the Conclusion of the 2016–2017 UN Group of Governmental Experts on Developments in the Field of Information and Telecommunication I the Context of International Security, June 23, 2017.

③ 黄志雄：《网络空间国际规则博弈态势与因应》，《中国信息安全》2018 年第 2 期。

④ 方芳、杨剑：《网络空间国际规则：问题、态势与中国角色》，《厦门大学学报》(哲学社会科学版) 2018 年第 1 期。

主权和领土完整的行为，国际法院在"科孚海峡案"等多个经典案例中确认了这一点。① 各国在解释国家主权的意涵时，暴露出不同法律解释方法可能走出相反路径的问题。例如，英国总检察长杰里米·怀特在查塔姆研究所发表的题为"21世纪的网络与国际法"的演讲中，对禁止通过网络手段侵犯他国主权的国际法规则的存在提出了异议，② 认为主权只是一项国际原则，并不能独立适用，而是要依附于其他国际法规则，例如禁止以网络方式干涉别国内政或者针对严重网络攻击可行使自卫权，才能具备可操作性。③ 简单地说，否定主权原则作为独立的习惯国际法规则和第一性义务，一国不可能直接违反主权原则，而是需要有一条具体的规则作为论据。④ 也就是说，在他国领土上进行远程网络行动，不构成基于侵犯主权的国际不法行为⑤（除非达到不干涉内政的程度）。但这并未得到国际社会的普遍认同，包括法国⑥、德国⑦、荷兰⑧、芬兰⑨等在内的欧洲国家

---

① See Corfu Channel (*the United Kingdom of Great Britain and Northern Ireland v. Albania*), ICJ Merits, Judgment of 9 April 1949, p. 19.

② Jeremy Wright, Attorney General of the UK, Cyber and International Law in the 21st Century, 23 May 2018, https：//www. gov. uk/government/speeches/cyber-and-international-law-in-the-21st-century.

③ Jeremy Wright, Attorney General of the UK, Cyber and International Law in the 21st Century, 23 May 2018, https：//www. gov. uk/government/speeches/cyber – and – international – law – in – the – 21st-century.

④ 美国网络司令部军法检察官 Gary P. Corn 和国防部前副总法律顾问 Robert Taylor 也发表了类似观点。Gary P. Corn and Robert Taylor, "Sovereignty in the Age of Cyber", *AJIL Unbound*, Vol. 111, 2017, pp. 207-208.

⑤ Michael N. Schmitt, "Taming the Lawless Void: Tracking the Evolution of International Law Rules for Cyberspace", *Texas National Security Review*, Volume 3, Issue 3, 2020, p. 38.

⑥ Droit International Applique Aux Operations Dans Le Cyberspace, September 2019, https：//theatrum-belli. com/wp-content/uploads/2019/09/DroitinternatappliquéauxopérationsCyberespace. pdf.

⑦ German Position Paper: On the Application of International Law in Cyberspace, March 2021, p. 5.

⑧ The Government of the Kingdom of the Netherlands, Appendix: International Law in Cyberspace in the letter of 5 July 2019 form the Minister of Foreign Affairs to the President of the House of Representatives on the International Legal Order in Cyberspace.

⑨ International Law and Cyberspace: Finland's National Positions, https：//um. fi/documents/35732/0/Cyber + and + international + law%3B + Finland%27s + views. pdf/41404cbb – d300 – a3b9 – 92e4 – a7d675d5d585？ t = 1602758856859.

都表示主权原则本身就是一条可以直接适用的规则,其不需要依附于其他国际法规则来适用。① "主权作为原则"和"主权作为规则"的两种理解,至今仍有争议,一些国家保持观望态度,要么不发表观点,要么讨论问题而不采取坚定立场,就像美国②和以色列③的情况一样。

不干涉原则作为国家主权的衍生规则,④ 在网络空间的适用也有争议。不干涉是主权平等的应有之义,⑤ 国家主权包括对内最高和对外独立两个层面。不受外在干涉是主权的内在要素,不干涉也被认为是主权平等的外在逻辑结果。⑥ 1970年的《国际法原则宣言》就认为,主权平等原则指向于"每一国均有权自由选择并发展其政治、社会、经济及文化制度"⑦。不干涉原则既是一项国际法基本原则,⑧ 也是一项习惯国际法规则,⑨ 但国家之间对于该原则的确切内涵,例如何为"干涉"、何为"内政"等问题存在不同认识,不同实力和地位的国家对该原则的态度也存在较大差异。颇为吊诡的是,"不干涉内政"原则这项向来是发展中国家

---

① 《塔林手册2.0版》的两位主编Michael Schmitt和Liss Vihul则继2017年4月在AJIL Unbound发表"Sovereignty in Cyberspace: Lex Lata Vel Non?"后,又先后在Just Security网站和Taxes Law Review发表"In Defense of Sovereignty in Cyberspace"和"Respect for Sovereignty in Cyberspace"两篇文章,与否定主权原则作为独立的习惯国际法规则和第一性义务的主张进行论战。

② Remarks By Hon. Paul C. Ney, Jr., DOD General Counsel Remarks at U.S. Cyber Command Legal Conference, March 2, 2020.

③ Roy Schondorf, Israel's perspective on Key Legal and Practical Issues Concerning the Application of International Law to Cyber Operations, December 9, 2020, https://www.ejiltalk.org/israels-perspective-on-key-legal-and-practical-issues-concerning-the-application-of-international-law-to-cyber-operations/.

④ Robert Jennings and Arthur Watts eds., *Oppenheim's International Law*, I, Longman, 9th edition, 1996, p. 428.

⑤ Military and Paramilitary Activities in and against Nicaragua (*Nicaragua v. United States of America*), Merits, Judgment, ICJ Reports 1986, para. 202.

⑥ Sergio M. Carbone and Lorenzo Schiano di Pepe, "State, Fundamental Rights and Duties", Encyclopedia of Public International Law, January 2009.

⑦ Declaration on Principles of International Law concerning Friendly Relations and Co-operation among States in accordance with the Charter of the United Nations, 4 October 1970, UN Doc. A/RES/25/2625.

⑧ 陈一峰:《论当代国际法上的不干涉原则》,北京大学出版社2013年版,第82页。

⑨ 陈一峰:《论当代国际法上的不干涉原则》,北京大学出版社2013年版,第85页。

的护身符的国际法规范,在 2016 年美国大选据称受到俄罗斯干涉后,被美国等西方国家频繁提及,从而成为发达国家与发展中国家都极为重视和努力澄清其在网络空间适用的国际法规则之一。例如,不仅法国、德国、荷兰、芬兰等国家的国际法适用于网络空间立场文件中阐述了自己对不干涉原则之适用的理解,伊朗也表达了其对不干涉原则的看法①。不干涉原则有两个要件。第一是干涉行为要有胁迫;第二是被干涉的行为属于一国可以自主决定的事项,即国际法的保留领域(domaine réservé),② 所以一般认为不干涉原则是有一定门槛要求的③。迈克尔·施密特和丽斯·维芙尔就认为网络行动很少达到不干涉原则的门槛,并主张因此应更多地依赖主权原则。④ 在这个问题上,北约国家对于构成违反不干涉原则的门槛意见不同。德国采用了"规模与后果"的方法来衡量一个网络行动是否构成对不干涉原则的违反。⑤ 或许是因为英国不认为主权构成一项可以直接适用的规则,它主张违反不干涉原则的门槛比较低,不仅包括各国都承认的"该原则的实际应用将针对敌对网络行动来操纵选举制度,以改变另一国的选举结果",也包括"干预议会的基本运作,或干扰金融体系的稳定"。⑥ 但荷兰则指出:胁迫的确切定义,以及未经授权的干涉,尚未在国际法中完全具体化,界限不明。从本质上讲,这意味着,迫使一国采取一种它本来不会自愿采取的行动(无论是作为还是不作为)。干涉的目标

---

① Declaration of General Staff of the Armed Forces of the Islamic Republic of Iran Regarding International Law Applicable to the Cyberspace, July 2020.

② Military and Paramilitary Activities in and against Nicaragua (*Nicaragua v. United States of America*), Merits, Judgement of 27 June 1986, ICJ, Reports 1986, 14, para. 205; Harriet Moynihan, "The Application of International Law to State Cyberattacks Sovereignty and Non-intervention", *Chatham House Research Paper*, Dec. 2019, p. 30.

③ Ido Kilovaty, "The Elephant in the Room: Coercion", *AJIL Unbound*, Vol. 113, 2019, pp. 89–90.

④ Michael N. Schmitt and Liis Vihul, "Sovereignty in Cyberspace: Lex Lata Vel Non?", *AJIL Unbound*, Vol. 111, 2017, p. 214.

⑤ German Position Paper: On the Application of International Law in Cyberspace, March 2021, p. 5.

⑥ Jeremy Wright, Attorney General of the UK, Cyber and International Law in the 21st Century, 23 May 2018, https://www.gov.uk/government/speeches/cyber-and-international-law-in-the-21st-century.

必须是改变目标状态的行为。① 如果进行敌对网络行动的国家不寻求改变目标国的行为,而只是采取恶意行动的话,该行动就不构成违反不干涉义务而违反国际法(但作为法律问题,可能单独侵犯目标国的主权)。② 不仅"胁迫"的意义不明,"属于一国可以自主决定的事项"的内涵和外延也颇具争议。③ 虽然联合国信息安全政府专家组在 2013 年和 2015 年报告中都肯定了不干涉原则在网络空间的适用,并且在 2021 年的报告中提到国家不能用信息通信手段以直接或间接的方式干涉别国内政,④ 但表述中的直接与间接的确切含义仍尚待澄清。

主权原则的另一个有争议的衍生规则是审慎义务。《塔林手册 2.0 版》专家组一致认为,审慎义务是国际法的一项规则,⑤ 部分国家(如巴西、爱沙尼亚、芬兰、法国、韩国、荷兰、智利、厄瓜多尔、危地马拉、圭亚那和秘鲁)同样接受了该立场,但这不是一个普遍性观点。例如,阿根廷和以色列认为,至少在网络环境中适用的审慎义务,尚未达到具有约束力的国际法规则的地位。我国也对这个问题持谨慎态度。⑥ 由于对该问题缺乏统一态度,联合国信息安全政府专家组 2015 年和 2021 年报告将审慎义务视为"自愿、非约束性的负责任国家行为规范",而不是具有约

---

① The Government of the Kingdom of the Netherlands, Appendix: International Law in Cyberspace in the letter of 5 July 2019 form the Minister of Foreign Affairs to the President of the House of Representatives on the International Legal Order in Cyberspace.

② Michael N. Schmitt, "The Defense Department's Measured Take on International Law in Cyberspace", *Just Security*, March 11, 2020.

③ Michael N. Schmitt, "Grey Zones in the International Law of Cyberspace", *Yale Journal of International Law Online*, Vol. 42, 2017, pp. 7-8.

④ Report of the Group of Governmental Experts on Advancing Responsible State Behavior in Cyberspace in the Context of International Security UN Doc. A/76/135, 14 July 2021, para. 71 (c).

⑤ Michael N. Schmitt ed., *Tallinn Manual 2.0 on the International Law Applicable to Cyber Operations*, Cambridge University Press, 2017, Rules 6-7.

⑥ 我国曾向 2016—2017 年第五届联合国信息安全政府专家组表达过以下观点:"关于'不应在知情的情况下允许从本国领土采取对其他国家造成严重破坏或损害其他国家利益的行动'的审慎义务是否构成一般国际法原则,目前并没有得到国际社会的普遍认同,在网络空能否适用以及如何适用审慎义务这个概念还面临很多技术和法律的问题,特别是对于网络空间国际不法行为的认定,还没有统一的认识,对网络不法行为和网络攻击等定义也没有形成定论。"参见方滨兴主编《论网络空间主权》,科学出版社 2017 年版,第 183 页。

束力的国际法规则。① 总体来说，网络空间的审慎义务的内涵和外延都尚不清晰。② 一些学者主张试图将审慎义务的适用范围扩大解释到可以直接连接国家责任，从而成为归因的方式之一，③ 这体现出了明显的造法意愿。

（二）诉诸武力权

从2007年爱沙尼亚受到的网络攻击、2010年"震网"事件到2019年委内瑞拉电网受到网络攻击等多起大规模网络攻击中，有关网络攻击能否和在何种情况下构成"使用武力"和"武力攻击"、受攻击国可否行使自卫权、如何行使自卫权（网络方式还是动能方式、可否"先发制人"、可否针对非国家行为体的网络攻击行使等）都颇具争议。④

从迄今为止国家各自采取的立场来看，国家之间立场对立的情况比较明显。对于此问题，直接将国家立场分为中国和西方这样的两分法是不可取的。即使是西方国家之间，对于诉诸武力权适用于网络空间的立场也不尽相同。例如，对于何种网络行动构成"使用武力"，美国国防部采用了规模与后果论，将网络空间产生的物理后果，人员伤亡和财产损害与动能攻击产生的物理后果相比较，如果后者将被认为构成使用武力，那么网络空间也会被同样定性。⑤ 英国⑥和澳大利亚⑦也采用了这种方法，但它们谨

---

① Report of the Group of Governmental Experts on Advancing Responsible State Behavior in Cyberspace in the Context of International Security, UN Doc. A/76/135, 14 July 2021, paras. 29-30.

② 张华：《论非国家行为体之网络攻击的国际法律责任问题——基于审慎原则的分析》，《法学评论》2019年第5期。

③ Luke Chircop, "A Due Diligence Standard of Attribution in Cyberspace", *International and Comparative Law Quarterly*, Vol. 67, 2018, pp. 643-668; Nicholas Tsagourias, "Cyber Attacks, Self-defence and the Problem of Attribution", *Journal of Conflict and Security Law*, Vol. 17, 2012, pp. 242-243.

④ Michael N. Schmitt, "Grey Zones in the International Law of Cyberspace", *Yale Journal of International Law Online*, Vol. 42, 2017, pp. 7-8.

⑤ Remarks By Hon. Paul C. Ney, Jr., DOD General Counsel Remarks at U.S. Cyber Command Legal Conference, March 2, 2020; Ryan Goodman, "Cyber Operations and the U.S. Definition of 'Armed Attack'", *Just Security*, March 8, 2018.

⑥ Jeremy Wright, Attorney General of the UK, Cyber and International Law in the 21st Century, 23 May 2018, https://www.gov.uk/government/speeches/cyber-and-international-law-in-the-21st-century.

⑦ Annex A: Australia's Position on How International Law Applies to State Conduct in Cyberspace in Australia's International Cyber Engagement Strategy, 2017, pp. 90-91, https://www.dfat.gov.au/sites/default/files/DFAT%20AICES_AccPDF.pdf.

慎地避免就非物理的破坏性或破坏性的敌对网络行动是否可能构成为使用武力表明立场。相比之下，荷兰与法国则认为即使不造成物理损害，网络攻击也能直接构成使用武力。荷兰称"目前不能排除具有非常严重的金融或经济后果的网络行动可能达到了使用武力的门槛"①。法国也表示"不排除没有物理后果的网络行动也可能被定性为使用武力的可能性。例如，为了损害法国的防御能力而渗透军事系统，或资助甚至训练人员对法国进行网络攻击，也可以被视为使用武力"②。

在网络空间行使自卫权的相关法律问题更是国家间争议的一个焦点。对于什么是武力攻击，这在网络环境中究竟意味着什么，以及它是否包括没有物理影响的网络行动仍然是一个悬而未决的问题。③ 法国在这方面走得最远，例如，对法国经济的重大攻击，或者以其他方式"瘫痪该国整个活动"将被视为武力攻击。在网络空间是否存在"预先自卫权"这个问题也没有定论。中国就反对预先自卫权的概念，④ 但大多数西方国家都承认预先自卫权的存在。一些欧美国家，例如美国、德国、英国、荷兰认为国家可以针对非国家行为体的网络攻击（如果构成武力攻击）行使自卫权，这一立场相当于含蓄地拒绝了国际法院大多数法官在隔离墙咨询意见和武装活动判决中的观点，即自卫权只能在国家之间行使。⑤ 但法国则认为目前没有可以针对任意非国家行为体的网络武力攻击行使自卫权的国际法规范。

与北约国家对于诉诸武力权，尤其是何时能够针对网络攻击行使自卫

---

① United Nations General Assembly, Official Compendium of Voluntary National Contributions on the Subject of How International Law Applies to the Use of Information and Communications Technologies by States Submitted by Participating Governmental Experts in the Group of Governmental Experts on Advancing Responsible State Behaviour in Cyberspace in the Context of International Security Established Pursuant to General Assembly Resolution 73/266, UN Doc. A/76/136, 13 July 2021, p. 58.

② Droit International Applique Aux Operations Dans Le Cyberespace, September 2019, https://theatrum-belli.com/wp-content/uploads/2019/09/Droitinternatappliquéauxopérations Cyberespace.pdf.

③ Michael N. Schmitt, "Taming the Lawless Void: Tracking the Evolution of International Law Rules for Cyberspace", *Texas National Security Review*, Volume 3, Issue 3, 2020, p. 33.

④ Statement by Ambassador GENG Shuang at the Open Arria Formula Meeting, Upholding the Collective Security System of the UN Charter: The Use of Force in International Law, Non-state Actors and Legitimate Self-defense, February 24 2021, http://chnun.chinamission.org.cn/eng/dbtxx/2020070-710/2020070714/202102/t20210225_10110894.htm.

⑤ Michael N. Schmitt, "Germany's Positions on International Law in Cyberspace Part II Use of Force and International Humanitarian Law", *Just Security*, March 10, 2021.

权的热烈讨论不同，中国和俄罗斯对此话题欠缺热情，甚至拒绝将"自卫权"一词写入在 2016—2017 年的联合国信息安全政府专家组报告文本中。① 实际上，关于适用诉诸武力权的分歧的复杂性在于，这场辩论已经非常政治化——从纯粹的法律观点来看，人们完全可以认为，它们的适用不存在真正的法律障碍。② 2021 年的联合国信息安全政府专家组报告单独列出了关于禁止使用武力的国际法规范，但自卫权一词仍然没有出现。然而，正如 2015 年报告中所述，2021 年工作组"再次指出，各国有采取符合国际法和《联合国宪章》认可的措施的固有权利，并有必要就此问题继续研究"。这只能是指自卫权，因为"固有权利"一词直接来自《联合国宪章》第 51 条关于自卫权的规定，而没有在其他条款中出现。③

（三）武装冲突法

国际层面上普遍承认武装冲突法在网络空间的适用经过了一个较为曲折的过程。西方国家，尤其是北约国家和欧盟国家都很早就承认并推崇武装冲突法适用于网络空间，但中俄以及一些发展中国家却对此持谨慎态度。虽然 2015 年的政府专家组报告将四项原则——人道、必要性、相称性和区别性——描述为适用于网络环境，④ 武装冲突法仍然构成了 2016—2017 年的政府专家组无法达成合意的原因之一。古巴更是单独发出声明来解释确认武装冲突法在网络空间的可适用性将使信息通信技术背景下的战争和军事行动合法化。⑤ 这种立场对立的情形在 2021 年的共识性报告

---

① Michael N. Schmitt and Liis Vihul, "International Cyber Law Politicized: The UN GGE's Failure to Advance Cyber Norms", *Just Security*, 30 June 2017.

② Zhixiong Huang and Yaohui Ying, "Chinese Approaches to Cyberspace Governance and International Law in Cyberspace", in Nicholas Tsagourias and Russell Buchan eds., *Research Handbook on International Law and Cyberspace*, Edward Elgar Publishing, 2nd edition, 2021, p. 562.

③ Michael N. Schmitt, "The Sixth United Nations GGE and International Law in Cyberspace", *Just Security*, June 10, 2021.

④ United Nations General Assembly, Report of the Croup of Governmental Experts on Developments in the Field of Information and Telecommunications in the Context of International Security, 22 July 2015, UN Doc. A/70/174, para. 28 (d).

⑤ Declaration by Miguel Rodríguez, Representative of Cuba, At the Final Session of Group of Governmental Experts on Developments in the Field of Information and Telecommunications in the Context of International Security, June 23, 2017, https://www.justsecurity.org/wp-content/uploads/2017/06/Cuban-Expert-Declaration.pdf.

中被克服,共识性报告指出"国际人道法仅适用于武装冲突局势……需要进一步研究这些原则如何以及何时适用于各国对信通技术的利用,并强调回顾这些原则绝不是要给冲突披上合法外衣或鼓励冲突"①。

在是否适用问题上得到肯定答复后,国家关于武装冲突法的讨论渐渐进入实质性阶段。例如,围绕着何为"攻击"(attack)的问题。各国各抒己见,以色列和丹麦采取了狭义的解释,认为攻击限于造成物理损害或人员伤亡的网络行动。法国则支持一种广义的解释,即不论网络行动造成的后果是暂时性或永久性的,也不论其后果是否可逆,只要目标设备或系统失效,就已经达到攻击门槛,②这种定性建立在《塔林手册2.0版》的"功能丧失"方法的基础上。③德国也对攻击采取了相当宽泛的解释,将网络攻击定义为"在网络空间内或通过网络空间发起的对通信、信息或其他电子系统、在这些系统或物理物体或人员上存储、处理或传输的信息造成有害影响的行为或行动"④。由此可见,武装冲突法适用于网络空间的澄清道路才刚刚开始,国际社会任重而道远。

第二节 既有国际法适用于网络空间的澄清方式与适用方法

一 澄清方式:国际层面、国别层面和学者层面

下文将从国际、国别、学者三个层面展开阐述。

(一)国际层面

联合国是最具影响力的政府间国际组织。数十年来,其一直致力于为网络空间安全和稳定提供多边磋商的国际平台。早在1998年,负责处理

---

① Report of the Group of Governmental Experts on Advancing Responsible State Behaviour in Cyberspace in the Context of International Security, UN Doc. A/76/135, 14 July 2021, para. 71 (f).

② 法国国防部:《适用于网络空间行动的国际法》,王岩译,《武大国际法评论》2019年第6期。

③ Michael N. Schmitt ed., *Tallinn Manual 2.0 on the International Law Applicable to Cyber Operations*, Cambridge University Press, 2017, Rule 92.

④ German, Position Paper on the Application of International Law in Cyberspace, March 2021, p. 16.

裁军和应对全球和平威胁与挑战的联合国大会第一委员会，就在俄罗斯的建议下开始讨论信息安全问题。

近年来，国际安全背景下信息通信领域发展的政府专家组（UN GGE）（以下简称联合国信息安全政府专家组），在网络空间国际法规则的制定中发挥的作用日益显著，并因此被视为是网络空间国际法领域最重要的多边机制之一。[1] 联合国首届信息安全政府专家组于2004年设立，由此标志着联合国有关网络安全问题的工作正式地进入实质性阶段。截至2024年年末为止，联合国政府专家组已经召开了六届会议，其中四次形成了共识性报告（2010年、2013年、2015年和2021年），随后联合国大会批准了这些报告。考虑到政府专家组所代表的国家数量有限，联合国大会的认可将是国际社会赞同报告中所表达立场的一个重要信号。联合国政府专家组的参与者数量呈现逐渐增加的趋势。最初有15名政府专家（包括来自中国、俄罗斯和美国的专家）参加，随后专家组规模从2015年起扩大至20名，2017年扩大至25名，也就是有25个会员国可以派专家参与政府专家组的讨论。

从成果来看，2013年的共识性报告被认为具有里程碑式的意义。[2] 该报告明确了国际法，特别是《联合国宪章》能够在网络空间适用。[3] 2015年的共识性报告进一步就国际法如何适用于信息和通信技术提出六点意见，包括各国对其领土内的信息和通信技术基础设施拥有管辖权；各国在使用信通技术时，必须遵守国家主权、主权平等、和平解决争端、不干涉及其他国际法原则；人道原则、必要性原则、比例原则和区分原则的可适用性；不得使用代理人来利用信通技术实施国际不法行为等。[4] 在2016—

---

[1] Christian Ruhl, Duncan Hollis, Wyatt Hoffman and Tim Maurer, "Cyberspace and Geopolitics: Assessing Global Cybersecurity Norm Processes at a Crossroads", *Carnegie Endowment for International Peace*, 2020, p. 4.

[2] United States Department of State, Statement on Consensus Achieved by the UN Group of Governmental Experts on Cyber Issues 7 June 2013.

[3] United Nations General Assembly, Report of the Group of Governmental Experts on Developments in the Field of Information and Telecommunications in the Context of International Security, 24 June 2013, UN Doc. A/68/98, paras. 19-20.

[4] United Nations General Assembly, Report of the Croup of Governmental Experts on Developments in the Field of Information and Telecommunications in the Context of International Security, 22 July 2015, UN Doc. A/70/174, para. 13, 28.

2017年第五届联合国信息安全政府专家组进程中，由于各国对于包括诉诸武力权及其例外、反措施以及人道法在网络空间可否以及如何使用的问题僵持不下，各执一词，这使得专家组无法形成共识性报告，网络空间政府间造法进程甚至由此一度陷入了僵局。2019—2021年的第六届政府专家组由包括联合国安理会五大常任理事国在内的25个成员国的专家组成，以公平地域分配为基础。2021年7月，政府专家组达成迄今为止最新的共识性报告，① 在2015年报告的基础上继续深入讨论了国际法如何适用于网络空间的问题，其中就包括添加了国际人道法适用于网络空间的条款，这被视为多边路径在澄清国际法适用于网络空间的一大成功。②

联合国信息安全政府专家组是由主权国家主导的主要机制，首先在该机制下达成的网络空间规范具有高合法性和权威性，被普遍认为是政府间层面推动网络空间国际规则制定最关键的机制，其报告虽在国际法上没有约束力，但仍可被视为主要网络国家的合意。虽然政府专家组为澄清国际法是否以及如何适用网络空间作出了持续的贡献，但它也具有局限性。首先，政府专家组机制面临代表性不足的挑战，这也致使联合国层面建立了信息安全开放式工作组机制作为政府专家组的平行机制来解决其代表性不足的问题，但也在客观上分散了政府专家组在网络空间规范制定进程中的权威性。③ 其次，政府专家组协商过程采用闭门会议的形式，并不透明和公开，也间接让此平台发挥的作用受限。④

2017年政府专家组没能达成共识报告后，除政府专家组外，联合国大会在俄罗斯的提议下设立了一个开放式工作组（OEWG），⑤ 该工作组不限成员名额，向所有联合国成员开放。开放式工作组于2021年3月达

---

① Group of Governmental Experts on Advancing Responsible State Behaviour in Cyberspace in the Context of International Security, 14 July 2021, Doc. A/76/135.

② Michael N. Schmitt, "The Sixth United Nations GGE and International Law in Cyberspace", *Just Security*, June 10, 2021.

③ 鲁传颖、杨乐：《论联合国信息安全政府专家组在网络空间规范制定进程中的运作机制》，《全球传媒学刊》2020年第1期。

④ 方芳、杨剑：《网络空间国际规则：问题、态势与中国角色》，《厦门大学学报》（哲学社会科学版）2018年第1期。

⑤ Developments in the Field of Information and Telecommunications in the Context of International Security, 11 December 2018, A/RES/73/27.

成了共识性报告，① 但报告中对国际法适用于网络空间的部分较为简洁，更多的是对已有共识的再次重申。它的报告草案中出现了更为详细的对国际法的澄清，包括对国际法包括条约、习惯国际法、一般法律原则的肯定，但可能出于各国必须协商一致的原因，许多文案没有出现在报告中。自2018年以来，联合国框架内出现了开放式工作组和政府专家组同时存在、相互竞争的所谓"双轨制"进程。联合国大会2020年12月31日通过决议，确定了启动届期为2021—2025年的第二届开放式工作组，② 双轨制的局面似乎接近落幕。

在联合国框架外，各类区域、双边的以及地区性国际组织框架内的进程也在不断就国际法如何适用于网络空间作出贡献。例如，北约、欧盟、东盟、上海合作组织、亚非法协等区域性组织也都表现活跃。

2008年，北约通过了最初的网络防御政策，而2010年的里斯本峰会上，"网络防御"被纳入北约的战略概念。在2014年的威尔士峰会上，北约承认网络攻击可以证明援引《北大西洋公约》的集体防御条款是合理的，并承认了"包括国际人道法和《联合国宪章》在内的国际法适用于网络空间"③。网络空间在2016年的华沙峰会上被公认为军事行动的一个领域，④ 这一立场在2018年布鲁塞尔峰会上得到了确认。北约在2020年通过盟军联合出版物《网络空间行动联合作战理论3.20》(AJP-3.20)，⑤ 对于网络战相关规则，尤其是使用武力和武力攻击的判断标准和武装冲突法相关内容适用于网络空间进行了探讨。虽然它在国际法学界很少受关注，但其实很重要，因为该文件必须得到所有北约成员国

---

① Final Substantive Report, Open-ended Working Group on Developments in the Developments in the Field of Information and Telecommunications in the Context of International Security, 10 March 2021, Doc. A/AC. 290/2021/CRP. 2, para. 34-37.

② Developments in the Field of Information and Telecommunications in the Context of International Security, 4 January 2021, A/RES/75/240.

③ Wales Summit Declaration, 5 September 2014, paras. 72-73.

④ Warsaw Summit Communiqué, 9 July 2016, para. 70.

⑤ NATO, Allied Joint Publication - 3.20 Allied Joint Doctrine for Cyberspace Operation, 2020, https: //assets. publishing. service. gov. uk/government/uploads/system/uploads/attachment _ data/file/899678/doctrine_nato_cyberspace_operations_ajp_3_20_1_. pdf.

的同意。① 对网络攻击和恶意网络活动采取更多集体行动的压力,很可能提升北约议程上的一些公开法律问题的重要性。②

在亚非法律协商组织(AALCO)(以下简称亚非法协)中,2014年中国提出的增设"网络空间国际法"议题受到所有亚非国家的欢迎,并且为此展开了讨论。③ 亚非法协网络空间国际法工作组是在2015年在中国北京举行的该组织第54届年会上正式设立。此后每年工作组都会就"网络空间国际法"进行专题讨论。2019年10月21—25日,亚非法协第58届会议在坦桑尼亚达累斯萨拉姆举行,亚非法协秘书长提交了"网络空间国际法原则草案",各成员国普遍支持以"原则草案"为基础继续深入讨论,形成网络空间国际造法的亚非声音。

(二) 国别层面

一些国家还采取发布单方立场文件、白皮书、国内网络战略、军事手册、高官演讲等方式,来澄清和阐明自己对于既有国际法如何适用于网络空间的立场。下文将简要列举一些积极参与网络空间国际造法国家所做的努力,但应该认识到,对于既有规则于网络空间之适用问题,保持沉默的国家仍是大多数。

美国作为国际法适用于网络空间的引领者与推动者,第一个采用发布国际战略文件和高官演讲的方式,利用其"巧实力"④,将理念与观点传达给世界。奥巴马政府于2011年5月颁布了《网络空间国际战略——网络化世界的繁荣、安全与开放》(以下简称《网络空间国际战略》)。⑤ 该文件第一次提出国内和国际网络空间治理中的法治是贯穿

---

① Michael N. Schmitt: Noteworthy Releases of International Cyber Law Positions Part I: NATO, Aug 27, 2020, https://lieber.westpoint.edu/nato-release-international-cyber-law-positions-part-i/.

② Steven Hills, "NATO and the International Law of Cyber Defence", in Nicholas Tsagourias and Russell Buchan eds., *Research Handbook on International Law and Cyberspace*, Edward Elgar Publishing, 2nd edition, 2021, p. 523.

③ [坦桑尼亚]肯尼迪·加斯顿:《亚非法协在打击网络犯罪国际合作方面的工作》,《信息安全与通信保密》2018年第1期。

④ Harold Hongju Koh, "International Law in Cyberspace", *Harvard International Law Journal Online*, Vol. 54, December 2012, p. 9.

⑤ White House, International Strategy for Cyberspace: Prosperity, Security and Openness in a Networked World, May 2011, whitehouse.gov/sites/default/files/rss_viewer/international_strategy_for_cyberspace.pdf.

美国网络空间国际战略的主题，强调"长期存在的在和平时期和冲突中指引国家行为的国际规范也适用于网络空间"。《网络空间国际战略》是国际上第一份网络空间的战略文件，其重要性不言而喻，并在随后成为国际社会的风向标，引领了国际社会新一轮战略和政策调整。2012年9月，美国国务院法律顾问高洪柱发表关于《网络空间的国际法》演讲，① 进一步阐明美国政府关于"网络空间不是一个无法之地，既有国际法原则无疑适用于该空间"的立场，围绕网络空间使用武力等问题进行了解释，提出网络行动在一定情形下可以构成使用武力，国家有权对相当于武力攻击的计算机网络空间网络活动行使自卫权，以及武装冲突中的网络行动的相关问题。2016年11月，美国新一任国务院法律顾问布莱恩·伊根发表关于《国际法与网络空间的稳定的演讲》，② 其中涉及国际法在网络空间稳定中的作用、武装冲突中的网络行动、主权与网络空间、国家责任和归因、反措施和其他防御性措施、自愿和无拘束力的负责任国家行为规范六大方面。③ 2020年3月，美国国防部总法律顾问保罗·奈伊在美国网络司令部年度会议上发表了主题演讲，④ 阐述了国防部对有关网络空间的各种国内和国际法问题的看法。奈伊的声明涉及了美国2018年通过的网络空间"持续交手"战略所遵循的国际法适用于网络空间的关键方面。⑤

继美国2012年"高洪柱演讲"和2016年"伊根演讲"之后，其他若干国家（主要是西方国家）纷纷选择在不同场合宣示本国立场，影响相关国际规则的形成和解释。2017年10月，澳大利亚发布的《国际网络

---

① Harold Hongju Koh, "International Law in Cyberspace", *Harvard International Law Journal Online*, Vol. 54, 2012, pp. 1–12.

② Brian J. Egan, "International Law and Stability in Cyberspace", *Berkeley Journal of International Law*, Vol. 35, Issue 1, 2017, pp. 169–180.

③ 关于美国在网络空间国际法规则塑造的努力，参见黄志雄、应瑶慧《美国对网络空间国际法的影响及其对我国的启示》，《复旦国际关系评论》2017年第2辑。

④ Remarks By Hon. Paul C. Ney, Jr., DOD General Counsel Remarks at U.S. Cyber Command Legal Conference, March 2, 2020.

⑤ Michael N. Schmitt, "The Defense Department's Measured Take on International Law in Cyberspace", *Just Security*, March 11, 2020.

参与战略》中将"国际法适用于网络空间"作为附件。① 2018年5月，英国总检察长杰里米·怀特在查塔姆研究所演讲，② 特别提出主权不构成义务来源的观点和网络攻击举证、反措施告知义务的观点。2018年2月外交部网站受到网络攻击后，德国政府接受反对党质询时就相关法律问题进行了澄清，包括确认网络攻击可以构成使用武力和武力攻击、可以通过自卫权以及（对低烈度网络攻击）使用反措施，但是没有对构成使用武力和武力攻击的门槛加以明确。2018年6月，荷兰国防大臣提出关于网络空间使用武力和行使自卫权的观点，认为网络攻击无须产生物理损害也可以构成使用武力和武力攻击并触发自卫权的行使。2019年5月，爱沙尼亚总统在网络大会上演讲，重点就网络空间审慎义务、集体反措施的权利等问题阐明观点。③ 2019年7月，荷兰外交部长在致议会的一封信中阐述了政府关于"既有国际法秩序在网络空间适用"的观点并公开了附录。④ 2020年7月，伊朗武装部队总参谋部发布了《伊朗伊斯兰共和国武装部队总参谋部关于网络空间适用国际法的声明》。⑤ 2019年9月，法国国防部发布了名为"适用于网络空间行动的国际法"的官方文件。⑥ 2020

---

① Annex A: Australia's Position on How International Law Applies to State Conduct in Cyberspace in Australia's International Cyber Engagement Strategy, 2017, pp. 90–91, https://www.dfat.gov.au/sites/default/files/DFAT%20AICES_AccPDF.pdf.

② Jeremy Wright, Attorney General of the UK, Cyber and International Law in the 21st Century, 23 May 2018, https://www.gov.uk/government/speeches/cyber-and-international-law-in-the-21st-century.

③ Kersti Kaljulaid, President of Estonia, Opening at CyCon 2019, 29 May 2019, https://www.president.ee/en/official-duties/speeches/15241-president-of-the-republic-at-the-opening-of-cycon-2019/index.html/.

④ Appendix: International Law in Cyberspace Letter to the Parliament on the International Legal Order in Cyberspace; See also United Nations General Assembly, Official Compendium of Voluntary National Contributions on the Subject of How International Law Applies to the Use of Information and Communications Technologies by States Submitted by Participating Governmental Experts in the Group of Governmental Experts on Advancing Responsible State Behaviour in Cyberspace in the Context of International Security Established Pursuant to General Assembly Resolution 73/266, UN Doc. A/76/136, 13 July 2021, pp. 54–64.

⑤ Declaration of General Staff of the Armed Forces of the Islamic Republic of Iran Regarding International Law Applicable to the Cyberspace, July 2020, https://www.aldiplomasy.com/en/?p=20901.

⑥ Droit International Applique Aux Operations Dans Le Cyberespace, September 2019, https://theatrum-belli.com/wp-content/uploads/2019/09/Droitinternatappliquéauxopérations Cyberespace.pdf. 法国国防部：《适用于网络空间行动的国际法》，王岩译，《武大国际法评论》2019年第6期。

年10月，芬兰外交部发布了其关于《国际法与网络空间》国家立场。① 2020年12月，新西兰外交部发布了题为"国际法适用于网络空间的国家活动"的立场文件。② 2020年12月，在美国海军战争学院斯托克顿国际法中心主办的"颠覆性技术与国际法"会议上，以色列负责国际法事务的副检察长罗伊·斯恰多夫博士就以色列在网络空间适用国际法的立场发表了重要演讲。③ 2021年3月，德国的内政部、外交部、国防部联合起草并发布了题为"论国际法在网络空间的适用"的立场文件。④ 2021年5月，日本外务省发布了《国际法适用于网络行动的基本立场》。⑤

另外，第六届联合国信息安全专家组公布了部分国家围绕"国际法如何适用于各国使用信通技术"主题自愿提交材料的正式汇编。⑥ 该汇编集合了澳大利亚、巴西、爱沙尼亚、德国、日本、哈萨克斯坦、肯尼亚、荷兰、挪威、罗马尼亚、俄罗斯、新加坡、瑞士、英国以及美国15个国家在国际法适用于网络空间问题上的立场和观点。其中，荷兰、德国、瑞士、日本、英国提交的内容与各自公布的官方立场文件并无差异，也有些国家是首次发表相关官方立场，如哈萨克斯坦、肯尼亚、罗马尼亚、挪威和新加坡。

以上国家纷纷就国际法如何适用于网络空间阐明自己的立场，虽然相比之下，有的立场更加鲜明，说理更加深入，有的则更多是宣示性表态，

---

① International Law and Cyberspace: Finland's National Positions, https://um.fi/documents/35732/0/Cyber+and+international+law%3B+Finland%27s+views.pdf/41404cbb-d300-a3b9-92e4-a7d675d5d585?t=1602758856859.

② New Zealand, The Application of International Law to State Activity in Cyberspace, 1 December 2020, https://www.mfat.govt.nz/assets/Peace-Rights-and-Security/International-security/International-Cyber-statement.pdf.

③ Roy Schondorf, "Israel's Perspective on Key Legal and Practical Issues Concerning the Application of International Law to Cyber Operations", December 9, 2020.

④ German Position Paper on the Application of International Law in Cyberspace, March 2021.

⑤ Ministry of Foreign Affairs of Japan, Basic Position of the Government of Japan on International Law Applicable to Cyber Operations, May 28, 2021.

⑥ United Nations General Assembly, Official Compendium of Voluntary National Contributions on the Subject of How International Law Applies to the Use of Information and Communications Technologies by States Submitted by Participating Governmental Experts in the Group of Governmental Experts on Advancing Responsible State Behaviour in Cyberspace in the Context of International Security Established Pursuant to General Assembly Resolution 73/266, UN Doc. A/76/136, 13 July 2021.

但无论如何，这些国别层面上的努力也为进一步厘清网络空间国际法作出了重要贡献。

（三）学者层面

诚如上述，至少到目前为止，国家实践还很少。即使在指责其他国家在网络行动中以自己为目标时，许多国家也不愿援引国际法。学者在澄清国际法适用于网络空间的问题上发挥了显著的作用。但国家才是国际法的有权造法主体，美国国务院法律顾问布莱恩·伊根在2016年指出："非政府团体提出的对国际法的解释或适用可能不反映许多国家或大多数国家的实践或法律观点。各国的相对沉默可能导致网络领域的不可预测性，各国可能会猜测彼此对适用法律框架的看法。在特定网络事件的背景下，这种不确定性可能导致各国的误解和误判，可能导致升级，在最坏的情况下，还可能导致冲突升级。"① 因此，学者层面的贡献很难直接被认为确定了网络空间国际法的轮廓。② 无论如何，学者（尤其是学术团体）对于既有国际法适用于网络空间的有益尝试，很大程度上影响了国家层面澄清既有国际法适用于网络空间的努力。由北约网络防御卓越中心牵头编写的《塔林手册1.0版》和《塔林手册2.0版》是学者层面澄清既有国际法适用于网络空间的典型尝试。主编麦克·施密特在《塔林手册2.0版》的序言中指出："本书由两个专家组历时七年写成，以明确国际法可否适用于网络活动，以及如果可以，鉴于网络活动的特有属性，国际法又当如何适用。"③ 施密特也将《塔林手册2.0版》进行了定性，即"它不是一份'最佳实践'指南，也不代表'法律的逐渐发展'，同时它在政策和政治上是中立的。换句话说，《塔林手册2.0版》的目的在于客观地重述'实然法'。因此参与项目的专家都尽量避免反映'应然法'的陈述"④。

---

① Brian J. Egan, "International Law and Stability in Cyberspace", *Berkeley Journal of International Law*, Vol. 35, Issue 1, 2017, pp. 171-172.

② Dan Efrony and Yuval Shany, "A Rule Book on the Shelf? Tallinn Manual 2.0 on Cyberoperations and Subsequent State Practice", *American Journal of International Law*, Vol. 112, No. 4, 2018, pp. 583-657.

③ ［美］迈克尔·施密特总主编、［爱沙尼亚］丽斯·维芙尔执行主编：《网络行动国际法塔林手册2.0版》，黄志雄等译，社会科学文献出版社2017年版，"中文版序言"第1页。

④ ［美］迈克尔·施密特总主编、［爱沙尼亚］丽斯·维芙尔执行主编：《网络行动国际法塔林手册2.0版》，黄志雄等译，社会科学文献出版社2017年版，第48—49页。

《塔林手册1.0版》只涉及了诉诸武力权（jus ad bellum）和武装冲突法（jus in bello）两部分，也就是只涉及了网络战相关的国际法内容，共95条，专家组认为这95条规则反映了习惯国际法。《塔林手册2.0版》则是在涵盖第一版的内容的情况下，将讨论范围拓宽到和平时期的网络行动国际法问题，但并非无所不包。2021年下半年，北约网络防御卓越中心发布了启动《塔林手册3.0版》①的声明，意在修订和扩展2017年出版的《塔林手册2.0版》。初步设定是用五年时间修订既有章节和探索对各国具有重要意义的新主题。除了国家实践和国家关于国际法的正式声明外，还将考虑国际场合的活动和声明，例如联合国和区域层面的活动和声明，学术团体以及涉及政府、工业界和民间社会等多方利益攸关方所提出的倡议。②

从学术探索角度讲，在"网络珍珠港事件"出现之前未雨绸缪的意识、将夯实的国际法理论和快速发展的国家实践相融合的做法，值得肯定；从国际造法的角度讲，在网络空间国际法规范一步步清晰的过程中，对于这种一定程度上采用"移植""类推"或创造性的方式填补既有国际法的空白，或塑造和推动超出应有限制的所谓"实然法"的行为，有必要加以警觉。③

二 适用过程：法律发现、法律解释与法律推理

网络空间的法学研究需要以传统法学研究为基础。④ 法律适用的时候会出现各种各样的问题，在法律规范与法律事实之间，本就需要由法律解释和法律推理来弥合。⑤ 既有国际法适用于网络空间，按逻辑顺序应该包括法律发现、法律解释、法律推理三个部分。网络空间也是如此。

---

① CCDCOE to Host the Tallinn Manual 3.0 Process, https://ccdcoe.org/news/2020/ccdcoe-to-host-the-tallinn-manual-3-0-process/.

② CCDCOE Tallinn Manual 3.0, https://ccdcoe.org/research/tallinn-manual/.

③ 黄志雄、应瑶慧：《论区分原则在网络武装冲突中的适用——兼评〈塔林手册2.0版〉相关内容》，《云南民族大学学报》（哲学社会科学版）2019年第5期。

④ 周宏仁：《网络空间法学研究刍议——观察模型、典型问题与对网络空间国际法的启示》，《国际经济法学刊》2020年第2期。

⑤ 雷磊：《类比法律论证——以德国学说为出发点》，中国政法大学出版社2011年版。

（一）国际法的初级性使得国际法适用于网络空间要从法律发现开始

由于国际法具有初级性，缺少立法机关或具有强制管辖权的法院体系，所以国际法之于网络空间的适用要从法律发现开始。如果用三段论来作为典型例子，法律发现指的是确定大前提，法律解释是对大前提的解释，法律推理是涵摄大前提与小前提的过程。首先，参考法理学相关概念，国际法中法律发现可以分为国际法的识别以及国际法规范选择顺序两部分。① 国际法的识别就是判断应对某一情形的最适当的国际法规范。例如 A 国干扰了 B 国的选举，就应当寻找国际法上关于不干涉内政原则相关的法律规范。国际法规范有不同的类型，规范选择顺序有一定的要求，② 一般来说，规则要优于原则；上位法要优于下位法，例如《联合国宪章》第 103 条规定，如有冲突，《联合国宪章》规定的义务要优先于其他国际协议约定的义务；特别法优于一般法。从这个意义上看，既有国际法适用于网络空间，如果与网络空间特有的规则相比，毫无疑问前者属于一般法的内容。

（二）法律解释

凡法律均须解释，盖法律用语多取诸日常生活，须加阐明；不确定之法律概念，须加具体化；法规之冲突，更须加以调和。因此，法律之解释乃成为法律适用之基本问题，法律必须经由解释，始能适用。③ 萨维尼认为：解释法律，系法律学的开始，并为其基础，系一项科学性之工作，但又为一种艺术。④ 在国内法中的有权解释，例如司法解释或立法解释，在一定程度上可被视为一种立法的继续。⑤ 既有国际法适用于网络空间的解释主体就是国家，而国家也是国际法的创制主体，毫无疑问，对既有国际

---

① 张文显主编：《法理学》（第五版），高等教育出版社、北京大学出版社 2018 年版。

② 也有观点认为规则冲突时的适用属于法律解释的部分。ILC Report: Fragmentation of International Law: Difficulties Arising from The Diversification and Expansion of International Law, A/CN.41/L.682, 13 April 2006, para.412.

③ 梁慧星：《民法解释学》，中国政法大学出版社 1995 年版，第 177 页。

④ 转引自王泽鉴《法律思维与民法实例：请求权基础理论体系》，中国政法大学出版社 2001 年版，第 212 页。

⑤ 张文显主编：《法理学》（第五版），高等教育出版社、北京大学出版社 2018 年版，第 293 页。

法的解释也可视为造法的继续。

对既有国际法的解释既包含了对条约的解释，也包含对其他形式的国际法规范的解释。1957 年，时任英国外交部法律顾问的菲茨莫里斯撰文总结国际法院在 1951—1954 年的条约解释实践，归纳了六项解释原则：实际（或约文解释）原则、通常意义原则、整合（或将条约作为整体的解释）原则、有效解释原则、嗣后惯例原则和当代性原则。[1] 1969 年的《维也纳条约法公约》列举了条约解释的多种方法，[2] 实际上法律解释的方法多种多样，比如文义解释、当然解释、目的解释、体系解释、历史解释、扩大解释、限制解释，[3] 以及国际法中特有的演进解释[4]等。当然解释所采取的举轻以明重、举重以明轻等方法，在国际法适用于网络空间的过程中会被经常使用。

国际法中最重要的解释方法，应当要属善意解释。善意解释有一个重要具体规则，那就是有效解释。[5] 《维也纳条约法公约》并无关于有效解释的条款。劳特派特用"与其毁物不如使之有用"（ut resmagis valeat quam pereat）[6] 的格言来表述有效解释，并列举了包括科孚海峡案在内一些国际法院案子来证明国际法院在解释涉案条约有关规定时，并没有严格按照约文，而是可能基于条约规定应具有一定效果或意义的考虑，作出比较宽松的解释。[7] 按照劳特派特修订的《奥本海国际法》，有效解释指的是"缔约国必然期望一个条款有某种效果，一种使某条款毫无意义或毫无效果的解释无法被接受"[8]。有效解释具有多种功能，不仅有确认和纠

---

[1] Sir Gerald Fitzmaurice, "The Law and Procedure of the International Court of Justice 1951-4: Treaty Interpretation and other Treaty Points", *British International Law Yearbook*, Vol. 33, 1957, p. 211.

[2] Vienna Convention on the Law of Treaties (VCLT), 1155 UNTS 331, Article 31.

[3] 参见王利明《法学方法论》，中国人民大学出版社 2011 年版，第 72 页。

[4] 参见［英］安托尼·奥斯特《现代条约法与实践》，江国青译，中国人民大学出版社 2005 年版，第 219 页；Eirik Bjorge, *The Evolutionary Interpretation of Treaties*, Oxford University Press, 2014, p. 9.

[5] Richard K. Gardiner, *Treaty Interpretation*, Oxford University Press, 2008, pp. 147-161.

[6] That the thing may rather have effect than be destroyed. *Black's Law Dictionary*, 5th edition, St. Paul, Minn.: West Publishiing Co, 1979, p. 1386.

[7] 张乃根：《条约解释的国际法》（上），上海人民出版社 2019 年版，第 93 页。

[8] ［英］詹宁斯、瓦兹修订：《奥本海国际法》（第一卷第二分册），王铁崖、陈公绰、汤宗舜等译，中国大百科全书出版社 1995 年版，第 662 页。

错的功能,① 在一定程度上也在发展国际法。

　　国际法法律解释的服从性与创造性的对立统一是法律解释一般属性在国际法上的具体体现。② 对于同一法律条文适用于网络空间的法律解释,如果用不同的解释方法,可能会得出不同的结论,从而产生矛盾。法律解释有时也无法解决所有问题。一个非常典型的例子是涉及数据的战时法律地位。例如,《日内瓦公约第一议定书》第 52 条第 1 款以否定的形式定义了民用物体,即所有不构成军事目标的物体都属于民用物体。从定义来看,无论是军事目标还是民用物体,都必须首先属于物体才行。由此,对于数据能否成为军事模板的问题产生争议。以迈克尔·施密特为代表的学者推崇否定论,认为数据本身不能构成军事目标,③《塔林手册 2.0 版》中的大多数专家也支持这一观点④。否定论的出发点在于数据不能构成"物体"进而无法成为军事目标,其依据主要是"物体"一词的通常意义不可能包括无形物⑤和红十字国际委员会对《日内瓦公约·第一附加议定书》第 52 条第 2 款的评注⑥,也就是说,从文意解释、历史解释和体系解释的角度出发,数据不构成物体。以库博·马查克为代表的学者提出了肯定论,认为数据能且应构成军事目标,在武装冲突中,数据完全可能被直接攻击(如删除、盗窃和篡改),⑦ 从目的解释⑧出发,一旦数据被排除在物体的范围之外,其在任何情况下都不能构成军事目标;并且由

---

① 姜作利:《评 WTO 争端解决程序中法律解释的适用法——发展中国家的视角》,《当代法学》2014 年第 4 期。

② 吴迪:《国际法语境下的法律解释:服从与创造》,《北京邮电大学学报》(社会科学版) 2016 年第 1 期。

③ Michael N. Schmitt, "Notion of Objects during Cyber Operations: A Risposte in Defence of Interpretive and Applicative Precision", *Israel Law Review*, Vol. 48, 2015, pp. 81-109.

④ [美] 迈克尔·施密特总主编、[爱沙尼亚] 丽斯·维芙尔执行主编:《网络行动国际法塔林手册 2.0 版》,黄志雄等译,社会科学文献出版社 2017 年版,第 426 页。

⑤ Vienna Convention on the Law of Treaties, 1155 UNTS 331, 23 May 1969 (entered into force 27 January 1980), Art. 31 (1).

⑥ Yves Sandoz, Christophe Swinarski and Bruno Zimmermann eds., *Commentary on the Additional Protocols of 8 June 1977 to the Geneva Conventions of 12 August 1949*, ICRC, 1987, paras. 2007-2008.

⑦ Kubo Mačák, "Military Objectives 2.0: The Case for Interpreting Computer Data as Objects under International Humanitarian Law", *Israel Law Review*, Vol. 48, 2015, pp. 55-80.

⑧ Vienna Convention on the Law of Treaties, 1155 UNTS 331, 23 May 1969 (entered into force 27 January 1980), Art. 31 (1).

于数据不属于物体，自然也不能被涵盖在民用物体之中，针对民用数据的篡改、盗窃或删除会成为武装冲突法上的盲点，这与《日内瓦公约·第一附加议定书》的目的和宗旨即最大化地保护平民利益相违背。实际上，将"物体"解释为包含数据似乎有突破通常含义之嫌，按照"语言的界限就是解释的界限，法官没有权限将语言无法承载的意义赋予法规"①的理论，这突破了"文义可能性"的解释已经让原有条文规范的范围扩大了，在某种程度上已经突破了法律解释的范畴而走向了造法。

（三）法律推理：演绎、归纳与类比

法律推理发生在法律适用的过程中。法律适用就是确认法律事实，选择法律规范，将特定的法律事实归于法律规范，并通过援引法律条款，获得裁判结果的思维活动。② 法律推理通常的方式包括演绎、归纳和类比，这三种方式在国际法适用于网络空间的过程中，都会被频繁使用。

演绎推理是从一般法律规定到特别特殊行为的推理③，三段论是演绎推理的典型过程。在前提真实和推理形式有效的情况下，演绎推理的结果是必然正确的。在网络空间国际法的适用过程中，国家之间的争议往往在作为大前提的"某国际法规则或原则"是否存在，或者是大前提的内涵和外延的范围上。

归纳推理则是从多个特殊的具体实例中推导出具有普遍意义的一般结论的逻辑推理。④ 归纳推理是从特殊到一般的推理。国际救灾法就属于一种由零散的规范文件中渐渐发展出具有一般性的行为标准，从而催生了关于救灾的一整套国际法规范体系。⑤ 必须提及的是，归纳推理的结论是有疑问的判断，只有在所有例证都被穷尽时，归纳推理才是必然的，理论上讲，穷尽例证不具备可操作性。

---

① Aharon Barak, *Purposive Interpretation in Law*, Princeton University Press, 2005, p. 19.
② 李龙主编、汪习根执行主编：《法理学》，武汉大学出版社 2011 年版，第 54 页。
③ 张文显主编：《法理学》（第五版），高等教育出版社、北京大学出版社 2018 年版，第 298 页。
④ 李龙主编、汪习根执行主编：《法理学》，武汉大学出版社 2011 年版，第 56 页。
⑤ Sandesh Sivakumaran, "Techniques in International Law Making: Extrapolation, Analogy, Form and the Emergence of an International Law of Disaster Relief", *European Journal of International Law*, Vol. 28, No. 4, 2017, pp. 1097-1132.

国际法适用于网络空间最普遍和最具争议的法律推理方式是类比推理。国际法作为一种去中心化的法律秩序，既没有立法机关，也没有具有强制管辖权的法院系统，这为进行类比推理提供了肥沃的土壤。① 类比推理是根据两个事物之间的某些属性相同或相似，从而推知它们另一些属性也相同或相似的推理。② 在国际法中适用类比的方法不是近来才有的，劳特派特在 1927 年就已指出一些国际私法渊源在国际公法领域中的类比适用。③ 从某种程度上说，将国内法的一般法律原则适用在国际法案件中，尤其是国际法庭中，就是一种类比推理。今日的国际法类比推理主要是适用于不同的国际法分支之间，而不是与国内法比较。

进行类比推理有两个前提，首先，存在规范缺失或法律漏洞。类比推理是国际法发展过程中另一种常见的技术。它主要用于填补相关国际法体系中的空白领域，④ 或者用哈特的话来说，是涉及法律语言的"阴影地带"（penumbra）⑤。传统的普通法系和大陆法系都同意这样的假设，即类比为将既有规则扩展到这些规则未明确涵盖的事实或情形提供了依据。⑥ 其次，存在两种情形的相似性。类比推理的一般逻辑是认为 α 规则适用于情形 x，而情形 x 又与情形 y 高度相似，所以 α 规则也必须适用于情形 y。⑦ 正如布鲁尔所言，类比是基于这样一种见解：因为两个（或更多）"类比"的项目具有某些共同特征，人们可以推断出不太为人所知的项目与比较为人所知的项目具有某些额外的共同特征。⑧ 类比推理虽然具

---

① Fernando Lusa Bordin, "Analogy", in Jean d'Aspremont and Sahib Singh eds., *Concepts for International Law: Contributions to Disciplinary Thought*, Edward Elgar Publishing, 2019, p. 25.

② 李龙主编、汪习根执行主编：《法理学》，武汉大学出版社 2011 年版，第 56 页。

③ H. Lauterpacht, *Private Law Sources and Analogies of International Law*, Longmans, Green and Co. Ltd., 1927, p. 85.

④ Sandesh Sivakumaran, "Techniques in International Law Making: Extrapolation, Analogy, Form and the Emergence of an International Law of Disaster Relief", *European Journal of International Law*, Vol. 28, No. 4, 2017, p. 1117.

⑤ H. L. A. Hart, *The Concept of Law*, 2nd edition, Clarendon Press, 1997, p. 124.

⑥ Neil MacCormick, *Legal Reasoning and Legal Theory*, Clarendon Press, 1978, p. 12; Karl Engisch, *Einführung in das juristische Denken*, 2nd edition, Kohlhammer, 1959, p. 288.

⑦ Fernando Lusa Bordin, "Analogy", in Jean d'Aspremont and Sahib Singh eds., *Concepts for International Law: Contributions to Disciplinary Thought*, Edward Elgar Publishing, 2019, p. 25.

⑧ Scott Brewer, "Exemplary Reasoning: Semantics, Pragmatics, and the Rational Force of Legal Argument by Analogy", *Harvard Law Review*, Vol. 109, 1996, p. 951.

有相当程度的灵活性，但也有很大缺陷。第一，类比推理的限制不明晰，进行类推的自由裁量权很容易被滥用。第二，类比推理的结果是或然的，并不一定正确。

讨论国际法适用于网络空间的重要文本《塔林手册1.0版》和《塔林手册2.0版》都主要利用了类比推理，其中引起反响最大的是关于将使用武力法和传统武装冲突法的规则类比适用于网络空间。这种提倡沿用旧法进行类推的工作方式固然具有一定优势，也同时带来了巨大的局限性。其优点是，发达国家和发展中国家的决策者都可以找到符合自身立场的共鸣之处。强国认可手册所说在网络空间动用武力的理由，弱国也认可手册在较大程度上支持不干涉内政原则。①

《塔林手册1.0版》和《塔林手册2.0版》中关于将传统武装冲突法和诉诸武力权的规则直接类推至网络空间的方法的确不能解决所有问题。美国天普法学院教授邓肯·霍利斯提出了质疑，表示既有法律框架存在三大几乎致命的缺陷。第一是不确定性，军方并不清楚如何将已有的规则用到信息作战环境。第二是复杂性，几大法律机制相互重叠，军事指挥人员极难弄懂。第三是不充分性，现代冲突涉及非国家行为主体，既有规则难以应对这种挑战。要解决这些缺陷，霍利斯提议，各国政府制定新法，即"信息作战国际法"，以减少不确定性和复杂性，降低全球反恐成本，缓解武力冲突本身的附带损失。② 一个典型的情形便是武装冲突法中的核心原则之———区分原则，很难直接类比适用于网络空间。在网络战中，传统区分原则的适用不能充分地保护平民，因为定义和当前适用是基于动能战争的历史适用。③ 与动能战争不同，网络战在很大程度上并不追求消灭有生力量的目的，也不符合传统战争的暴力属性。区分原则要求战斗员要公开携带武器，佩戴明显的识别标志，这些内容在网络空间到底还有多大的实际意义值得怀疑；加之网络空间的互联互通，军事目标与民

---

① 徐培喜：《网络空间全球治理：国际规则的起源、分歧及走向》，社会科学文献出版社2018年版，第19页。

② Duncan B. Hollis, "Re-thinking the Boundaries of Law in Cyberspace: A Duty to Hack?", in Jens David Ohlin, Kevin Govern and Claire Finkelstein eds., *Cyber War: Law and Ethics for Virtual Conflicts*, Oxford University Press, 2015, pp. 129–174.

③ Peter Pascucci, "Distinction and Proportionality in Cyberwar: Virtual Problems with a Real Solution", *Minnesota Journal of International Law*, Vol. 26, 2017, p. 461.

用物体之间的界限也很模糊，既有规则在操作层面令人两难。新兴技术创造了越来越多的情况，无法与既有的其他法律适用领域进行类比。① 类比推理是有局限的，不能解决所有问题，在适当情形下，应当跳出类比的思维惯性。

第三节　名与实：名义上的法律适用与事实上的二次造法

上述分析可知，既有国际法在网络空间的适用，与网络空间的二次造法（对原国际法规范的丰富与修改）之间，并非泾渭分明。法律适用包括了法律解释与法律推理，二者在具体适用中可能会突破适用的界限，产生溢出效应从而形成了事实上的"二次造法"，既有国际法适用于网络空间，很大部分都属于这种情况。

一　旧瓶装新酒：既有国际法之适用的本质是二次造法

既有国际法的适用在何种程度上能够突破法律适用的界限，达到国际造法的程度，很难找出一个确定的分界线。要明确找出法律解释与二次造法的界限可能并不是一件容易的事。例如，作为联合国框架下的具体法律编撰工作机构的国际法委员会，其宗旨在于促进国际法的"编纂"与"逐渐发展"。② 前者目的在于确立既有的规则，后者目的在于创立新的国际法规则，但在实际工作中二者难以截然分开。③ 在许多情况下，即使严格意义上的习惯国际法的编纂，也不可避免地会涉及特定领域国际法规则的微小改变。④

如前所述，国际造法指的是国际法主体通过条约或习惯等方式，制

---

① Rebecca Crootof, "Autonomous Weapon Systems and the Limits of Analogy", *Harvard National Security Journal*, Vol. 9, 2019, p. 51.

② 《联合国国际法委员会规约》，第 1 条第 1 款。

③ 何志鹏、孙璐、王彦志等：《国际法原理》，高等教育出版社 2017 年版，第 69 页。

④ Robert Jennings, "The Progressive Development of International Law and its Codification", *British Year Book of International Law*, Vol. 24, 1947, p. 301.

定、承认、修改、废止国际法规范的活动。① 既有国际法之适用构成了网络空间国际法的"一般法"。国际法起源于公约、协议和习惯，但它在很大程度上仍然取决于国家自己来定义和解释法律。② 将既存的国际法规范适用于网络空间，就少不了法律解释与法律推理，而这二者，很可能会引起既有国际法规范内涵发生实质性变化，起到了事实上的修改国际法规范的作用。

首先，严格意义上的法律解释是澄清而非造法，③ 但实际上法律解释本身就存在服从性与创造性的对立统一。④ 如果法律解释由司法机关作出，在学理上即被称为"法的续造"或者"司法造法"。⑤ 拉伦茨对此有过经典论述："狭义的解释之界限是可能的字义范围。超越此等界限，而仍在立法者原本的计划、目的范围内之法的续造，性质上乃是漏洞填补等于法律内的法的续造，假使法的续造更逾越此等界限，惟仍在整体法秩序的基本原则范围内者，则属超越法律的法的续造。"⑥ 法学方法论通说区分法律解释与法律续造，并在很长一段时间内以"文义可能性"作为区分标准。⑦ 如前文所讨论，关于"数据"在网络战争中的法律地位问题，用文义解释的方法无法将其纳入"物体"的通常含义范畴，也不符合历史解释中的立法者原意。如果采取有效解释和演进解释，要突破文义可能性而将其纳入物体范畴，实质上已经突破法律解释走向了造法，因为其扩大了既有条文的规范范围。按照克里斯蒂安·杰法尔的看法，解释规则从一开始就包含有宽泛（造法性）和限制（解释性）的争论，⑧ 国际法中

---

① 古祖雪：《国际造法：基本原则及其对国际法的意义》，《中国社会科学》2012年第2期。

② Kersti Kaljulaid, President of Estonia, Opening at CyCon 2019, 29 May 2019, https://www.president.ee/en/official-duties/speeches/15241-president-of-the-republic-at-the-opening-of-cycon-2019/index.html/.

③ 张乃根：《条约解释的国际法》（下），上海人民出版社2019年版，第935页。

④ 陈金钊、焦宝乾、桑本谦等：《法律解释学》，中国政法大学出版社2006年版，第10页。

⑤ 陈坤：《法律解释与法律续造的区分标准》，《法学研究》2021年第4期。

⑥ ［德］卡尔·拉伦茨：《法学方法论》，陈爱娥译，商务印书馆2003年版，第246页。

⑦ 陈坤：《法律解释与法律续造的区分标准》，《法学研究》2021年第4期。

⑧ Christian Djeffal, *Static and Evolutive Treaty Interpretation: A Functional Reconstruction*, Cambridge University Press, 2016, p. 273.

宽泛的解释已经渗透至造法的领域。

法律解释往往是法律适用的必要前提，在法律适用中居于不可或缺的地位。① 前南斯拉夫国际刑事法庭在审理 1998 年的 Prosecutor v. Pavo and Zenga 案时，在可适用的法部分说理："解释"用语之意义，可作广义或狭义说明。广义涉及法官对法定形式中的法律规则之延展、限制或修改中的创造性活动。狭义则可体现为法官说明法规用语或表达的意义之作用。② 前者具有造法性，后者则是通常的法律解释。③ 以网络空间的自卫权为例，在网络空间造法过程中，各国争论最为持久和激烈的自卫权问题，始终是网络空间国际造法进程中不可逾越的"红线"。④ 自卫权不是《联合国宪章》第 51 条确定的权利，更是一项固有习惯国际法。因为网络攻击而行使自卫权行使的门槛、对象和时间都有很大争议。如果说"预先自卫权"这种在传统国际法中的主张已经挑战了行使自卫权的时间要件，那么对门槛和对象的扩大解释，就是在网络空间试图降低自卫权门槛的典型主张。以门槛为例，行使自卫权要求先存在"武装攻击"，《塔林手册》从尼加拉瓜案中归纳出的"规模与后果"标准⑤为一些国家采纳，⑥ 如果说"规模与后果"标准只是类推适用，那么法国明确主张"累积性自卫"⑦ 理论，即单独的网络攻击事件也许不构成武力攻击，但若干

---

① 参见孙笑侠、夏立安主编《法理学导论》，高等教育出版社 2004 年版，第 267 页。

② *Prosecutor vs. Pavo and Zenga*, IT-96-21-T, Judgment, 16 November 1998, para. 159.

③ 参见张乃根《条约解释的国际法》（下），上海人民出版社 2019 年版，第 947 页。

④ 张华：《网络空间适用自卫权的法律不确定性与中国立场表达——基于新近各国立场文件的思考》，《云南社会科学》2021 年第 6 期。

⑤ [美] 迈克尔·施密特总主编、[爱沙尼亚] 丽斯·维芙尔执行主编：《网络行动国际法塔林手册 2.0 版》，黄志雄等译，社会科学文献出版社 2017 年版，第 344 页。

⑥ 例如，法国、荷兰、新西兰、德国都明确接受了规模与后果的标准来衡量一项网络攻击是否构成"武力攻击"。International Law Applied to Operations in Cyberspace, 9 September 2019, para. 1.2.2；The Government of the Kingdom of the Netherlands, Appendix: International Law in Cyberspace in the letter of 5 July 2019 form the Minister of Foreign Affairs to the President of the House of Representatives on the International Legal Order in Cyberspace, p. 8; New Zealand, The Application of International Law to State Activity in Cyberspace, 2020, p. 1; German, Position Paper on the Application of International Law in Cyberspace, March 2021, p. 6.

⑦ Droit International Applique Aux Operations Dans Le Cyberespace, September 2019, https://theatrum-belli.com/wp-content/uploads/2019/09/Droitinternatappliquéauxopérations Cyberespace.pdf.

网络攻击事件累积起来,可以达到类似武力攻击的程度,进而触发自卫权,①就是非常明显的对既有自卫权的扩张解释,对既有国际法中认定作为行使自卫权的门槛,即"武装攻击"的认定进行了极为危险的修改,毫无疑问旨在"造法"。除此之外,一些国家对行使自卫权的对象也进行了扩大解释,即认为国家可以针对非国家行为体行使自卫权。从实然法角度出发,国际法院在修建隔离墙咨询意见中认为,武力攻击必须归因于国家,有效地排除了针对非国家行为体进行武力攻击的可能性。②这在传统国际法上争议不大。然而,一些国家在自己的单方声明中认定,当国家或非国家行为体在网络领域使用武力可被视为实际或即将发生的武力攻击时,受攻击的国家可根据《联合国宪章》第51条规定的固有自卫权采取行动。③这一主张直接将自卫权的行使范围从国家间扩大至国家可以针对任何行为体行使自卫权。以上两个例子都属于实质性扩大自卫权行使范围的解释,本质上来说是对既有国际法规范之延展、限制或修改中的创造性活动。

其次,法律推理,尤其是类比推理,在国际法领域广泛适用。国际法委员会在起草《关于国际组织责任的条款草案》时,主要方法就是根据《关于国际不法行为的国家责任的条款》进行类比推理。④有学者认为,只

---

① 张华:《网络空间适用自卫权的法律不确定性与中国立场表达——基于新近各国立场文件的思考》,《云南社会科学》2021年第6期。

② 史久镛:《国际法上的禁止使用武力》,《武大国际法评论》2017年第6期。

③ 例如,德国就表示非国家行为体的行为可构成武力攻击。German, Position Paper on the Application of International Law in Cyberspace, March 2021, p. 16; 以色列也是如此,Roy Schondorf, Israel's Perspective on Key Legal and Practical Issues Concerning the Application of International Law to Cyber Operations, December 9, 2020, https: //www. ejiltalk. org/israels - perspective - on-key-legal-and-practical-issues-concerning-the-application-of-international-law-to-cyber-operations; 法国的态度也渐渐在转变,声称"不排除一般国家实践(General Pratice)会转向承认针对非国家行为体的自卫权",International Law Applied to Operations in Cyberspace, 9 September 2019, para. 1. 2. 1.

④ 将国家责任类比推理到国际组织责任的做法受到了一定的批判,参见 C. Ahlborn, "The Use of Analogies in Drafting the Articles on the Responsibility of International Organizations: An Appraisal of the 'Copy-Paste Approach'", *International Organizations Law Review*, Vol. 53, 2012, p. 9; Fernando Lusa Bordin, *The Analogy between States and International Organizations*, Cambridge University Press, 2018, p. 26。

要没有特别明确的限制，任何一项国际法规则均可进行类比推理。① 也有学者认为类推与扩张解释的区分不过是为了迎合现代法治意识形态而编造出来的一个"美丽谎言"。② 类推是国际法发展过程中一种常见的技术手段。它主要用于填补相关法律体系中的空白。③ 类比推理和造法之间的界限也趋于模糊。对类比推理的习惯性依赖，实际上等价于创造新的规则。④ 无论如何，在将类比推理应用在国际法的编纂和逐步发展时，需要特别警惕。⑤

在国际法适用于网络空间诉诸类比应该是不足为奇的。如果在法律中发现了漏洞，则可能会认为更合适的做法是依赖不同法律体系中的等效规则或相关理解，而不是从零开始制定规则。⑥ 采用类比推理方法的实体不是"发明"法律；相反，它即表明一项一般规则可适用于当前问题。类比推理实际上是一个论点的论证，即具体规则反映了更广泛的（通常是未明说的）原则，该原则不仅适用于由具体规则支配的情况，也适用于类似情形。⑦ 所以类比推理实际上扩大了既有国际法规范的适用范围，从而可能成为事实上的造法。就国际法而言，这意味着把类比当作一种宝贵的技术，以在一个彻底去中心化的制度中发展法律，需要格外谨慎。⑧

---

① Silja Voneky, "Analogy in International Law", in Rüdiger Wolfru, *Max Planck Encyclopedia of Public International Law*, Oxford University Press, 2012, pp. 374—380.

② 吴丙新：《扩张解释与类推解释之界分——近代法治的一个美丽谎言》，《当代法学》2008 年第 6 期。

③ Sandesh Sivakumaran, "Techniques in International Law Making: Extrapolation, Analogy, Form and the Emergence of an International Law of Disaster Relief", *European Journal of International Law*, Vol. 28, No. 4, 2017, p. 1117.

④ Julius Stone, "*Non Liquet* and the Function of Law in the International Community", *British Yearbook of International Law*, Vol. 35, 1959, p. 138.

⑤ Fernando Lusa Bordin, "Analogy", in Jean d'Aspremont and Sahib Singh eds., *Concepts for International Law: Contributions to Disciplinary Thought*, Edward Elgar Publishing, 2019, p. 37.

⑥ Sandesh Sivakumaran, "Techniques in International Law Making: Extrapolation, Analogy, Form and the Emergence of an International Law of Disaster Relief", *European Journal of International Law*, Vol. 28, No. 4, 2017, p. 1120.

⑦ Sandesh Sivakumaran, "Techniques in International Law Making: Extrapolation, Analogy, Form and the Emergence of an International Law of Disaster Relief", *European Journal of International Law*, Vol. 28, No. 4, 2017, p. 1120.

⑧ Fernando Lusa Bordi, "Analogy", in Jean d'Aspremont and Sahib Singh eds., *Concepts for International Law: Contributions to Disciplinary Thought*, Edward Elgar Publishing, 2019, p. 37.

在此过程中，有两个问题需要重点警惕。第一，在国家主导国际法类推适用的场合，各国可能按照本国利益和需求，对既有国际法进行肆意裁剪或滥用。这是因为，对网络空间案例和既有案例之间的相似性的判断，往往带有相当程度的主观性乃至于"自由裁量"的色彩。① 例如，爱沙尼亚主张的集体反措施制度，即"在其他集体回应的选择中，没有直接受到伤害的国家可以采取对策，以支持受恶意网络行动直接影响的国家"②。这一大胆的观点在既有国际法上难寻根基，直接赋予了非受害国进行回应的权利，是对集体自卫权制度一种类比推理的尝试。第二，《塔林手册2.0版》具有相当的超前性，这表现为其中大部分内容是，通过类推方式"去设想现实世界的有关国际法规则在适用于网络空间时可能遇到的问题并加以回答"，但问题在于，这些设想的问题，以及其对它们做出的回答，并非总是基于相应的国际立法和国家实践。

例如，《塔林手册2.0版》中的第五章题为"本身不受国际法约束的网络行动"，这明显不属于既有国际法适用于网络空间的范畴。既然本身不受国际法约束，那也无从谈起将其适用视为类比推理或者法律解释，这样的内容出现在《塔林手册2.0版》中，恐怕已经超出了其主编声称的本书不仅是对习惯国际法适用于网络空间的重述范畴，而是直接开始"专家造法"。

二 既有国际法之适用的基础性定位与相对局限

网络空间国际造法中关于对既有的国际法规范在网络空间的适用进行澄清和调试是争论焦点之一。诚如联合国秘书长安东尼奥·古特雷斯在2019年世界经济论坛上提到的那样，我们需要在世界范围就如何将这些新技术融入几十年前在完全不同的背景下制定的规则中达成最低限度的共识。③ 虽然绝

---

① 刘碧琦：《论国际法类推适用的有效性——以〈塔林手册〉为视角》，《社会科学家》2021年第5期。

② Kersti Kaljulaid, President of Estonia, Opening at CyCon 2019, 29 May 2019, https://www.president.ee/en/official-duties/speeches/15241-president-of-the-republic-at-the-opening-of-cycon-2019/index.html/.

③ World Economic Forum, Antonio Guterres's Speech at Davos, 24 Jan 2019, https://www.weforum.org/agenda/2019/01/these-are-the-global-priorities-and-risks-for-the-future-according-to-antonio-guterres/.

大多数国家都就国际法在网络空间的可适用性达成了共识，但是国际社会还处于网络空间国际造法这趟旅程的开始阶段，每个既有的国际法规范在网络空间如何适用都需要仔细的评估和审核。真正的挑战不在于识别这些既存的国际法规范，比如主权、不干涉、使用武力、自卫等，而在于决定何时以及如何在新的网络环境中解释并适用这些国际法规范，而这是一项长期性、基础性的工作。

无论国家是支持沿用旧法，即强调既有国际法适用于网络空间，或是制定新规，即要求发展网络空间的专门性国际法规范，都已经承认了既有国际法可以适用于网络空间。这一点在联合国信息安全专家组 2013 年的共识性报告上就已明确，因此该报告才会被称为网络空间规范化的"里程碑"。[①] 此观点在之后的 2015 年、2021 年的共识性报告中得到再次重申与强调，可以说，在网络空间国际法治进程中，既有国际法之适用具有不可替代的基石地位。国家对于网络空间国际法是否需要发展新的规则，例如制定专门性的条约和发展新的习惯国际法尚有争议，但对于既有国际法适用于网络空间，至少从基础立场而言，目前已经达成共识，即国际法确实可适用于网络空间。通过对 2017 年联合国信息安全政府专家组的共识性报告无法达成的考察，不难看出，尽管关于既有国际法能否适用于网络空间这个前置性问题，目前已经具有肯定性答复，但是，关于既有国际法究竟应如何被适用于网络空间这个后续问题，当前国际社会尚未也并不容易达成共识。事实上，对于可以适用哪些国际法规范的问题，一些国家在管理网络空间的国际法规范中"挑拣"（cherry-pick）[②] 或者选择性适用的做法加剧了国家间的分歧。即使已经确定了可适用的规范，与高政治领域相关的国际法规则，例如国家主权、使用武力、自卫权等到底如何认定其内涵和外延，相关国家各执一词，网络空间国际造法仍然前路漫漫。

既有国际法适用于网络空间确实在网络空间国际造法中具有难以撼动的基石地位，但既有国际法到底是滞后的，无法完全覆盖网络空间领域的方方面面。未来网络空间造法需要适用既有国际法和制定新条约齐头并进。但条约的缔结需要很高的成本，从谈判、签署到生效，关关难过。即

[①] 黄志雄、应瑶慧：《美国对网络空间国际法的影响及其对中国的启示》，《复旦国际关系评论》2017 年第 2 辑。

[②] Michael N. Schmitt, "Taming the Lawless Void: Tracking the Evolution of International Law Rules for Cyberspace", *Texas National Security Review*, Volume 3, Issue 3, 2020, p. 32.

使条约成功缔结,但是否加入一个条约完全取决于主权国家自己的意志。条约的保留机制也让条约内容最终的有效性打了问号。正如捷克共和国代表指出的那样,一般国际法对信通技术的充分适用性和灵活性特别重要,因为信通技术发展迅速,新的和详细的条约文书难以跟上这种速度。[①] 可以说,制定网络空间的"特别法",无论是条约还是习惯国际法,都需要时间、合作和契机,但今时今日所面临的挑战确实是现实存在的。网络空间国际法规范的形成是一个渐进的过程,造法不能凭空而生,除旧布新和破旧立新都不具备现实的社会基础,调旧育新才是目前的大势所趋。

---

① Ministry of Foreign Affairs of the Czech Republic, Comments Submitted by the Czech Republic in Reaction to the Initial "Pre-draft" Report of the Open-Ended Working Group on Developments in the Field of Information and Telecommunications in the Context of International Security, p. 2, https://front.un-arm.org/wp-content/uploads/2020/04/czech-republic-oewg-pre-draft-suggestions.pdf.

第三章　专门性条约与新习惯国际法之产生：网络空间国际造法的愿景

上一章对新旧法之争中"旧法之适用"，即既有国际法适用于网络空间展开了相关论述，至此我们已知既有国际法在网络空间的适用是通过对"一般法"进行解释、澄清而对其内涵和外延进行了修改，是事实上的二次造法。本章会讨论新旧法之争中的"新法之产生"，也就是制定网络空间新国际法规范的"特别法"。下文将首先从网络空间新法产生的必要性和态势入手，对所谓"马的法律"进行理论商榷，论述网络空间新规范制定的必要性，并总结目前国际社会对制定新法的立场倾向；进而从制定专门性条约和发展新习惯国际法两种路径展开阐述，分析其各自的困境及化解可能；最后总结出作为网络空间国际造法的路径之一的制定新条约和发展新习惯国际法过程的前景，以及网络空间的新规发展对传统造法模式的守正与变通。

第一节　网络空间新法之产生的必要性与态势

一　网络空间领域"马的法律"理论商榷

"马法"是一个必要的法律部门吗？这是芝加哥学派的理论代表弗兰克·伊斯特布鲁克法官，在其名篇《网络空间与马的法律》中提问的问题。伊斯特布鲁克法官认为，若要与马的所有权问题、买卖问题、马的侵权责任问题等汇集为一部"马法"，那显然是荒谬的。[1] 迄今，有关网络

---

[1] Frank Easterbrook, "Cyebrspace and the Law of the Horse", *University of Chicago Law Forum*, Vol. 1996, p. 207.

法讨论依然不能逃离"马法"的阴影。据此，伊斯特布鲁克法官认为网络法就是马法的另一种体现，网络法的相关问题，实质上就是传统刑法、民法、行政法等在网络空间的延伸，法律经济学的成本收益计算足以应对和处理所有网络相关的法律问题。① 但是，莱斯格教授撰文反对这一观点。② 他认为，研究网络空间法律存在的必要性在于网络空间与现实空间不同，两个空间都需要法律、社会规范、市场与构架四方面的共同规制。代码主导的技术架构最重要，使得网络空间可以被控制，进而提出了"代码就是法律"的著名观点。③

实际上，所谓"马法非法"更侧重于从理性主义和形式逻辑视角进行思考。确实，法治的核心原则和基础规则毫无疑问具有普适性。网络法存在独立的必要性则更侧重于用实用主义方法来应对网络空间的新兴挑战。实际上，关于网络间谍、打击网络犯罪、跨境数据流动等新兴挑战，既有国际法事实上也存在一定程度的空白。当然，对于"马法"的争论仍旧是有相当意义的，其至少帮助我们得出三个认识：一是网络空间的性质确与现实世界不同；二是网络空间的法律只是规制的一部分；三是网络空间的法治化需要深度的国际合作。④

除了上述根本质疑网络空间之法律地位的观点外，还有另一派主张"网络空间规则制定国家排斥论"，其认为网络空间规则需要全新的不应由国家插手制定的规则。大卫·约翰逊和大卫·珀斯特在著名的《法律与国界：网络空间中法律的兴起》一文中提出，由于网络行动的跨境属性严重阻碍了网络空间的有效治理，因此网络空间需要一套与物理空间截然不同的法律，但认为这套规则不应由政府来制定而应该由每个虚拟地区的成员来制定和执行。⑤ 本书认为，一方面，网络空间的新规则是必要的；另一方面，这种新规则之制定，绝不意味着全盘推倒重来，

---

① 余成峰：《从马的法律到黑箱之法》，《读书》2019 年第 3 期。

② Lawrence Lessig, "The Law of Horse: What Cyber Law Might Teach", *Harvard Law Review*, Vol. 113, No. 2, 1999, pp. 501-549.

③ 参见［美］劳伦斯·莱斯格《代码 2.0：网络空间中的法律》（修订版），李旭、沈伟伟译，清华大学出版社 2018 年版，第 1—9 页。

④ 胡凌：《"马的法律"与网络法》，《网络法律评论》2010 年第 1 期。

⑤ David Johnson and David Post, "Law and Borders – the Rise of Law in Cyberspace", *Stanford Law Review*, Vol. 48, 1996, pp. 1367-1402.

而是在网络空间国际造法中形成与传统国际法并行不悖、交叉融合的发展轨道，并在此基础上尊重和探索网络法自身发生和发展的规律性认识。

二 网络空间专门性条约和新习惯国际法的造法态势

从目前网络大国的战略来看，对于是否主张单独订立网络空间的国际法专有规则，尤其是订立新条约，国家呈现出阵营化对峙的态势。一方面，部分国家反对制定网络空间的专门性国际法规范，例如，美国在2011年的《网络空间国际战略》中提出发展国家在网络空间的行为规范不需要重新创设习惯国际法，也不会使既有国际法规范过时。[①] 2020年，美国在对联合国开放式工作组的草案进行评议时指出，"通过制定一项关于各国使用信通技术的具有法律约束力的文书……这些建议缺乏具体内容，不切实际……在没有明确了解各国对既有国际法如何适用于信息通信技术的看法的情况下，建议国际法需要进一步修改或发展还为时过早"，从而进一步明确其认为不需要创设网络空间专门性规范的立场。[②] 欧盟在2013年的《欧盟网络战略》中也肯定，现实空间的国际法规则和原则、价值适用于网络空间而不支持制定新的专门的国际法律文件。英国在2013年提交给联合国秘书长的文件中对网络专门性条约的发展前景做出了预判："就其他问题缔结这些协定的经验表明，这些协定只有在外交努力发展共同谅解和办法的结果而不是作为其起点时才有意义和有效。国际社会的努力应该专注于发展共同理解国际法律和准则，而不是过早地绑定谈判工具。"[③] 澳大利亚的官方看法跟英美一致。澳大利亚指出反对制定新法的三个原因。第一，澳大利亚认为技术变革日新月异，许多潜力尚未释放，政策制定者跟不上技术发展的潮流。第二，澳大利亚认为，一些国家担心签署条约会限制它们使用网络武器，限制行使国家主权。第三，网络攻击溯源难度大，影响条约的执行力。因此，澳大利亚外交部部长朱

[①] The White House, International Strategy for Cyberspace: Prosperity, Security, and Openness in a Networked World, 2011, p. 9.

[②] The United States Comments on the Chair's Pre-draft of the Report, April 2020, https://front.un-arm.org/wp-content/uploads/2020/04/oewg-pre-draft-usg-comments-4-6-2020.pdf.

[③] Developments in the Field of Information and Telecommunications in the Context of International Security, See UN Doc. A/68/156, July 16, 2013, p. 19.

莉·毕夏普表示，讨论国际协议的时机尚不成熟，基本原则的制定工作才刚刚起步，对话才刚刚开始。除此之外，奥地利也在对开放式工作组的报告草案进行评论时也点明不支持单独制定法律文书。①

另一方面，以中俄为代表的国家则认为网络空间制定专门性条约是必要的。多年来，俄罗斯一直在推动一项仿照《禁止化学武器公约》的条约来规范网络空间。在 2012 年 3 月 18 日的演讲中，俄罗斯安全理事会副秘书长弗拉季斯拉夫·谢思雅克阐述了俄罗斯在网络空间裁军问题上的基本立场。俄罗斯提出谈判制定全新的网络安全条约，并建议禁止任何国家秘密植入战时可以使用的恶意代码。② 这一观点遭到美国的反对。③ 中国则支持在一些具体领域制定网络空间专门性条约，例如，习近平主席在第二届世界互联网大会开幕式上的讲话中表示："推动制定网络空间国际反恐公约，健全打击网络犯罪司法协助机制。"④ 时任外交部条法司马新民副司长也在亚非法协第 54 届年会"网络空间的国际法问题"特别会议上发言指出，中方赞成在联合国框架下谈判制定各一份全面均衡的打击网络国际犯罪的国际公约，⑤ 并在此之后撰文指出网络空间出现新的"没有现成解决办法的独特问题"，"有必要制定新的法律规则来解决这些问题"。⑥ 2017 年发布的《网络空间国际战略》中明确指出，中国意在探讨制定网络空间国际反恐公约……推动在联合国框架下讨论、制定打击网络犯罪的全球性国际法律文书。⑦ 最新的中国提交给联合国开放式工作组的立场文件中再次指出："应根据信息通信技术的特点和不断变化的现实制

---

① Austria, Comments on Pre-Draft Report of the Open Ended Working Group on Developments in the Field of Information and Telecommunication in the Context of International Security, 31 March 2020, https://front.un-arm.org/wp-content/uploads/2020/04/comments-by-austria.pdf.

② Mary Ellen O'Connell and Louise Arimatsu, "Cyber Security and International Law", Chatham House Meeting Summary, 29 May 2012, p. 9.

③ Mary Ellen O'Connell and Louise Arimatsu, "Cyber Security and International Law", Chatham House Meeting Summary, 29 May 2012, p. 9.

④ 习近平：《在第二届世界互联网大会开幕式上的讲话》，载习近平《论党的宣传思想工作》，中央文献出版社 2020 年版，第 175 页。

⑤ 马新民：《网络空间的国际法问题》，载中国国际法学会主办《中国国际法年刊》(2015)，法律出版社 2016 年版，第 727 页。

⑥ Xinmin Ma, "Letter to the Editors: What Kind of Internet Order Do We Need?", *Chinese Journal of International Law*, Vol. 14, Issue 2, 2015, pp. 399-401.

⑦ 外交部、国家互联网信息办公室：《网络空间国际合作战略》，2017 年 3 月 1 日。

定新的国际法文书。可优先制定打击网络空间恐怖主义国际公约，并在联合国框架内制定打击网络犯罪的国际法律文书。"① 除中俄以外，伊朗也支持建立新的国际规则和规范，并表示"应调整既有国际法，使之适用于信息和通信技术环境。法律上的空白应由新的国际法律规则和规范来填补。关于信息和通信技术环境的适用国际法不应开放解释。"② 2020 年 4 月对联合国开放式工作组报告草案的评论中，伊朗再次表示："草案前似乎受到既有国际法适用于国家使用信息通信技术这一假设的驱使，也受到这一假设的驱使。显然，既有的国际法未能保护信息通信技术的和平性质。因此开放式工作组预计将继续讨论既有国际法'在什么程度上'和'如何适用'，更重要的是，应制定什么样的国际约束性文书，包括一项特定于信息通信技术的公约。"③

此外，中国、俄罗斯、塔吉克斯坦、乌兹别克斯坦常驻联合国代表于 2011 年 9 月 12 日联名致函时任联合国秘书长潘基文，通过上海合作组织提交上述国家共同起草的《信息安全国际行为准则》（下称《行为准则》）。第 66 届联大文件（A/66/359）分发了该准则，呼吁各国在联合国框架内就此展开进一步讨论，以尽早就规范各国在信息和网络空间的行为的国际准则和规则达成共识，并建议启动新文书谈判。④ 2015 年 1 月，中国、俄罗斯、塔吉克斯坦、乌兹别克斯坦、哈萨克斯坦、吉尔吉斯斯坦又创新性地对该准则进行了修改，将《行为准则》更新草案作为第 69 届

---

① China's Submissions to the Open-ended Working Group on Developments in the Field of Information and Telecommunications in the Context of International Security, September 2019, https：//www.un.org/disarmament/wp-content/uploads/2019/09/china-submissions-oewg-en.pdf.

② Open-ended Working Group on Developments in the Field of Information and Telecommunications in the Context of International Security Submission by the Islamic Republic of Iran, September 2019, https：//unoda-web.s3.amazonaws.com/wp-content/uploads/2019/09/iran-submission-oewg-sep-2019.pdf.

③ The Initial "Pre-draft" of the Report of the OEWG on Developments in the Field of Information and Telecommunications in the Context of International Security Preliminary Reflection by the Islamic Republic of Iran, April 2020, https：//front.un-arm.org/wp-content/uploads/2020/04/iran-preliminary-on-oewg-pre-draft-15-april-2020-1.pdf.

④ Letter dated 12 Sept.2011 from the Permanent Representatives of China, the Russian Federation, Tajikistan and Uzbekistan to the United Nations addressed to the Secretary-General, UN Doc A/66/359, 14 Sept.2011, pp.3-5.

联大正式文件。① 在这份文件中，相关的规则更为细化。②《信息安全行为准则》除了六个发起国之外，在国际层面的推广并不十分顺利，特别是西方国家对这一倡议持怀疑态度，认为它"旨在对互联网上的内容流动建立一个严格的国家主权模式，并可能成为压迫性政权的工具"③。比较典型的是爱沙尼亚的态度，其认为草案部分反映了既有的国际法，却又同时包括一些不反映既有法律并使人对其目标产生怀疑的概念（例如"尊重各国历史、文化和社会制度的多样性；防止其他国家利用其在信息和通信技术等方面的优势地位"），因此就联合国大会通过《行为准则》草案展开谈判还为时过早。④

三　网络空间专门性条约和新习惯国际法的造法现状

针对网络的具体条约是稀缺的，网络空间的新习惯国际法几乎完全空白。⑤ 迄今为止，网络空间中还未出现"宪章性"条约。然而这并不意味着网络空间中没有专门性条约，恰恰相反，很早就出现了相关条约，例如《上海合作组织成员国保障国际信息安全政府间合作协定》⑥《国际电信联盟公约》⑦ 和《国际电信规则》等，以及网络犯罪领域 2001 年的《布达

---

① Letter dated 9 Jan. 2015 from the Permanent Representatives of China, Kazakhstan, Kyrgyzstan, the Russian Federation, Tajikistan and Uzbekistan to the United Nations addressed to the Secretary-General, UN Doc 69/723, 13 Jan. 2015, pp. 3-6.

② 陈红松、王辉、黄海峰：《从网络空间国际准则看国际关键信息基础设施保护及启示建议》，《中国信息安全》2021 年第 1 期。

③ Theresa Hitchens, Multilateral Approaches to Cyber Security, High-Level Seminar Cybersecurity: Global Responses to a Global Challenge, 21 March 2014, p. 3.

④ Marina Kaljurand, "United Nations Group of Governmental Experts: The Estonian Perspective", in Anna-Maria Osula and Henry Rõigas eds., *International Cyber Norms: Legal, Policy & Industry Perspectives*, NATO CCD COE, 2016, p. 23.

⑤ Michael N. Schmitt and Liis Vihul, "The Nature of International Law Cyber Norms", in Anna-Maria Osula and Henry Rõigas eds., *International Cyber Norms: Legal, Policy & Industry Perspectives*, NATO CCD COE, 2016, p. 46.

⑥ Agreement between the Governments of the Member States of the Shanghai Cooperation Organization on Cooperation in the Field of International Information Security, 61st Plenary Meeting, Dec. 2, 2008.

⑦ Constitution and Convention of the International Telecommunication Union, Dec. 22, 1992, 1825 UNTS 330.

佩斯公约》及其 2006 年附加议定书、2010 年起草的《阿拉伯国联盟打击信息技术犯罪公约》、2011 年起草并于 2014 年生效的《西非国家经济共同体打击网络犯罪指令》和 2014 年起草但尚未通过的《非盟网络安全和个人数据保护公约》等。① 上述几项区域性条约显然也对缔约国的相关立法和实践提供了一定的参考价值，但各项条约的内容各异，各有侧重，加之参与国家数量有限，故并不能真正为各国提供全球性解决方案。②

如前所述，美国等西方国家对制定网络空间专门性条约一直颇为抵触，可从以下两点来考虑：其一，是否有可能即使相关国际条约已被制定，其执行和效力却无法达致预期成效。其二，这些国家更为担心的是，在推动"互联网自由"战略的背景下，制定新的国际条约是否会加强"极权国家"对网络空间的控制能力，从而导致与上述战略相违背。③

2019 年 12 月，中俄等金砖国家和广大发展中国家支持联合国大会通过了授权启动联合国框架下新公约谈判的第 74/247 号决议，取得了东西方博弈的阶段性胜利。2024 年 8 月，《联合国打击网络犯罪公约》在历经两年多的艰难谈判后，其案文得以通过，之后将会在联合国大会进行进一步投票。这是迄今为止在网络空间国际造法中目前唯一具有全球代表性的硬法造法成果，标志着网络空间专门性条约造法的实践可行性。

四 网络空间新法的必要性与可行性

既有规则确实不足以解决新出现的问题。对于将现实世界的法律直接适用或类推适用于网络空间，有的学者将其称作"直觉性的选项"④，但它并非万全之策。如果我们对现行法律规范互联网行为加以简单沿用，这不仅将"扼杀新生事物、阻碍经济社会转型"，甚至会"使新的管理手段

---

① African Union Convention on Cyber Security and Personal Data Protection，https：//au.int/sites/default/files/treaties/29560-treaty-0048_-_african_union_convention_on_cyber_security_and_personal_data_protection_e.pdf.

② 吴海文、张鹏：《打击网络犯罪国际规则的现状、争议和未来》，《中国应用法学》2020 年第 2 期。

③ 黄志雄：《2011 年"伦敦进程"与网络安全国际立法的未来走向》，《法学评论》2013 年第 4 期。

④ Mark A. Lemley，"Place and Cyberspace"，*California Law Review*，Vol.91，No.2，2003，pp.521-542.

面临合法性挑战",从而导致"模糊权利、义务、责任之间的边界"。① 网络空间具有不同于物理世界的某些新特征和属性,也提出了物理世界几乎没有涉及、既有国际法难以加以有效规制的新问题,例如数据跨境流动,供应链安全、网络犯罪、网络恐怖主义等,这些问题的应对在既有国际法中找不到答案,如果不制定新法,就会出现法律不明(non liquet)的问题。

但是,令人遗憾的是,在现行国家法中并不总是能够找到直接相关的习惯国际法规则。以网络犯罪、网络恐怖主义问题为例,在这些网络空间中十分重要而且必须直面解决的重要领域,有时甚至难以找一些"可移植"的类似法律规则,其中网络恐怖主义方面甚至至今还未形成区域性的专门国际条约。这种现状,或许能够有助于我们更好地理解,作为一部聚焦网络行动的国际法手册,《塔林手册 2.0 版》却在这两个重要方面留下了相当程度的规则空白。实际上,当我们将视线拓展至当前网络空间国际治理中的一些新问题,不难发现,现有国际法似乎难免存在规则模糊而有待澄清之处,甚至规则上的空白、缺位。在探讨现行国际法究竟如何适用于网络信息行动之时,邓肯·霍利斯教授便曾指出,"即便现行国际法体系可以适用于网络信息行动,也存在着几个近乎致命性的问题",他将这些问题归纳为不确定性、复杂性和不充分性等三个方面,其中,三者分别指"军事指挥官不了解如何将既有规则转化适用到网络环境中""多个重合的法律机制有可能使希望适用网络行动的军事指挥官顾此失彼"和"既有规则无力解决涉及非国家行为体的现代冲突提出的根本性挑战"。② 另外,还有一个有待思考的问题是,一方面当前西方国家反对为网络空间制定新规则,另一方面欧洲国家却在网络犯罪相关问题上早已制定作为区域性专门国际条约的《布达佩斯公约》,并在近年来长期致力于对此公约的推广工作。

鉴于常规战略环境与网络战略环境的核心特征存在显著差异,为网络空间制定新的国际法文书可能确实是必要的。然而,新的网络条约法的前

---

① 周汉华:《论互联网法》,《中国法学》2015 年第 3 期。
② Duncan B. Hollis, "Re-Thinking the Boundaries of Law in Cyberspace A Duty to Hack?", in Jens David Ohlin et al. eds., *Cyber War: Law and Ethics for Virtual Conflicts*, Oxford University Press, 2015, pp. 129-174.

景不太乐观,与网络相关的法律最有可能通过国家实践来发展,① 也就是以习惯国际法这种潜移默化的方式。尽管西方国家在言辞上反对制定新规则,实际上也对既有规则的局限性有深刻认识,但更倾向于利用自身规则影响力通过习惯而非条约的方式来"隐蔽"地造法。习惯国际法的识别和发展很难量化,所以存在更大的自由裁量和大国主导的色彩。②

总而言之,各国在充分酝酿和合作的基础上适时制定新的国际法规范,不仅是条约或者习惯国际法的形式,也是网络空间国际法治的客观需要。在可预见的将来,网络空间国际造法大概率会在适用既有国际法原则与规则的同时发展新习惯法和制定新条约。

第二节 网络空间专门性条约之制定的困境与化解

一 专门性条约之制定尚需攻克的困境

(一) 条约制定成本过高且很难保证执行效果

客观地说,条约从缔结到生效,一般来说包括谈判、签署、批准等程序,③ 确实不是一件容易的事情。澳大利亚在联合国开放式工作组磋商中从成本和收益的角度来分析为何不赞成制定新条约,"在这一领域达成一项具有法律约束力的文书需要数年的谈判时间。它可能会以最低的公分母的合意结果结束,并提供比既有框架更少的保护。签订条约也不能解决如何实施的问题。我们仍然会面临如何解释它的问题"④。

条约只能约束缔约国,于非缔约国而言并无法律效力。即使各国以缔

---

① Michael P. Fischerkeller, "Current International Law Is Not an Adequate Regime for Cyberspace", *Lawfare*, April 22, 2021, https://www.lawfareblog.com/current-international-law-not-adequate-regime-cyberspace.

② 黄志雄:《国际法在网络空间的适用:秩序构建中的规则博弈》,《环球法律评论》2016年第3期。

③ 梁西主编:《国际法》(第三版),武汉大学出版社2011年版,第342页。

④ Australia's Comments on the Initial "Pre-draft" of the Report of the UN Open Ended Working Group in the field of Information and Telecommunications in the Context of International Security, 16 April 2020, https://front.un-arm.org/wp-content/uploads/2020/04/final-australia-comments-on-oewg-pre-draft-report-16-april.pdf.

结网络条约为目的召开多边外交会议，任何由此产生的条约都可能被各个国家的保留①所破坏，从而降低其实际效果。例如，迄今为止，2001年的《布达佩斯公约》的66个缔约国（其中2个国家尚未批准该协定）已附上71个保留意见和21个声明。② 该记录可以说明一些国家的担心并非多余，在网络空间制定专门性条约确实面临实际效果与预期大相径庭的风险。除此之外，另一个使网络条约在短期内不太可能达成的因素是，很难核实条约条款是否得到遵守并有效执行。③ 虽然《联合国打击网络犯罪公约》案文已得到通过，但其实际影响还有待观察。

（二）技术更新过快导致条约滞后性缺陷明显

毫无疑问，网络空间的国际法新规则正在逐渐成型，应对网络活动的新条约无疑会消除目前存在的许多规范的迷雾，但至少从短期来看，制定普遍性的多边条约困难重重。从历史上看，条约发展是缓慢的。例如，尽管海上旅行和商业已发展了千年，但直到1958年才以条约的形式形成了一个强有力的管理海洋法的制度。同样，虽然空战已经有一个多世纪的历史了，但没有任何条约来约束这些行动。在这两个例子中，条约法的缺乏通过习惯法规范的具体化得到解决。④

理论上讲，条约的确可以修正和修改，这在《维也纳条约法公约》第39条和第40条中已得以明确。⑤ 前者指原条约全体当事国对条约的修订；后者指原条约的部分当事国对条约的修订。⑥ 实际上，条约的修订成本极大，有时甚至不亚于重新制定新条约，在实践中不是普遍操作。网络空间的技术日新月异，法律具有天然的滞后性，条约制定的过程漫长而艰辛，花费巨大成本制定出的条约文本，面临还未生效就已经与现实需求不

---

① See Article 19-20 of the Vienna Convention on the Law of Treaties, 1155 UNTS 331.

② 关于签署和批准该公约的国家信息，可参见欧洲委员会网站 https://www.coe.int/en/web/cybercrime/parties-observers。

③ Michael N. Schmitt and Liis Vihul, "The Nature of International Law Cyber Norms", in Anna-Maria Osula and Henry Rõigas eds., *International Cyber Norms: Legal, Policy & Industry Perspectives*, NATO CCD COE, 2016, pp. 37-38.

④ Michael N. Schmitt and Liis Vihul, "The Nature of International Law Cyber Norms", in Anna-Maria Osula and Henry Rõigas eds., *International Cyber Norms: Legal, Policy & Industry Perspectives*, NATO CCD COE, 2016, pp. 37-38.

⑤ Article 39-40 of the Vienna Convention on the Law of Treaties, 1155 UNTS 331.

⑥ 梁西主编：《国际法》（第三版），武汉大学出版社2011年版，第361页。

匹配的风险。以《网络犯罪公约》为例，该公约制定已20年有余，其内容显著滞后。① 自2001年制定后，《网络犯罪公约》修订阻力一直很大。虽然添加了两项附加议定书，但议定书的签署国明显少于公约签署国。2003年开放签署，2006年生效的《关于种族主义和排外主义言论定罪的第一议定书》英美都没有签署，只有22个签署国；② 关于《加强合作和披露电子证据的第二议定书》于2022年开放签署，但迄今只有两个国家批准故尚未生效。③ 由此可见，即使是目前是全球影响力最大的网络犯罪国际刑事司法协助机制，④ 也不能与时俱进、及时更新案文。

（三）时机尚不成熟

有关新技术的条约往往是在这些技术已被使用一段时间并暴露了现行法律的缺陷或不足之后才制定的。典型的例子是关于杀伤地雷和集束弹药等武器的公约，这些公约是在首次使用这些武器几十年后缔结的，至今仍是许多争议的主题。虽然也有例外，经典的例子是在空间时代的黎明通过《外空条约》，但条约需要得到国家的明确同意，这造成了许多障碍。在特定问题上，所有国家的处境都不尽相同，因此，要找到各国同意受约束的共同点是很困难的。网络活动当然就是这样，在网络活动中，一些国家拥有超级权力，而另一些国家则完全是新玩家。

在一项新技术的早期阶段，各国在完全理解这些规则将如何随着技术的继续发展而发挥作用之前，作为自利的主体，将不愿意自我约束。特别是，目前对主动应对网络武器和网络军事行动的支持很少。如同所有其他的战争方法和手段一样，各国在有足够的经验使它们能够权衡禁止和限制使用这些武器的代价和收益之前，对于限制这些武器的使用可能会在战场上给它们带来优势，它们是犹豫不决的。就各国使用在战略或操作上有用的网络能力而言，它们有动机保留使用这些能力的选择。但这些国家可能

---

① 徐宏：《构建打击网络犯罪的国际合作机制》，《信息安全与通信保密》2018年第1期。

② 胡健生、黄志雄：《打击网络犯罪国际法机制的困境与前景——以欧洲委员会〈网络犯罪公约〉为视角》，《国际法研究》2016年第6期。

③ Chart of Signatures and Ratifications of Second Additional Protocol to the Convention on Cybercrime on Enhanced Co-operation and Disclosure of Electronic Evidence (CETS No. 224), https://www.coe.int/en/web/conventions/full-list?module=signatures-by-treaty&treatynum=224.

④ 李彦：《网络犯罪国际法律机制建构的困境与路径设计》，《云南民族大学学报》（哲学社会科学版）2019年第6期。

会受到其他国家使用类似能力的敌对行动的攻击。因此,一个国家的政治和法律机构可能很难就国家应该如何描述特定的实践达成一致,因为它们可能从不同的角度看待国家利益。①

(四) 国际社会缺乏制定"宪章性"条约的政治意愿

无论主题是什么,"条约"这个词本身就可能让人联想到外交的可怕形式,②这对各国参与这种形式的造法意愿产生了令人望而却步的影响。在网络安全方面,这种犹豫似乎尤其明显。③ 创设普遍性条约的进程需要政治意愿,而目前这方面的政治意愿相当缺乏。就难易程度而言,针对具体适用法律比针对抽象原则更容易达成协议。④ 网络和政治的结合正在从"低政治"向"高政治"发展,⑤而高政治领域与国家安全、决策系统、核心制定以及隐含价值相关。网络最初和政治不是结合得很紧密,随着其在政治生活中的重要性上升,网络已经成为国家安全和国家利益的核心之一。⑥ 如前所述,关于是否主张单独订立网络空间的国际法专有规则,尤其是订立新条约,国家呈现出阵营化对峙的态势。目前,美国以及欧盟国家都欠缺订立新条约的意愿,认为既有国际法已经足够应对网络空间的情势,再辅之以负责任国家行为规范来调整网络空间的行为,不需单独制定条约。

二 专门性条约之制定的长期愿景和可行目标

(一) 长期愿景:自上而下制定"宪章性"条约

如果网络空间确能如海洋法和外空法那般拥有自己的宪章性条约指导网络空间的实践,毫无疑问对网络空间国际法治的发展来说大有裨益。毕

---

① Michael N. Schmitt and Liis Vihul, "The Nature of International Law Cyber Norms", in Anna-Maria Osula and Henry Rõigas eds., *International Cyber Norms: Legal, Policy & Industry Perspectives*, NATO CCD COE, 2016, p. 38.

② Anthony Aust, *Modern Treaty Law and Practice*, Cambridge University Press, 3rd edition, 2013, p. 26.

③ Kubo Macak, "From Cyber Norms to Cyber Rules: Re-engaging States as Law-makers", *Leiden Journal of International Law*, Vol. 30, 2017, p. 881.

④ Harriet Moynihan, "The Application of International Law to State Cyberattacks Sovereignty and Non-intervention", *Chatham House Research Paper*, Dec. 2019, p. 55.

⑤ Nazli Choucri, *Cyberpolitics in International Relations*, The MIT Press, 2012, p. 3.

⑥ 蔡翠红:《中美关系中的网络政治研究》,复旦大学出版社2019年版,第6页。

竟由同一体系下数量众多的参与者通过广泛参与双向建构而创设的国际法规则最具说服力。① 各国就这些问题达成协议的前景还很遥远，尽管许多人呼吁增加法律确定性。② 国际法始终存在体系化的理想，网络空间也不例外，自上而下制定"宪章性"条约，是网络空间国际造法的长期愿景。

在一个全局性高屋建瓴的条约短期内难以达成的情况下，可能会由联合国大会形成决议推出一个网络空间行动的原则性宣言来作为核心宗旨指导网络空间国际法的发展，从而形成框架公约模式。例如，马新民认为，外层空间国际造法路径可为网络空间的国际造法提供有价值的借鉴。建立网络空间国际法律体系需要分三阶段进行，即先通过联合国大会发布宣言，其次起草网络空间框架公约，最后制定具体领域的条约的渐进模式。③

（二）可行目标：聚焦关切、以点带面、从区域到国际

除非出现了类似"网络珍珠港事件"的举世瞩目大事件来凝聚国际共识，短期内要想创制出一个网络空间国际行动的宪章性条约的可能性微乎其微。即便如此，在承认普遍的宪章性国际公约订立困难的前提下，各国仍然能聚焦关切，从具体的网络事务方面，例如网络反恐、网络犯罪这种从微观上看最具可操作性、亟待解决的规制对象方面取得缔约进展。网络犯罪的跨国属性使得其亟待国际法层面的解决，但目前尚无打击网络犯罪的全球公约，只有少数区域性公约，比较典型的便是《布达佩斯公约》和《非洲联盟网络安全和个人数据保护公约》（尚未生效）。

欧美国家一直致力于推广《布达佩斯公约》的适用范围，而拒绝重

---

① Brunnee Jutta and Stephen J. Toope, "International Law and Constructivism: Elements of an International Theory of International Law", *Columbia Journal of Transnational Law*, Vol. 39, 2009, p. 19.

② See, for example, Robert Hannigan, Ex Director of GCHQ, in an interview with Wired, February 2018, Burgess, M. (2018), "We Need a Global Cyberwar Treaty, Says the Former Head of GCHQ", Wired UK, https://www.wired.co.uk/article/gchq-uk-robert-hannigan-cyberwar-definition; Microsoft has called for a "Digital Geneva Convention", Smith, B. (2017), "The Need for a Digital Geneva Convention", keynote speech, https://1gew6o3qn6vx9kp3s42ge0y1-wpengine.netdna-ssl.com/wp-content/uploads/2017/03/Transcript-of-Brad-Smiths-Keynote-Address-at-the-RSA-Conference-2017.pdf.

③ Xinmin Ma, "What Kind of Internet Order do we Need?", *Chinese Journal of International Law*, Vol. 14, No. 2, 2015, p. 400.

新订立全球性的网络犯罪公约。作为迄今为止最全面的打击网络犯罪的多边法律文书，《布达佩斯公约》目前有 66 个缔约国。不可否认，一方面，这个公约在打击网络犯罪的规定方面较为全面，在区域合作层面的打击网络犯罪上已经颇有成效，并且也对缔约国的相关国内刑事立法提供了具有一定的参考价值；另一方面，它也并非万全之策。因其固有的局限性，许多国家不愿意加入这项公约。归纳而言，原因大概有以下四点：第一，在利益关切上，由于该公约主要由西方发达国家制定，广大发展中国家没有参与也没有机会发声，所以其并未充分体现发展中国家的关切。① 第二，在加入程序上，《布达佩斯公约》设置了比较严苛的加入程序，由此缺少国际性公约所应具备的的开放性。② 对于不属于欧洲委员会成员国的国家的加入程序，该公约规定的是"缔约国全体一致"原则。在实践中，对于有意愿加入的国家，欧洲委员会将对其法律体系进行严密评估，并要求其修改完善，这事实上造成了加入的巨大障碍。③ 第三，在内容及功能上，该公约的制定年代较早，内容呈现较大的滞后性，难以契合当前国际社会的网络犯罪形势。④ 具体而言，制定于 2001 年的《布达佩斯公约》的主要规范对象是危害计算机信息系统安全的犯罪。但是，20 多年来网络犯罪的形态已经发生巨大改变，这使得公约规定的情形与当今预防、遏制与惩罚利用互联网技术与传统犯罪相结合的复合手段的现实需求不匹配。第四，在调查取证上，部分国家认为，《布达佩斯公约》关于无须领土国同意也能采取跨境调查取证的规则，将一定程度上冲击国家司法主权。⑤

2019 年 12 月 27 日，联大通过俄罗斯提出的关于"打击将信息和通

---

① Verbatim Record of the Fifty-Sixth Annual Session: Nairobi, 1-5 May 2017, AALCO/56/NAIROBI/2017/VR, p. 142.
② 宋冬：《打击网络犯罪国际合作形势与展望》，《中国信息安全》2018 年第 6 期。
③ 吴海文、张鹏：《打击网络犯罪国际规则的现状、争议和未来》，《中国应用法学》2020 年第 2 期。
④ 吴海文、张鹏：《打击网络犯罪国际规则的现状、争议和未来》，《中国应用法学》2020 年第 2 期。
⑤ 马新民：《网络空间的国际法问题》，载中国国际法学会主办《中国国际法年刊》(2015)，法律出版社 2016 年版，第 727 页。

信技术用于犯罪目的"的第 74/247 号决议①（投票结果为 79 票赞成、60 票反对、33 票弃权），启动了一项新的打击网络犯罪国际条约的进程，并成立了一个特设委员会（ad hoc Committee）来制定一项"全面的国际公约"。虽然此项决议顺利通过，但包括欧盟和美国在内的国家都表示反对在《布达佩斯公约》之外制定新的打击网络犯罪的公约。2020 年 1 月 15 日，欧盟发布了《关于支持〈欧洲委员会网络犯罪公约〉的声明》，② 不仅强调了现行的《布达佩斯公约》作为已确立的促进打击网络犯罪全球标准的重要性，而且明确提出其不支持 2019 年 12 月 27 日联合国大会通过"在联合国框架内谈判达成一项新国际条约"的决议，表示"需要进一步采取技术中立的态度和能力建设措施，以有效打击此类犯罪"。欧盟在声明中态度鲜明，不仅以"未达成共识"为由否定谈判一项新网络犯罪公约的必要性，更是声称新公约的谈判会降低人权保护的国际标准，扩大数字鸿沟。

2021 年 5 月 26 日，联合国大会通过了题为"打击将信息和通信技术用于犯罪目的"的第 75/282 号决议，该决议确定了该多边条约的协商日程和议事规则。③ 2021 年 7 月 27 日，俄罗斯向联合国打击网络犯罪公约特设政府间专家委员会（特委会）提交了其草拟的《联合国打击为犯罪目的使用信通技术公约（草案）》，④ 这也是全球首份由国家拟定并提交的打击网络犯罪普遍性公约草案。该公约草案除序言和附件外，分为五章，共计 89 个条文。草案将国际网络犯罪类型扩大至 23 种（第 6—29 条），这区别于只承认 9 种特定类型网络犯罪的 2001 年《布达佩斯公约》。此次俄罗斯提交的公约草案体系较为完整，涵盖内容较为翔实，也为即将到来的联合国打击网络犯罪公约特委会第一次谈判会议提供了良好

---

① Countering the Use of Information and Communications Technologies for Criminal Purposes, Resolution adopted by the General Assembly on 27 December 2019, UN Doc. A/RES/74/247.

② EU Statement in Support of the Council of Europe Convention on Cybercrime, https://www.eeas.europa.eu/delegations/council-europe/eu-statement-support-council-europe-convention-cybercrime_en.

③ Countering the Use of information and Communications Technologies for Criminal Purposes, Resolution adopted by the General Assembly on 26 May 2019, A/RES/75/282.

④ United Nations Convention on Countering the Use of Information and Communications Technologies for Criminal Purposes, https://www.unodc.org/documents/Cybercrime/AdHoc Committee/Comments/RF_28_July_2021_-_E.pdf.

的开端。此外，从联大第 74/247 号决议表决情况看，一些《布达佩斯公约》缔约国至少不反对制定全球性的打击网络空间犯罪公约，从而投了弃权票。包括德国、新西兰在内的部分国家之后明确表示会实质性参与联合国框架下的条约谈判。① 2024 年 8 月，《联合国打击网络犯罪公约》在历经两年多的艰难谈判后，其案文在联合国得以通过。该案文的通过具有里程碑意义，构成了在网络空间国际造法领域迄今唯一的全球性条约。

除了网络犯罪以外，打击网络恐怖主义方面，也存在制定专门性条约的可行性。网络空间的虚拟特性为网络恐怖主义提供了特殊便利，并使其兼具网络空间和恐怖主义的双重属性。② 联合国毒品和犯罪问题办公室（UNODC）把网络恐怖主义分为六类：宣传（用语招募和煽动）、融资、培训、策划、执行和网络攻击。③ 网络恐怖主义就是恐怖主义"网络化"，即利用网络空间或网络技术实施恐怖主义行为。一般认为网络恐怖主义是网络犯罪的子集，④ 但也有其他意见。无论是将网络恐怖主义视为与毒品、腐败等行为同类的跨国犯罪行为，或者将其视为单独的一类违法行为，都属于需要构建统一国际规则方能有效应对的全球性问题。

从既有条约来看，确实存在几个与国际恐怖主义有关的"部门性质的"而非"全面"的国际公约，也存在与这些部门性质的国际公约互为补充的区域性公约，此外，各国也普遍制定国内刑法或单行法来防止和惩罚恐怖主义活动。最早制定的反恐公约涉及民用航空，这一系列公约基本是由作为联合国专门机构之一的国际民航组织组织制定，例如 1963 年的《关于在航空器内的犯罪和犯有某些其他行为的公约》、1970《关于制止非法劫持航空器的公约》、1971 年的《关于制止非法危害民用航空安全的非法行为的公约》、1988 年的《制止在为国际民用航空服务的机场上的非法暴力行为的议定书》和 1991 年的《关于注标塑性炸药以便探测的公

---

① 张鹏、王渊洁：《积极参与联合国打击网络犯罪公约谈判构建网络空间命运共同体》，《中国信息安全》2020 年第 9 期。

② 郎平：《网络恐怖主义的界定、解读与应对》，《信息安全研究》2016 年第 10 期。

③ UNODC, The Use of the Internet for Terrorist Purposes, 2012, pp. 3-12, https://www.unodc.org/documents/frontpage/Use_of_Internet_for_Terrorist_Purposes.pdf.

④ [泰] 克里安沙克·基蒂猜沙里：《网络空间国际公法》，程乐、裴佳敏、王敏译，中国民主法制出版社 2020 年版，第 267 页。

约》。除此之外，国际海事组织和国际原子能机构也分别主持制定了相关公约。① 联合国则主导制定了《关于防止和惩处侵害应受国际保护人员包括外交代表的罪行的公约》《反对劫持人质公约》《制止恐怖主义爆炸的国际公约》《制止向恐怖主义提供资助的国际公约》《制止核恐怖主义行为国际公约》。2006 年、2008 年、2010 年联合国大会通过了三份《联合国全球反恐战略》决议，为制定反对国际恐怖主义的全面公约进行协商。2014 年，第 68 届联大进行《联合国全球反恐战略》第四次评审并通过决议。根据中方提出的修改意见，该决议首次在全球反恐战略的框架内写入了打击网络恐怖主义的内容。② 不可否认，《关于恐怖主义的全面公约》制定进程缓慢且困难重重。③

当下的反网络恐怖主义国际造法，大都散见于各种反恐条约中，并无专门针对网络恐怖主义的国际法文件。上述部门性质的条约中有相当一部分公约是根据某一类型的恐怖主义行为或者根据实施恐怖主义行为的地点来订立条约的，如此看来，制定有关网络反恐条约也有一定的可行性。联合国安理会也曾就网络反恐问题作出多份决议。例如在 2005 年的第 1617 号决议中，安理会严重关切了网络空间的煽动恐怖主义类型的行为；④ 在 2013 年的 2129 号决议中安理会第一次明确要求各国防控和打击网络恐怖主义；⑤ 在 2014 年的 2170 号决议中，安理会再次强调了利用网络为恐怖主义行动筹资规则，或招募和煽动实施恐怖主义行动成为严重安全威胁，敦促各国防止互联网成为被用来筹划和煽动恐怖主义的平台。⑥ 上述安理会决议反映了国际社会打击网络恐怖主义的决心和共识，为网络反恐公约的制定奠定了一定的社会和物质基础，在联合国框架下推动制定打击网络恐怖主义公约具备一定的可行性。⑦

除此之外，如果全球性的公约目前看来难以制定，区域性或者双边的

---

① 具体参见皮勇《防控网络恐怖活动立法研究》，法律出版社 2017 年版，第 213—240 页。
② 中国信息安全测评中心：《防范和打击网络恐怖主义 维护和塑造国家网络安全》，《中国信息安全》2021 年第 2 期。
③ 黄瑶等：《联合国全面反恐公约研究：基于国际法的视角》，法律出版社 2010 年版，第 7—8 页。
④ UN Doc. S/RES/1617 (2005), 29 July 2005.
⑤ UN Doc. S/RES/2129 (2013), 17 December 2013.
⑥ UN Doc. S/RES/2170 (2014), 15 August 2014.
⑦ 皮勇：《防控网络恐怖活动立法研究》，法律出版社 2017 年版，第 213 页。

条约也会对网络空间国际法治有所裨益。从《联合国打击跨国有组织犯罪公约》和《联合国反腐败公约》等刑事领域缔约实践看，先有地区性公约再发展国际公约是惯例，既有公约可成为新公约的基础。① 网络空间新条约的造法很有可能会从微观入手，聚焦关切；从区域试水，渐渐发展成普遍性的共识。

第三节　网络空间新习惯国际法之形成的困境与化解

国际法学者查尔斯·德·维舍曾做过这样的描述：国际习惯的缓慢生成过程，同荒地上的一条路的形成很类似。最开始有许多模糊不清的路径，几乎无法辨认。形形色色的过路人出于不同的原因，总是重复走某一条路，久而久之，原来的荒地上出现了一条明显的行进轨迹，并且渐渐演化为唯一的惯常性路径。虽然很难说在哪一确切时刻发生了后面的变化。② 国际法的本质就是习惯法。③ 习惯国际法即使在条约高度发达的今天，也仍然保持其重要性，这很大部分是因为习惯国际法具有普遍约束力（持续反对者除外），这是相较于条约而言一个巨大的优势。然而，习惯国际法是没有被书写下来的国际法渊源，所以证明某一规范构成了习惯国际法本身就是一个艰难的过程。

一　新习惯国际法之形成的困境及其原因

根据《国际法院规约》第 38 条第 1 款第 b 项，习惯国际法被定义为"作为通例之证明而经接受为法律者"。这是对习惯国际法作出的最权威的界定，这一界定反映了一个广为接受的观点，即习惯国际法是由"国家实践"和"法律确信"（opinio juris）两个要素组成。这种"两要素说"④ 通

---

① 宋冬：《打击网络犯罪国际合作形势与展望》，《中国信息安全》2018 年第 6 期。

② Charles de Visscher, *Theory and Reality in Public International Law*, Princeton University Press, 1968, p. 149.

③ Ian Brownlie, "International law at the Fiftieth Anniversary of the United Nations", *Recueil des cours de l'Académie de La Haye*, Vol. 255, 1995, p. 36.

④ International Law Commission, Second Report on Identification of Customary International Law, UN Doc. A/CN. 4/672, 22 May 2014, para. 21.

常被称为确定习惯规则存在的归纳法①——国家实践与法律确信相结合归纳出习惯的形成。客观地说,这是一个很高的门槛。从主观上讲,由于这是一个非正式过程中形成的不成文法,因此很难确定"结晶"(crystallisation)发生的时间,也很难确定它的精确轮廓。② 这种情况在网络行动等新兴活动方面尤为突出,下文将分两点展开阐述。

(一) 网络空间的国家实践难以识别

国家实践是习惯国际法形成的物质因素,包括了国家的言与行。③ 伊恩·布朗利对国家实践的种类进行了开放式列举,包括外交文书、政策声明、新闻公告、官方法律顾问的意见、关于法律问题之官方指南(如军事法指南)、行政决定和实践、向武装部队下达的命令、政府对国际法委员会起草草案所作评论、国家立法、国际和国内的司法判例、条约和其他国际文件的内容、国际组织的实践、联合国大会有关法律问题的决议等。④ 网络空间国家实践也大抵如此。

一般认为,国家实践必须有一定的持续时间、普遍性和一致性。持续时间是第一个要件,在哈特看来,习惯法的发展是一个"缓慢的成长过程,在这个过程中,曾经被认为是可选择的行为首先变成了惯行或惯例,然后逐渐具有义务性质"⑤。普遍性则要求国家实践是广泛的(widespread),⑥ 具有代表性,且同时要适当考虑到其利益特别受有关规

---

① See Stefan Talmon, "Determining Customary International Law: The ICJ's Methodology between Induction, Deduction and Assertion", *European Journal of International Law*, Vol. 26, Issue 2, May 2015, p. 421; Anthea Elizabeth Roberts, "Traditional and Modern Approaches to Customary International Law: A Reconciliation", *American Journal of International Law*, Vol. 95, No. 4, 2001, p. 759.

② Michael N. Schmitt and Liis Vihul, "The Nature of International Law Cyber Norms", in Anna-Maria Osula and Henry Roigas eds., *International Cyber Norms: Legal, Policy & Industry Perspectives*, NATO CCD COE, 2016, p. 40.

③ International Law Association, Final Report of Commission on Formation of Customary (General) International Law, Statement of Principles Applicable to the Formation of General Customary International Law (2000), p. 14.

④ James Crawford ed., *Brownlie's Principle of Public International Law*, Oxford University Press, 9th edition, 2019, pp. 21-22.

⑤ H·L·A Hart, *The Concept of Law*, Oxford University Press, 1961, p. 90.

⑥ Maritime Delimitation and Territorial Questions between Qatar and Bahrain (*Qatar v. Bahrain*), Merits, Judgment, 2001, para. 205.

则影响的国家的做法。① 一致性并不严格要求所有国家的做法完全一致，不需过分注重少数的不确定和矛盾的做法。②

除了以上三个条件外，还有一个隐含条件，就是国家实践可以被公开识别或者公开承认。一般来说，保密的国家实践在方法论上与习惯国际法的认定与发展无关。③ 一致的国家实践要求将不同国家的某一实践进行比对，如果实践的内容本身不可知，又怎么可能得出在此问题上，国家实践是一致且反复的这一结论呢？国际法协会（ILA）关于习惯法形成的报告的原则认为"如果（国家）行为不是公开的，那么它们不能算作国家实践"④。习惯规则是主权国家之间"要求和回应的迭代过程"⑤ 的产物。为了使一项规范成为习惯国际法，一个国家必须向国际社会的其他成员提出一项要求，即这种行为是国际关系中允许的一种特征。然后，其他国家就有机会表示接受或拒绝这项要求。显然，这一过程只能发生在国家实践是明显的、可察觉的，或者，换句话说，是公开的情况下，因为只有在这种情况下，国际社会的成员才能"作出积极或消极的反应"。因此，秘密的国家实践不能影响习惯国际法的发展，因为它排除了其他国家参与法律形成过程的可能。秘密进行的国家实践一旦"被公开披露"，就会有助于习惯国际法的形成。

安东尼·达马托教授在《现代国际法中的习惯》一书中认为，在大多数情况下，国家的行为是很容易辨认的。例如国家发射人造卫星，在大陆架上设立钻井平台，试验核武器等。⑥ 实际上，对于网络空间国家实践的识别，可能确会成为网络空间习惯国际法形成一大障碍。众所周知，归因是网络空间的一大难题。国际社会很难将一场复杂的网络行动归因于某个国家或实体；证据通常是间接的、高度技术性的，往往来自政府保密的

---

① Fisheries Jurisdiction (*the United Kingdom v. Iceland*), Merits, Judgment, 1974, para. 69.

② Fisheries Case (*the United Kingdom v. Norway*), Merits, Judgment, 1951, p. 138.

③ Russell Buchan, *Cyber Espionage and International Law*, Hart Publishing, 2019, p. 152.

④ International Law Commissions, Second Report on the Identification of Customary International Law, UN Doc. A/CN. 4/672, 22 May 2014, para. 47.

⑤ Malcolm Shaw, *International Law*, Cambridge University Press, 9th edition, 2021, p. 62.

⑥ Anthony D'amato, *The Concept of Custom in International Law*, Cornell University Press, 1971, p. 56.

情报来源和方法。① 一国的网络能力通常不会公开,因为国家可以利用这种能力对另一国进行未被发现的网络行动,或者隐藏可被另一国利用的其自身的网络相关漏洞。② 大多数国家的网络行动都是高度机密的,或以其他方式屏蔽其他国家的观察。③ 公众看到的往往只是网络行动的后果,有时连后果也没注意到。概言之,正是由于国家在网络行动的问题上倾向于保密,影响了国家实践被公开识别,而不可识别的国家实践无助于形成新的习惯法。

(二) 法律确信极难证明

在传统国际法中,法律确信的证明本就是一件非常困难的事情。在北海大陆架案中,田中法官就在其反对意见中提及,判断法律确信的存在与否非常困难。④ 行为的频繁程度,甚至具有惯常性的特征,都不足以证明法律确信的存在。⑤ 有的时候对法律确信的证明会用国家的一贯做法作为论据,这种方法颇有点循环论证的意思。我们不能仅仅通过观察外部行为就知道一个国家是否表示(主观)同意,这是构成哈特批评奥斯汀的基础。⑥

此外,各国在就国家在网络空间实践的合法性提出意见时,往往会犹豫不决。例如,一国可能不愿明确地阐明"武力攻击"的门槛,这可能是因为它不希望它的对手看出它何时可能根据自卫权作出反应,或者宁愿不澄清"使用武力"或"武力攻击"的界限,因为这样做可能会限制其今后的选择。换句话说,国家可能会把战略上的模糊性视为国家利益。从

---

① Ahmed Ghappour, Tallinn, "Hacking, and Customary International Law", *AJIL Unbound*, Vol. 111, 2017, p. 227.

② [泰] 克里安沙克·基蒂猜沙里:《网络空间国际公法》,程乐、裴佳敏、王敏译,中国民主法制出版社 2020 年版,第 312 页。

③ Michael N. Schmitt, "Taming the Lawless Void: Tracking the Evolution of International Law Rules for Cyberspace", *Texas National Security Review*, Volume 3, Issue 3, 2020, p. 36.

④ North Sea Continental Shelf (Federal Republic of Germany/Netherlands; Federal Republic of Germany/Denmark), ICJ Reports 1969, para. 176.

⑤ North Sea Continental Shelf (Federal Republic of Germany/Netherlands; Federal Republic of Germany/Denmark), ICJ Reports 1969, para. 77.

⑥ Martti Koskenniemi, *From Apology to Utopia: The Structure of International Legal Argument*, Cambridge University Press, 2005, p. 327.

国际安全的角度来看，规范的清晰度并不总是有益。①

最后，各国对于本国与他国的网络行动的评论往往并不由法律专业人士起草，这使得国家的口头发言中的法律因素常常缺失。国际网络安全事务通常带有政策和战略色彩，而不是法律色彩。国家在国际言论中支持或谴责网络活动很常见，但没有具体说明这种谴责是基于习惯国际法还是基于其他考虑，如道德原则或政治关切，②更多时候只是外交辞令，很难证明其中存在多大程度的法律确信。

（三）国家实践与法律确信相矛盾

虽然在该领域有一些朝向宣言、协定、条约规范的进程，但最常听到的充满希望的回应或声明与当前的国家实践并不相符。在现实政治的实践中，各国通常希望禁止其他国家从事自己已经从事的网络活动。国家实践与公开声明之间的脱节，为谈判国际协议创造了恶劣环境，也为习惯国际法规范发展带来了障碍。③ 一个非常典型的情况便是虽然各国都声称网络攻击是值得谴责的违法行为，但事实上由于网络攻击的低成本和难以归责，网络攻击变得越来越频繁。

二　网络空间新习惯国际法形成的理论基础

国际习惯法的形成已经基本从"无意识的"转变为"有意而为"。④ 从策略上讲，国家完全可能通过弱化诉求或夸大诉求推出新的国际习惯法规则以实施互惠原则从而获取更广泛的支持。⑤ 从理论上来说，习惯国际法要求的国家实践的持续时间、普遍性与一致性都不是网络空间

---

① Michael N. Schmitt and Liis Vihul, "The Nature of International Law Cyber Norms", in Anna-Maria Osula and Henry Rõigas eds., *International Cyber Norms: Legal, Policy & Industry Perspectives*, NATO CCD COE, 2016, p. 44.

② Michael N. Schmitt and Liis Vihul, "The Nature of International Law Cyber Norms", in Anna-Maria Osula and Henry Rõigas eds., *International Cyber Norms: Legal, Policy & Industry Perspectives*, NATO CCD COE, 2016, p. 44.

③ Gary Brown and Keira Poellet, "The Customary International Law of Cyberspace", *Strategic Studies Quarterly*, Vol. 6, No. 3, 2012, p. 141.

④ Andrew T. Guzman, "Saving Customary International Law", *Michigan Journal of International Law*, Vol. 27, No. 1, 2005, pp. 165-166.

⑤ Michael Byers, *Custom, Power and the Power of Rules: International Relations and Customary International Law*, Cambridge University Press, 1999, pp. 88-105.

新习惯国际法形成的障碍，并且在网络空间这一新的领域，对于法律确信与国家实践之间的侧重可以做适应性调节。

（一）可能性

首先，网络空间活动迄今为止的发展时间还不长并不能作为一个否定网络空间习惯国际法形成的理由。如果国家实践的一致性和普遍性得到确立，那么习惯国际法的形成就不需要特定的持续时间。① 当需求足够清楚和迫切时，新的习惯也有可能快速形成。② 长时间的实践并无必要（更不需要古老的实践），有关领空和大陆架的规则就是从相当快的实践中成熟确立的。③ 例如《杜鲁门宣言》于 1945 年第一次提出了大陆架属于沿岸国的主张，而到 1958 年时大陆架已经成为国际法上确立的概念出现在《日内瓦大陆架公约》中。④ 从另一方面讲，网络空间的许多问题不存在既有习惯法反而是新习惯法快速达成的有利条件。在一定情形下，比如关于外层空间的利用和管辖的主张，这方面的新习惯规定不需要改变既有规则，与过去的实践相比，持续时间的要求已经显著降低到最低水平，这种最低要求只要能调和未来义务共有的主观愿望即可。⑤ 国家实践的持续时间，随着既有法律形成的完善程度而变化，用较少的行为在新领域建立起新规则甚至比在旧的领域推翻一个既有的规则经历的期间可能更短。⑥

其次，国家实践要求的普遍性与一致性也并非网络空间新习惯国际法形成的固有障碍。对于普遍性而言，习惯国际法的形成显然不能苛刻地要求所有国家都针对某一规则的形成进行类似的实践，⑦ 这不现实，就像领海的宽度范围不用考虑内陆国的实践甚至意见一样。诚如李浩培先生所

---

① James Crawford ed., *Brownlie's Principle of Public International Law*, Oxford University Press, 9th edition, 2019, p. 22.

② ［英］安德鲁·克拉彭：《布赖尔利万国公法》（第 7 版），朱立江译，中国政法大学出版社 2018 年版，第 36 页。

③ James Crawford ed., *Brownlie's Principle of Public International Law*, Oxford University Press, 9th edition, 2019, p. 22.

④ 参见李浩培《国际法的概念与渊源》，贵州人民出版社 1994 年版，第 91 页。

⑤ Myres S. McDougal, Harold D. Lasswell and Ivan A. Vlasic, *Law and Public Order in Space*, Yale University Press, 1963. p. 119.

⑥ 姜世波：《习惯国际法的司法确定》，博士学位论文，山东大学，2009 年，第 57 页。

⑦ James Crawford ed., *Brownlie's Principle of Public International Law*, Oxford University Press, 9th edition, 2019, p. 23.

言,"既无海岸又无船舶的国家显然很难参与有关海洋的一般习惯国际法形成。普遍的国家实践,只需包括所有实际上能参与该规则或该规则的客体具有利害关系的那些国家的行为,就应认为存在"①。诚然每个国家,无论大小,都有同等的参与网络空间习惯国际法塑造的机会,但客观地讲,那些仍然挣扎于国内安定与国民温饱的国家几乎没有可能对网络空间的新习惯国际法作出除宣示性立场以外的实质性贡献。就如同本节开头将习惯国际法的形成比喻为从荒地踩出小径一样,"在来来往往的人群中,总是有一些人在土地上留下了比别人更深的足迹,要么是因为他们的重量,也就是他们在这个世界上的力量(国家实力),要么是因为他们的利益让他们更频繁地这样做(现实利益)"②。大多数习惯国际法规则都由国际法实力较强的国家推动塑造的,如果忽视习惯法形成过程中权力和控制的作用,那就太天真了。③ 大国在习惯国际法形成中不仅能引领议题、深度参与国际事务,而且能影响其他国家的实践。④ 所以,在确定有利于习惯规则的国家实践是否足够广泛和具有代表性时,必须适当考虑其利益特别受有关规则影响的国家的实践。⑤ 而国家实践的一致性也并非要求有关规则在适用中是完美的,不需要过分重视少数的不确定性或矛盾。⑥

(二)"国家实践"与"法律确信"与之侧重

所谓"两要素说"⑦,是指"国家实践"与"法律确信"同为习惯国际法的构成性要素。其要求单独评估每一要素的证据并进行整合,从而对习惯国际法的识别加上了一个严格的标准。这个观点目前已被国际社会普遍接受。国家实践与法律确信的"两要素说"显然为不同的评价留有相

---

① 参见李浩培《国际法的概念与渊源》,贵州人民出版社 1994 年版,第 90 页。

② Charles de Visscher, *Theory and Reality in Public International Law*, Princeton University Press, 1957, p. 149.

③ Michael Byers, "Power, Obligation, and Customary International Law", *Duke Journal of Comparative & International Law*, Vol. 11, No. 1, 2001, pp. 81–88.

④ 周忠海主编:《国际法》(第二版),中国政法大学出版社 2013 年版,第 62 页。

⑤ Fisheries Jurisdiction (*the United Kingdom v. Iceland*), Merits, Judgment, 1974, para. 69.

⑥ Military and Paramilitary Activities in and against Nicaragua (*Nicaragua v. United States of America*), Merits, Judgement of 27 June 1986, ICJ, Reports 1986, 14, paras. 185–186.

⑦ International Law Commission, Second Report on Identification of Customary International Law, UN Doc A/CN. 4/672, 22 May 2014, para. 21.

当大的空间,整个定义有时被批评为是循环论证的。① 在实践中,两要素说被用作量尺一样的工具来观察习惯国际法的发展状态,却造成了更多的困惑。莫妮卡·哈基米认为问题不在于习惯国际法的日常运作,而在于其承载的概念包袱。当代大多数关于习惯国际法的描述反映了一种可以称为"规则手册概念"(rulebook conception)的东西。人们假定,为了使某一给定的命题成为习惯法,它必须或多或少地以相同的方式适用于某特定类型的所有情况。② 两要素说的正统就像紧箍咒一样限制了我们对习惯国际法的认识,脱离了实际情况。我们不该再把它想象成一个规则手册,而应该认识到它是一种可视情形而变化的法,因而非常适合不确定、竞争和变化的时期。③ 从对国际法院判例的实证考察中可看出,国际法院虽然在文本中坚持两要素说,但是在说理和证明中似乎又体现了灵活性。④ 尽管达成了明显的共识,但国家实践和法律确信这两个要素经常被赋予不同的含义和权重。⑤

在大多数情况下,国际社会会采用归纳方法来识别习惯国际法,即国家实践与法律确信相结合归纳出习惯的形成。⑥ 这种归纳推理的天平,很大程度上向国家实践的方向倾斜。的确,习惯作为国际社会需求与价值的表达,更应是一个动态和积累的过程。⑦ 例如,国际法协会在其报告中强调,"习惯国际法最重要的组成部分是国家实践……如果有大量的国家实践,则很可能不需要(如果有的话)证明法律确信的存在"。这种观点还

---

① Hugh Thirlway, *The Sources of International Law*, Oxford University Press, 2nd edition, 2019, p. 66.

② Monica Hakimi, "Making Sense of Customary International Law", *Michigan Law Review*, Vol. 118, 2020, p. 1490.

③ Monica Hakimi, "Making Sense of Customary International Law", *Michigan Law Review*, Vol. 118, 2020, p. 1492.

④ 邓华:《国际法院认定习惯国际法之实证考察——对"两要素"说的坚持抑或背离?》,《武大国际法评论》2020年第1期。

⑤ B. S. Chimni, "Customary International Law: A Third World Perspective", *American Journal of International Law*, Vol. 112, No. 1, 2018, p. 2.

⑥ Russell Buchan, *Cyber Espionage and International Law*, Hart Publishing, 2019, p. 148.

⑦ Malcolm Shaw, *International Law*, Cambridge University Press, 9th edition, 2021, pp. 51 - 54.

认为，"实践越多，对主观因素的需求就越少"①。

习惯是在法律意义上取得了法律效力的惯例。② 从这个意义上讲，必须先有足够的惯例，也就是一致的国家实践，才能形成法律确信。也就是法律确信的形成是建立在足够的国际实践的基础上。维舍所提出的一个古老类比深刻影响了国际法学者对习惯国际法形成的持续期间，重复和一致性等要素的看法："惯行"变为"习惯"，正如脚步在一块公地上踩出一条小径一样。③ 苏联国际法学专家格·伊·童金在论述习惯国际法时认为：实践是习惯国际法规范的首要前提，但是有了实践还不足以断定习惯法规范的存在。只有当它被各国接受或承认具有法律拘束力时，才变成习惯国际法规范。④ 我国的学者也基本如此看待习惯国际法的形成，有的学者认为实践是一种数量因素，而法律确信则是一种质量因素。⑤ 当国家实践满足相关条件后，才开始分析是否存在法律确信的问题。这是一种归纳的逻辑。从历史进程中观察，确实，一项国际习惯法的形成，往往是先有零星的国家实践，并由一个或数个话语权能力出众的国家进行推广，最终得到广泛的接受。也就是说，习惯国际法的产生是反复的大量的国家实践在先，法律确信一般是在国家实践到一定程度后才会浮现。而由于主观感受难以识别，习惯规则的分析几乎总是集中在国家实践上。⑥ 如果认为习惯国际法的识别是一种归纳推理的话，速成习惯国际法就是不可能存在的。李浩培先生就认为既然惯例以持续和一致为前提，立即形成习惯国际

---

① International Law Association, Final Report of Commission on Formation of Customary (General) International Law, Statement of Principles Applicable to the Formation of General Customary International Law (2000), p. 13.

② [英] J. G. 斯塔克：《国际法导论》，赵维田译，法律出版社 1984 年版，第 35 页。转引自周忠海主编《国际法》（第二版），中国政法大学出版社 2013 年版，第 59 页。

③ Charles de Visscher, Theory and Reality in Public International Law, Princeton University Press, 1957, p. 149; Pitt Cobbett, Leading Cases on International Law, Sweet and Maxwell, 4th edition, 1922, p. 5.

④ [苏联] 格·伊·童金：《国际法理论问题》，刘慧珊、刘文宗、王可菊等译，世界知识出版社 1965 年版，第 75—76 页。

⑤ 李伟芳：《论国际法渊源的几个问题》，《法学评论》2005 年第 4 期。

⑥ Michael Byers, "Power, Obligation, and Customary International Law", Duke Journal of Comparative & International Law, Vol. 11, No. 1, 2001, p. 83.

法显然是不可能的。①

如前所述，网络空间的国家实践似乎在满足"可以被公开识别"这一条件上遇到了障碍，如果因为国家实践客观上难以识别就停滞不前，那么发展网络空间新的习惯国际法将举步维艰。弗雷德里克·科提斯提供了一种大胆的解释，他提出，国家实践和法律确信这两个要素不是互斥的，而是像处于一个滑动尺（sliding scale）的两端。在滑动尺上，经常出现的情况是，在没有证据否定规范意图的情况下，国家的一贯做法确立了一种习惯规则，但没有多少（或任何）明确的法律确信。在滑动尺的另一端，明确的法律确信确立了一种习惯规则，但没有多少（或任何）证据表明政府一直按照所宣称的规则进行国家实践。② 根据这一方法，强有力的法律确信的证据可以弥补国家实践的薄弱，反之亦然。③

如果将科提斯的观点适用于网络空间的情况，那么衡量的天平实际是倒向了法律确信这一端，体现出了"速成习惯法"（instant customary international law, droit spontane）的可能性。该理论是认为国家的法律确信于国家实践而言是更为重要的典型。速成习惯法是由郑斌教授在讨论联合国关于外层空间的决议时提出的。④ 郑斌教授认为习惯国际法唯一的构成性要件就是"法律确信"，但这并不意味着实践或惯例不是国际习惯法规则的要件，实践或惯例不是构成性和不可缺少的要件，而仅仅是提供必要的法律确信存在和基本规则内容的证据。⑤ 郑斌教授的速成习惯法理论一经提出就受到了很多争议，国际法委员会更是直言不存在速成习惯（instant custom）。⑥ 也有其他学者认为习惯国际法不一定需要有反复的实践

---

① 李浩培：《国际法的概念和渊源》，贵州人民出版社1994年版，第90—91页。

② Frederic L. Kirgis, "Custom on a Sliding Scale", *American Journal of International Law*, Vol. 81, 1987, p. 149.

③ 实际上，认为国家实践与法律确信成反比的观点也受到不少质疑。See Michael Akehurst, "Custom as a Source of International Law", *British Yearbook of International Law*, Vol. 47, Issue 1, 1975, pp. 1–53; Brian D. Lepard, *Customary international Law: A New Theory with Practical Applications*, Cambridge University Press, 2010, p. 122.

④ Bin Cheng, "United Nations Resolutions on Outer Space: Instant International Customary Law", *Indiana Journal of International Law*, Vol. 5, 1965, p. 36.

⑤ Bin Cheng, *Studies in International Space Law*, Clarendon Press, 1997, p. 146.

⑥ ILC, Draft Conclusions on Identification of Customary International Law with Commentaries, UN Doc. A/73/10.

作为形成的基础。安东尼·达马托教授认为,1957年人造地球卫星上天这一次行为,在没有其他国家反对的情况下,就可以形成外空自由探索和利用的习惯法规则。一个单独的先例就足以创造国际习惯。① 郑斌教授的速成国际法理论并不是完全抛弃国家实践而只看法律确信的做法,现在有许多对速成国际法的批评过于望文生义。有学者将习惯国际法分为传统习惯与现代习惯,认为前者强调国家实践而后者更强调法律确信。因为传统习惯是归纳形成的,更强调对先前实践叙事的精准观察;与此相反,现代习惯由演绎过程派生,更多发源于具有规范结构和内容的一般声明而并非作为独立事例存在的国家实践。② 路易斯·亨金将习惯国际法分为"已确立的习惯法"和"当代习惯法"似乎也有异曲同工之妙。③ 如果将网络空间的习惯国际法发展视为现代习惯的一个子集,那么近年来,国家踊跃表达己方关于网络空间国际法的"法律确信",或许能弥补国家实践不透明而难以识别的缺陷。

三 新习惯国际法形成的可能路径与潜在案例分析

国际条约的局限性（仅约束缔约国）以及在网络空间条约创设的困难,可能意味着习惯国际法成为各国在网络活动中真正的普遍法律渊源。④ 习惯是"一种流动的法律渊源,它的内容不是僵化的,而可以根据新的情况而发展和改变"。⑤ 虽然网络空间新习惯国际法的产生确实面临诸如国家实践大多是保密的,大部分国家不愿意公开法律确信等问题,国家实践实际上是一步步向公众开放的,随着时间的推移,习惯国际法的形

---

① Anthony D'amato, *The Concept of Custom in International Law*, Cornell University Press, 1971, p. 56.

② Anthea Elizabeth Roberts, "Traditional and Modern Approaches to Customary International Law: A Reconciliation", *American Journal of International Law*, Vol. 95, No. 4, 2001, pp. 757-790.

③ [美] 路易斯·亨金:《国际法:政治与价值》,张乃根、马忠法、罗国强等译,中国政法大学出版社2005年版,第40—52页。

④ Paul Przemysław Polański, "Cyberspace: A New Branch of International Customary Law?", *Computer Law and Security Review*, Vol. 33, Issue 3, 2017, p. 381.

⑤ Anthea Elizabeth Roberts, "Traditional and Modern Approaches to Customary International Law: A Reconciliation", *American Journal of International Law*, Vol. 95, No. 4, 2001, p. 784.

成与改变是完全可能的。①

（一）可能路径

一种明显的趋势是，越来越多的国家就自己对网络空间国际法的理解积极发表立场文件，例如，美国、英国、德国、法国、以色列、澳大利亚、新西兰、日本、伊朗、爱沙尼亚、芬兰、荷兰等国已经公开发表了立场文件。国家立场文件构成国家实践和法律信念的有力证据，对国际习惯法的形成具有最为直接的作用。②因此，在联合国信息安全政府专家组进程和开放式工作组进程之外，各国试图以发布立场文件的形式对网络空间国际造法进程产生实质性影响不排除国家立场文件会在这一新兴领域催生出一些具体的国际习惯法规则，②这种发展表现出"沟通和规范巩固"③的倾向。

国家在单方面"转译"规范的内容和范围以及在评估违背这些规范的国家行为时似乎更加积极。国际法院在核试验案中指出：人们普遍认识到，以单方行动（unilateral acts）的方式作出的有关法律或事实情况的声明可能产生法律义务的效果。④国际法院在判断法国作出的从此停止在太平洋进行大气层核武器试验的单方声明的法律效力时认为：如果作出声明的国家打算按照其条件受约束，这种打算便使该声明具有法律承诺的性质，则从那时起，法律要求该国遵循与该声明一致的行为方针。⑤换句话说，单方声明只要表示主观（受约束的）意图，就具有约束力，这正是有约束力的声明与无约束力的声明的区别所在。这些立场文件可以视为国家实践与法律确信的表达，是带有法律意味的单方声明。围绕国际法适用于网络空间表达本国立场主张的方式和内容来看，这与以往国际社会中各国通过国家实践和法律确信的表达影响习惯国际法的形成没有本质上的差

---

① Robert Barnsby and Shane Reeves, "Give Them an Inch, They'll Take a Terabyte: How States May Interpret Tallinn Manual 2.0's International Human Rights Law Chapter", *Texas Law Review*, Vol. 95, No. 7, 2017, p. 1519.

② 张华：《网络空间适用自卫权的法律不确定性与中国立场表达——基于新近各国立场文件的思考》，《云南社会科学》2021年第6期。

③ Dan Efrony and Yuval Shany, "A Rule Book on the Shelf? Tallinn Manual 2.0 on Cyberoperations and Subsequent State Practice", *American Journal of International Law*, Vol. 112, No. 4, 2018, p. 649.

④ Nuclear Tests (*Australia v. France*), ICJ, Judgment of 20 December 1974, p. 267.

⑤ Nuclear Tests (*Australia v. France*), ICJ, Judgment of 20 December 1974, p. 267.

异,也就是各国通过自由意志的表达逐步达成自愿性的默示协议。公开表明法律确信的单方行为,与主流习惯国际法相比,因持续期间、国家利益考虑等多方面原因,缺乏普遍实践的支持,且法律效力也存在争议,但仍不失为习惯国际法发展的一种新方式。尽管这些立场主张中有矛盾和不一致的地方,但毫无疑问它们会促进网络空间的建章立制,最终推动网络空间新的习惯国际法的形成。

其次,随着时间的推移,一些原本不具有约束力的网络空间规范,尤其是负责任国家行为规范,可能会渐渐升格为习惯国际法。例如关于保护网络关键信息基础设施和保障ICT供应链安全的相关规范,在国际层面赢得共识似乎指日可待。不过也有国家倾向于不把关于负责任国家行为规范的国内落实视为可以形成国际法的国家实践。① 加之目前对部分负责任国家行为规范达成政治共识的只是少数国家,沉默的大多数国家到底如何看待对这种不具有约束力的规范还未可知,从这个路径形成新的习惯国际法还任重道远。

最后,国际法委员会也可能为网络空间习惯国际法的编纂或发展做出贡献。有学者主张,对于国际法的讨论应该与对于政治承诺或者不具约束力的规范的讨论分开。不具约束力的准则建立进程应仍然是国家间的外交活动,而国际法的解释问题可提交一个客观的国际机构,例如联合国国际法委员会。② 国际法委员会不是由政府专家组成,而是由"公认的国际法专家"组成。国际法委员会于1947年由联合国大会创建,旨在促进"国际法的逐步发展和编纂"。目前网络空间对既有国际规则如何适用以及哪些新国际法规则能逐步发展都有疑问,而这正是国际法委员会的专长。

(二) 潜在案例分析

迄今为止,尚无国际公认的新的网络空间习惯国际法规范,但如前所述,网络空间新习惯国际法发展的大趋势是光明的,下文将列举两项潜在的候选规范,随着实践的发展,它们可能会构成新的习惯国际法规则

---

① See United Kingdom of Great Britain and Northern Ireland, Non-Paper on Efforts to Implement Norms of Responsible State Behaviour in Cyberspace, as Agreed in UN Group of Government Expert Reports of 2010, 2013 and 2015, September 2019, https://www.un.org/disarmament/wp-content/uploads/2019/09/uk-un-norms-non-paper-oewg-submission-final.pdf.

② François Delerue, *Cyber Operations and International Law*, Cambridge University Press, 2020, p. 28.

(也有可能因为实践的变化而无法构成)。

1. 网络经济间谍

间谍活动有时被描述为人类历史上"第二古老的职业"。[①] 国际社会对间谍行为合法性的态度,似乎一直模棱两可,这并不意外,因为在国家情报机构互派间谍可以说是历史悠久的传统。国家对间谍活动既予以谴责又予以接受,这是一种矛盾的方式——外国在本国间谍活动是非法的,而本国的国家情报活动又是合法的。[②] 这样一来,对于间谍问题的"法律确信"与国家实践长期属于矛盾的状态:从国家实践看,几乎所有主权国家都持续地从事着间谍行为;但从法律确信而言,各国都立法惩治针对本国进行间谍活动的行为。由此,既不能证明间谍活动违法,也无法证明其合法。传统国际法中对间谍行为似乎处于放任状态。国家遇到相关问题一般也不溯及法律手段来解决,而是通过谈判、协商等方式在双边范围内解决。

网络空间的政治间谍与经济间谍两分的方式,最近十年来完成了从无到有的惊人变化。美国在国内开展经济间谍立法工作,保护私营部门经济信息的《1996年经济间谍法》[③] 及加重处罚经济间谍行为的《2012年外国与经济间谍惩治增强法》[④] 就是典型。在国际法层面,2011年的《网络空间国际战略》也表达了其对网络间谍的遏制立场。[⑤] 近年来,美国接连指控中国等国家对美国实施"网络经济间谍"(或称"网络商业窃密"),例如2014年美国司法部起诉五名中国军人[⑥]、2018年再次起诉两

[①] Simon Chesterman, "The Spy Who Came from the Cold War: Intelligence and International Law", *Michigan Journal of International Law*, Vol. 27, 2006, p. 1072.

[②] Darien Pun, "Rethinking Espionage in the Modern Era", *Chicago Journal of International Law*, Vol. 18, No. 1, 2017, p. 371.

[③] U.S. Public Law 104-294, Economic Espionage Act of 1996, October 11, 1996.

[④] U.S. Public Law 112-269, Foreign and Economic Espionage Penalty Enhancement Act of 2012, January 14, 2013.

[⑤] White House, International Strategy for Cyberspace: Prosperity, Security and Openness in a Networked World, May 2011, whitehouse.gov/sites/default/files/rss_viewer/international_strategy_for_cyberspace.pdf.

[⑥] Department of Justice, U.S. Charges Five Chinese Military Hackers for Cyber Espionage Against U.S. Corporations and A Labor Organization for Commercial Advantage, May 19, 2014.

名中国安全人员。① 据此，美国相关部门从国际法角度提出了"网络经济间谍"和政治军事等其他网络间谍活动的"两分法"，主张前者不符合国际法而后者不受国际法禁止。

2015年9月，中美两国首脑在美国华盛顿会晤期间，曾就互相之间不为获取商业利益实施网络间谍行为达成共识。② 中方之后也继续认可这一承诺。③ 此后，不少文件继续做出类似表述，如2015年11月发布的《二十国集团领导人安塔利亚峰会公报》④ 和《七国集团伊势志摩领导人宣言》⑤ 等。包括德国、英国和澳大利亚等在内的一些美国的主要盟友，近年来也先后在与中国的双边公报中，确认了各方"不得从事网络商业窃密"。必须承认的是，美国推动的对网络经济间谍和其他间谍活动的"两分法"，虽然没有明确的国际法依据，但至少从政治层面来讲，很大程度已经得到了主要大国的认可。在2016—2017年第五届联合国信息安全政府专家组会议上，美国还试图推动将"各国不应通过网络手段窃取知识产权、商业机密和其他敏感商业信息用于获取商业利益"确立为一项新的负责任国家行为规范，但没有成功。⑥ 一方面，从性质及效力上讲，这些文件采取的相关表述并不属于严格意义上的具有法律约束力的国

---

① Department of Justice, Two Chinese Hackers Associated with the Ministry of State Security Charged with Global Computer Intrusion Campaigns Targeting Intellectual Property and Confidential Business Information, December 20, 2018.

② "中美双方同意，各自国家政府均不得从事或者在知情情况下支持通过网络窃取知识产权，包括贸易秘密，以及其他机密商业信息，以使其企业或商业行业在竞争中处于有利地位。"《习近平访美中方成果清单发表》（2015年9月26日），人民网：http://politics.people.com.cn/n/2015/0926/c1001-27637282.html。

③ "中国政府不会以任何形式参与、鼓励或支持任何人从事窃取商业秘密行为。不论是挖网络商业窃密，还是对政府网络发起黑客攻击，都是违法犯罪行为。"习近平：《在华盛顿州当地政府和美国友好团体联合欢迎宴会上的演讲》，载习近平《论坚持推动构建人类命运共同体》，中央文献出版社2018年版，第238页。

④ 《二十国集团领导人安塔利亚峰会公报》（2015年11月15日—16日），新华网：http://www.xinhuanet.com/world/2015-11/17/c_1117160248.htm。

⑤ G7 Ise-Shima Leaders'Declaration, 26-27 May 2016, p. 15, https://www.mofa.go.jp/files/000160266.pdf.

⑥ Christopher Painter, Testimony Before Policy Hearing Titled: Cybersecurity: Setting the Rules for Responsible Global Behavior, May 14, 2015, https://2009-2017.state.gov/s/cyberissues/releasesandremarks/243801.htm.

际条约或国际习惯,而是一种政治承诺或者"软法";但另一方面,各国至少在道义上已在承担遵守这些规则的义务,因而,它们事实上对国家的行为已经产生了相当程度的影响力。在此基础上,并不排除它们进一步演化为国际条约或习惯国际法的可能性。①

2. 网络空间的集体反措施

反措施是一项国际习惯法规则,② 由于国际法的分散与平行,国家有自力救济的权利,反措施便是其中一种。按照2001年《关于国际不法行为的国家责任草案》的相关规定,受害国可以对一国际不法行为采取反措施,合理限度内的反措施能够成为解除行为不法性的理由之一。③ 反措施制度适用于网络空间会需要很大程度的澄清与调试,因为包括行使反措施的时间限定、程序和手段要求、相称性等问题在网络空间如何适用都有较大争议。④ 传统国际法上受害者以外的国家采取反措施的问题已经极具争议,⑤ 可以说,既有国际法中并没有"集体反措施"的概念。⑥

2019年的网络大会上,爱沙尼亚创造性地提出了"集体反措施"的概念,并解释道:在其他集体回应的选择中,爱沙尼亚进一步表明,没有直接受到伤害的国家可以采取对策,以支持受恶意网络行动直接影响的国家。⑦ 爱沙尼亚这样的小国往往依赖盟友来确保其安全,爱沙尼亚和其他

---

① 黄志雄、孙芸芸:《网络主权原则的法理宣示与实践运用——再论网络间谍活动的国际法规制》,《云南社会科学》2021年第6期。

② 李永胜:《论国际法上的反措施制度》,载《中国国际法年刊》(2010),法律出版社2011年版,第88页。

③ Draft Articles of Responsibility of States for Internationally Wrongful Acts, Article 49-54.

④ 参见 Mary Ellen O'Connell, "Attribution and Other Conditions of Lawful Countermeasures to Cyber Misconduct", *Notre Dame Journal of International and Comparative Law*, Vol. 10, Issue 1, 2020, pp. 1-17; 朱磊:《论国际法上的反措施在网络空间的适用》,《武大国际法评论》2019年第4期。

⑤ 参见李永胜《论受害国以外的国家采取反措施问题》,法律出版社2012年版,第6页。

⑥ Samuli Haataja, "Cyber Operations and Collective Countermeasures under International Law", *Journal of Conflict and Security Law*, Vol. 25, No. 1, 2020, pp. 33-51.

⑦ Kersti Kaljulaid, President of Estonia, Opening at CyCon 2019, 29 May 2019, https://www.president.ee/en/official-duties/speeches/15241-president-of-the-republic-at-the-opening-of-cycon-2019/index.html/.

缺乏自信和能力独自对付敌对网络行动的国家希望倡导网络空间集体反措施，以阻止强大的对手在网络空间针对它们的恶意行动，并在威慑失败时作出有效反应，这是完全合乎逻辑的。这些反措施的形式可以是协助受害国实施其自己的反措施或代表受害国实施网络反措施；这两者目前都存在法律不确定性。①

爱沙尼亚这种将北约的集体自卫权类推适用到反措施的行为无疑是一种大胆的尝试。此后，一些国家的立场文件中就网络空间否存在集体反措施的问题表达了立场。例如，新西兰的立场比较暧昧，其认为"考虑到网络空间遵守国际法的集体利益，以及恶意国家和受害国之间潜在的不对称，新西兰愿意接受这样一种建议，即受害国在有限的情况下可以请求其他国家协助实施适当的反措施，以促使违反国际法的国家遵守"②，但没有直接提及集体反措施；法国的立场则和爱沙尼亚相反，否认存在网络空间的集体反措施，明确只有受害国才能采取反措施，排除了法国在第三国权利受到损害时采取此类措施的可能性。③ 与此同时，已有学者开始从学理上探讨网络空间集体反措施的正当性和法律依据，并得出了肯定结论。④

随着越来越多的国家表明自己关于网络空间国际法的立场，关于网络空间集体反措施的国际接受程度也会慢慢明了。如果国家，尤其是小国，倾向于用集体回应的方式来行使反措施，那么这一全新的国际法规范可能会逐渐落地生根。

---

① Michael N. Schmitt, "Estonia Speaks Out on Key Rules for Cyberspace", *Just Security*, 2019.

② New Zealand, The Application of International Law to State Activity in Cyberspace, 1 December 2020, https：//www.mfat.govt.nz/assets/Peace-Rights-and-Security/International-security/International-Cyber-statement.pdf.

③ See France, Ministry of the Armies, International Law Applied to Operations in Cyberspace 2019, p. 7; see also Michael N. Schmitt, France's Major Statement on International Law and Cyber: An Assessment, Just Security, Sept. 16, 2019, https：//www.justsecurity.org/66194/frances-major-statement-on-international-law-and-cyber-an-assessment/.

④ See Michael N. Schmitt and Sean Watts, "Collective Cyber Countermeasures?", *Harvard National Security Journal*, Vol. 12, 2021, pp. 373-411.

第四节　理想与现实：国际法渊源下传统造法模式的守正与变通

正如大卫·维普曼所言："新的法律规定不会在真空中建立，所有东西都可以讨价还价而所有的结果都受到倡导者之间权力分配的控制。相反，造法是在既有法律规范和制度的背景之下发生的，这一背景规定限制了该进程的参与者视为可能存在的一系列选项，也对该进程加以塑造。"① 一方面，传统的造法模式在网络空间可以继续存在；另一方面，无论是新条约的制定还是新习惯国际法的形成确实都面临困境。因此，网络空间的国际造法不仅会涉及对传统的造法模式的延续，也会涉及将非国家行为推动的网络规范筛选并吸收成为国际法规范的变通造法方式。

一　从量变到质变：网络空间新法之产生的渐进性

网络空间新法的产生是局部实践的量变到整体规范的质变过程，它必将伴随着争议和不确定性，因为这个过程既不是线性的，也不是逻辑的。② 从国际法的历史发展轨迹观察，国际法的原则以及普适规则往往发源于一些小规模的尝试。一个典型例子便是国际人道法中平民保护的相关规范，起初只见于军队手册，逐渐发展成区域性条约，最后成为具有普适性的习惯国际法。③ 与其因为网络空间条约难成和国家实践隐蔽而为所谓的国际法危机而悲叹，不如将当前形势视为迈向网络空间新的"硬法"的中间阶段。④

目前，除了联合国关于网络犯罪的公约将开始谈判以外，⑤ 其他的网

---

① ［澳］克里斯蒂安·罗伊-斯米特、［英］邓肯·斯尼达尔：《牛津国际关系手册》，方芳、范鹏、詹继续等译，译林出版社 2019 年版，第 682 页。
② Michael N. Schmitt and Liis Vihul, "The Nature of International Law Cyber Norms", in Anna-Maria Osula and Henry Rõigas eds., *International Cyber Norms: Legal, Policy & Industry Perspectives*, NATO CCD COE, 2016, p. 47.
③ 何志鹏：《国际法哲学导论》，社会科学文献出版社 2013 年版，第 71 页。
④ Hugh Thirlway, *The Sources of International Law*, Oxford University Press, 2nd edition, 2019, p. 164.
⑤ Countering the Use of Information and Communications Technologies for Criminal Purposes, Resolution adopted by the General Assembly on 27 December 2019, UN Doc. A/RES/74/247.

络空间条约立法似乎都还未见到曙光。大多数学者目前认为在不久的将来通过一项"宪章性"条约的可能性微乎其微。[1] 尽管呼吁在法律上增加确定性的声音不绝于耳,不得不承认,各国就网络空间问题达成条约形式的协议的前景不是特别乐观,最重要的是,这一进程将需要政治意愿,而目前这方面相当缺乏。[2] 一个在全球范围内治理网络空间的新条约短期内似乎是不可能的,[3] 但制定条约对网络空间国际造法来说并不是什么新鲜事,在具体适用法律方面达成合意可能比在抽象原则方面更容易,[4] 由此,也许要对专门性条约的造法进程保持谨慎乐观,从聚焦关切的问题入手,由区域走向国际,循序渐进,量变成质变。正如各国在1868年就关于达姆弹的《圣彼得堡宣言》达成协议一样,远远早于国家就国际人道法的一般原则达成协议。[5]

随着网络空间国际法治的需要,一些国家会逐渐克服目前对条约承诺的反感。中美之间曾达成了关于网络经济间谍的联合声明。这种由国家制定规范的反复过程,从长期来看很有可能导致通过一项或几项全面的多边承诺,可能从界定事项开始,逐渐为具有法律约束力的网络条约铺平道路。[6]

在制定全面条约的前景不明的情况下,特别应注意新的及特别习惯国

---

[1] See Matthew C. Waxman, "Cyber-Attacks and the Use of Force: Back to the Future of Article 2 (4)", *Yale Journal of International Law*, Vol. 36, 2011, pp. 425-426; Oona A. Hathaway et al., "The Law of Cyber-Attack", *California Law Review*, Vol. 100, 2012, p. 882; Kristen E. Eichensehr, "The Cyber-Law of Nations", *Georgetown Law Journal*, Vol. 103, 2015, p. 356; Michael N. Schmitt and Liis Vihul, "The Nature of International Law Cyber Norms", in Anna-Maria Osula and Henry Rõigas eds., *International Cyber Norms: Legal, Policy & Industry Perspectives*, NATO CCD COE, 2016, p. 39.

[2] Harriet Moynihan, "The Application of International Law to State Cyberattacks: Sovereignty and Non-intervention", *Chatham House Research Paper*, 2 December 2019, p. 55.

[3] Michael N. Schmitt, "Taming the Lawless Void: Tracking the Evolution of International Law Rules for Cyberspace", *Texas National Security Review*, Volume 3, Issue 3, 2020, p. 35.

[4] Harriet Moynihan, "The Application of International Law to State Cyberattacks: Sovereignty and Non-intervention", *Chatham House Research Paper*, 2 December 2019, p. 55.

[5] Harriet Moynihan, "The Application of International Law to State Cyberattacks: Sovereignty and Non-intervention", Chatham House Research Paper, 2 December 2019, p. 55.

[6] Kubo Mačák, "From Cyber Norms to Cyber Rules: Re-engaging States as Law-makers", *Leiden Journal of International Law*, Vol. 30, 2017, p. 898.

际法规则的形成和出现。① 对于网络空间的新习惯国际法的形成，目前还没有公认的已经达到习惯国际法地位的特别法规则。各国更加透明地表达它们对相关国际法规范的看法，可能有助于进一步发展国际习惯法。② 尽管习惯国际法有时发展迅速，但必须承认，通常来说习惯国际法是一种适应迅速变化环境的缓慢法律途径。③ 网络空间的新习惯规范不太可能迅速形成。因此，习惯法对网络冲突的规范性影响最有可能以对既有习惯规范进行解释的形式发生，如果是这样，就会出现类似于影响条约解释的解释困境。事实上，习惯国际法方面的障碍将更大，因为不仅规则本身没有明确阐明，也没有像《维也纳条约法公约》中规定的那种关于解释这些规则的明确规则。④ 近来出现的各国以单方声明的方式陈述国际法之于网络空间的适用的立场文件，对网络空间习惯国际法的发展有很好的促进，但在国家实践不足或无法识别的情况下，是否会出现国家的法律确信与国家实践背道而驰的情况还有待观察。除了普适性的规则外，也不排除会形成区域习惯国际法的情况。在哥伦比亚—秘鲁庇护案中，国际法院认为拉丁美洲国家可能会有"特有的"习惯规则。⑤ 在那些主要拥有和使用网络空间技术（不限于互联网技术）的国家间，完全可能形成一些习惯国际法的特殊规则。⑥

在对于传统的国际造法方式，包括制定条约和发展习惯国际法在网络空间进行拓展和继承的时候，应该清楚地认识到，有且只有主权国家有正式的权威来塑造新的国际法律体系，并权威地解释国际法的既有原则和规则。然而，未能参与这一进程的国家应该明白，它们正在把解释权和规则塑造权拱手让给那些愿意阐明自己观点的国家，甚至拱手让给那些巧妙地

---

① 王贵国：《网络空间国际治理的规则及适用》，《中国法律评论》2021 年第 2 期。

② Ahmed Ghappour, "Tallinn, Hacking, and Customary International Law", *AJIL Unbound*, Vol. 111, 2017, p. 224.

③ Robert Jennings and Arthur Watts eds., *Oppenheim's International Law*, I, Longman, 9th edition, 1996, p. 30.

④ Michael N. Schmitt and Liis Vihul, "The Nature of International Law Cyber Norms", in Anna-Maria Osula and Henry Rõigas eds., *International Cyber Norms: Legal, Policy & Industry Perspectives*, NATO CCD COE, 2016, p. 45.

⑤ See Asylum (*Colombia v. Peru*), Judgment of 20 November 1950, pp. 266, 276.

⑥ 王贵国：《网络空间国际治理的规则及适用》，《中国法律评论》2021 年第 2 期。

填补被国家忽视的空白区域的非国家行为体。①

二 "软法硬化"：网络空间新法之产生有赖于国际软法之发展

客观地说，传统的国际造法在网络空间需要时间和政治协调才能逐渐步入正轨。然而，信息通信技术日新月异，国家之间的技术实力和利益诉求不仅相互冲突，而且在不断变化。如前所述，国际社会缺乏制定网络空间全面条约的政治意愿，国家实践具有保密倾向和国家不太愿意直白陈述法律确信，这给网络空间的治理带来了挑战。因为在国际法领域中的进度不乐观，国家通常在"规范"一词中寻求新的道路，而不是解释或制定国际法规则。诚然，规则和规范是"密切交织"的概念，国家间就"规范"达成协议可能会逐渐影响法律的发展。然而，两者之间的一个根本区别是，违反具有约束力的国际法规则会引发国际法律责任，而违反规范网络行为的非法律规范则不会有法律责任。各国没有制定有约束力的条约或习惯规则，而是诉诸传统国际法范围之外的规范性活动。虽然这一趋势在网络安全领域表现得尤为突出，但它绝不仅限于网络安全领域。② 在法学理论中，这种现象被描述为"国际规范制定的多元化"③。

在许多全球治理领域中，非国家行为体逐渐参与进现存的政府间机制，但在互联网治理领域，非国家行为体扮演着开拓者的先驱角色，政府以"后来者"的身份不断加入到现存的非政府机制中来。④ 当前，网络安全国际法正处于一个关键时刻。各国在发展和应用国际法方面的犹豫导致了权力真空，使得非国家驱动的软法得以出现。⑤ 这些软法很大程度起到了指引和建议国家行为的作用。历史上的一些类似案例表明，将最初的软

---

① Michael N. Schmitt, "International Cyber Norms: Reflections on the Path Ahead", *Militair Rechtelijk Tijdschrift*, 2018, p. 5.

② Kubo Mačák, "Is the International Law of Cyber Security in Crisis?", in N. Pissanidis, Henry Rõigas and Matthijs A. Veenendaal eds., *Cyber Power*, NATO CCD COE, 2016, p. 131.

③ Jean d'Aspremont, *Formalism and the Sources of International Law: A Theory of the Ascertainment of Legal Rules*, Oxford University Press, 2011, p. 222.

④ Jovan Kurbalija, *An Introduction to Internet Governance*, 4th edition, DiploFoundation, 2010, p. 159.

⑤ Kubo Mačák, "Is the International Law of Cyber Security in Crisis?", in N. Pissanidis, Henry Rõigas and Matthijs A. Veenendaal eds., *Cyber Power*, NATO CCD COE, 2016, p. 138.

法方法与一套不断增长的约束性规则相结合，可以为新现象提供一种合乎逻辑且有效的回应。① 在 21 世纪，涉及不同国家和非国家行为体的规范制定过程的多元化是国际层面的共同特征，② 我们可以坦然接受这个事实。主权国家已经重新掌握了网络空间国际造法的核心角色，可以对软法进行甄别、筛选和吸收，从而让部分规范"硬化"成为国际法规则。例如，作为软法的负责任国家行为规范中的某些条款，很有可能会成为习惯国际法或者条约法的一部分。当然并非所有软法都是软法硬化的过渡阶段，但是在网络空间多利益攸关方深度参与治理的现状下，非国家驱动但以国家为导向的网络规范倡议的激增，为各国提供了学习、参与和应对这些倡议的独特机会。正是国家对此的接纳、拒绝或调整构成了逐渐形成的习惯国际法和条约规则，也就是国际法的正式渊源的基石（building blocks）。③

---

① Kubo Mačák, "Is the International Law of Cyber Security in Crisis?", in N. Pissanidis, Henry Rõigas and Matthijs A. Veenendaal eds., *Cyber Power*, NATO CCD COE, 2016, p. 138.

② Jean d'Aspremont, *Formalism and the Sources of International Law: A Theory of the Ascertainment of Legal Rules*, Oxford University Press, 2011, pp. 2-3.

③ Kubo Mačák, "On the Shelf, But Close at Hand: The Contribution of Non-State Initiatives to International Cyber Law", *AJIL Unbound*, Vol. 113, 2019, p. 85.

第四章 国际软法：网络空间国际造法的重要补充

在第二章与第三章中，我们已对新旧法之争中的"旧法之适用"与"新法之产生"分别进行了讨论，由此我们知道传统的造法模式，尤其是订立新条约，在网络空间暂时陷入了滞缓的状态。在《国际法院规约》第38条的框架下，国际软法并不属于国际法渊源，但是本书认为网络空间国际造法应该涵盖国际软法的发展。国际造法的过程应当与其结果，即各种各样的国际法规范区分开来。① 为一个国际社会造法或将政策制定为权威性规范是一个沟通的过程。② 本书倡导一种动态的法源论，除了正式的造法外，非正式造法③也应该被纳入考虑。国际造法是一个斗争妥协的过程，不可能总是皆大欢喜。造法的过程可能会产生完整的国际法规范（实然法），但也会产生中间结果，如一些缺乏法律拘束力的软法规范（可能构成应然法），这两种结果可能有相同来源并且是同一造法进程的一部分，在研究造法问题上只考察成熟的造法结果，而不关注潜在的变量显然是不合理的，何况网络空间的软法规范在数量和质量上都非常可观。

鉴于此，下文将集中讨论网络空间国际造法中的"软法之发展"部分。首先，我们将尝试总结网络空间国际软法的发展态势以及驱动因素；其次，受到广泛关注的网络空间负责任国家行为规范将会被单独讨论，本书认为它属于典型的传统造法模式滞缓下的新型路径，负责任国家行为规范也具备独立造法与候补规则的双重定位；再次，以"塔林手册进程"

---

① Samantha Besson and John Tasioulas eds., *The Philosophy of International Law*, Oxford University Press, 2010, p.171.

② Michael Reisman, "International Lawmaking: A Process of Communications", *Proceedings of ASIL Annual Meeting*, Vol.75, 1981, pp.101-120.

③ Joost Pauwelyn, Ramses A. Wessel and Jan Wouters eds., *Informal International Lawmaking*, Oxford University Press, 2012, p.15.

与"牛津进程"为代表的学者倡议在网络空间发挥可观的影响力,实质上超出了学理解释的范畴而成为"影子立法"。最后,本书认为国际软法是网络空间国际造法的重要补充,与既有的国际法,即硬法规则呈现出外围与中心的相对位置关系,国际软法作为新旧法之争的第三条道路,将继续在网络空间蓬勃发展。

第一节 网络空间国际软法的发展态势与驱动因素

一 网络空间国际软法的发展态势

(一) 多元主体踊跃参与

为了应对网络空间的安全威胁,许多利益攸关方已经转向"网络规范"的概念——对网络空间中适当行为的期望①——来规范国家行为并限制恶意网络活动造成的损害。为了制定和传播这些网络规范,各种国家和非国家利益攸关方推动了不同的进程,包括在多边、行业和多利益攸关方环境中。

国家在参与网络空间软法规范塑造方面十分活跃,例如联合国信息安全政府专家组以及开放式工作组对于"自愿、无拘束力的负责任国家行为规范"的高度重视和重点讨论,七国集团、二十国集团、上海合作组织对于网络规范的提出和确认等;以行业为中心的软法推出的代表性例子要属微软公司在 2017 年提出的"数字日内瓦公约"② 和 2019 年发起的《网络安全技术协议》③,西门子领导的《安全数字世界信任宪章》④ 以及谷歌公司提出的《数字安全与正当程序:云时代的政府跨境获取标准的

---

① See Martha Finnemore and Duncan B. Hollis, "Constructing Norms for Global Cybersecurity", *American Journal of International Law*, Vol. 110, No. 3, 2016, pp. 425-479.

② Brad Smith, The Need for a Digital Geneva Convention, Microsoft, https://www.microsoft.com/en-us/cybersecurity/content-hub/a-digital-geneva-convention-to-protect-cyberspace.

③ Tech Accord, Cybersecurity Tech Accord, https://cybertechaccord.org/.

④ The Charter of Trust Takes a Major Step Forward with Cybersecurity, SGS, https://www.sgs.com/en/news/2019/02/the-charter-of-trust-takes-a-major-step-forward-with-cybersecurity.

现代化》白皮书和《谷歌 AI：我们的原则》。伦敦进程和巴黎倡议则是多利益攸关方参与软法规则塑造的典型。不难看出，网络空间国际软法的造法参与主体相当多元，打破了传统的国家中心主义的造法模式。

（二）规范倡议数量众多且碎片化分布

由于国家在最初的网络空间国际治理中的犹豫，非国家行为体抢先在网络空间规范化进程中推出大量的软法规范倡议，这些规范倡议相互之间不具有组织关系，各自为政，呈现出明显的碎片化趋势。当前网络规范生态系统分裂成不同的过程，可能是因为不同的国家或利益攸关方倾向选择最符合其利益的特定规范生成平台。① 这些软法因为是具有不同利益倾向的规范倡导者生产的，它们之间可能会出现相互重叠、相互竞争或者相互冲突的关系。

二 网络空间国际软法的驱动因素

（一）"多利益攸关方"的互联网治理模式

与其他许多国际问题不同，网络空间治理并非源于国家，而是源于构建互联网的技术组织和私主体（尽管得到了政府的资助）。与全球治理理论从"以国家为中心"转向"多元多层次治理"不同，网络空间治理是从"没有政府的治理"逐渐回归至"以国家为中心的多元治理模式"。② 在过去数年中，美国和欧盟等网络发达国家一直推崇"多利益攸关方"的网络治理模式，提倡非国家行为体在治理中的主导角色；与此相反，发展中国家则倾向于沿袭传统的国家中心模式。有鉴于此，一些国际性对话，尤其是南北对话往往无疾而终。近年来，对于"多利益攸关方"治理模式的认知，南北双方都渐趋统一，认可国家和非国家行为体各司其职参与互联网治理。在此背景下，"多利益攸关方"治理模式下不同主体间持续开展多层次复合博弈，很可能会成为今后网络空间全球治理的"新常态"。③

---

① Christian Ruhl, Duncan Hollis, Wyatt Hoffman and Tim Maurer, "Cyberspace and Geopolitics: Assessing Global Cybersecurity Norm Processes at a Crossroads", *Carnegie Endowment for International Peace*, 2020, p. 13.

② 鲁传颖：《网络空间治理与多利益攸关方理论》，时事出版社 2016 年版，第 49 页。

③ 鲁传颖：《网络空间治理的力量博弈、理念演变与中国战略》，《国际展望》2016 第 1 期。

尽管对"多利益攸关方"模式有不同解读，但这一概念可以回溯到2003年和2005年由联合国分别在日内瓦和突尼斯举行的信息社会世界峰会。按照通常意思，"多利益攸关方"模式强调多主体参与，也就是倡导各国政府、非政府组织、私营部门、市民社会等的全面参与。从决策机制来看，"多利益攸关方"模式推崇自治主体共商共建，并不特别强调主权国家在其中的核心地位。在一定程度上，这种多元治理的机制契合了互联网治理的复杂性和多元化，因此在国际社会中赢得了广泛的认同。

（二）传统的国际造法进程滞缓与软法的固有优势

网络空间具有即时性、互联互通和匿名性等特质，这就决定了其在应对内部威胁时显得十分脆弱，通常在事后归因和国家责任追究时也难及时有效。这给网络空间国际造法进程带来了挑战，一方面，形成习惯国际法所必需的重复的国家实践难以累计；另一方面，这种不确定性也挫伤了主权国家沿袭传统造法路径实现网络空间国际法治的信心。① 国际社会法律秩序的构建、国际关系行为体的参与同国际软法的协调三者间有着供需关系。② 国际社会对网络空间的规范化有着迫切的需求，但传统的国际造法模式下，主权国家之间由于存在巨大分歧而让网络空间国际法规范的确认、澄清和创设举步维艰，在此情况下，国家代表通常转而在"规范"一词中寻求突破，而不是解释或制定国际法规则。

肯尼斯·阿伯特和邓肯·斯奈德尔认为软法更能从各国在具体情况下发展出来的三个不同维度或变量来看待一项规范，即义务、精度和让渡。③ 国家不仅会选择各种程度的义务，而且会根据具体的情况起草各种精确度的文本，让渡各种程度的权力。④ 在网络空间的国际造法中，除了谈判所需的高昂时间成本，各国也不愿在明晰网络技术的风险以及于自己的利弊前作出需要让渡大量主权成本的具有法律拘束力的、权利义务清晰的承诺。这就让传统的国际造法模式陷入滞缓状态，而软法规范刚好具有主权成本小、灵活性高、易于增删与修改等优点，易于为国家接受。诚

---

① 王超：《主权原则在网络空间适用的理论冲突及应对》，《法学》2021年第3期。
② 何志鹏、申天娇：《国际软法在全球治理中的效力探究》，《学术月刊》2021年第1期。
③ Kenneth W. Abbott and Duncan Snidal, "Hard and Soft Law in International Governance", International Organization, Vol. 54, 2000, p. 422.
④ ［英］安德鲁·克拉彭：《布赖尔利万国公法》（第7版），朱立江译，中国政法大学出版社2018年版，第45页。

然，法和规范是"紧密交织"的概念，国家间就"规范"达成协议可能会逐渐影响法律的发展。两者之间的一个根本区别是，违反具有约束力的国际法规则会引发国际法律责任，而违反网络行为规范不会面临这么严重的法律后果。于是在网络空间"硬法"发展缓慢的情况下，互联网治理将着眼放在软法上，而不是单纯追求达成国际条约或建立正式的国际组织。[①]

第二节　网络空间负责任国家行为规范

国际关系学科，尤其是建构主义学派对规范（norm）的理解往往与国际法学科不同。虽然这种对规范的看法与习惯国际法的既定概念有某些共同之处，即"源自作为法律确信的实践的不成文法"，并激发了人们对国际法律义务产生过程的思考和分析，[②] 但到底二者不同。一项规章具有法律约束力性质，或缺乏这种性质，对国际关系规范概念没有任何影响。[③] 规范可能与既有的国际法重叠——"法律可以作为制定规范的基础，就像规范可以编入法律"[④]——但情况不一定如此，"如果法律规则或原则既没有内化，也没有告知其适用对象的行为"[⑤]，那么它就不可能构成社会规范意义上的规范。从国际法的角度来看，一项规范有无约束力的二分，以及应然法与实然法的二分，都不该被忽视。[⑥] 仅仅作为预期行

[①] 李艳：《网络空间治理的学术研究视角及评述》，《汕头大学学报》（人文社会科学版）2017 年第 7 期。

[②] See Jutta Brunnée and Stephen Toope, *Legitimacy and Legality in International Law: An Interactional Account*, Cambridge University Press, 2010.

[③] Marja Lehto, "The Rise of Cyber Norms", in Nicholas Tsagourias and Russell Buchan eds., *Research Handbook on International Law and Cyberspace*, Edward Elgar Publishing, 2nd edition, 2021, pp. 36–37.

[④] Martha Finnemore and Duncan B. Hollis, "Constructing Norms for Global Cybersecurity", *American Journal of International Law*, Vol. 110, No. 3, 2016, p. 442.

[⑤] Toni Erskine and Madeline Carr, "Beyond 'Quasi-Norms': The Challenges and Potential of Engaging with Norms in Cyberspace", in Anna-Maria Osula and Henry Rõigas eds., *International Cyber Norms: Legal, Policy & Industry Perspectives*, NATO CCD COE, 2016, p. 91.

[⑥] Jan Klabbers, "The Undesirability of Soft Law", *Nordic Journal of International Law*, Vol. 67, 1998, p. 381.

为参考的国际规范与国际法律规范之间的本质区别在于，对后者的违反面临国家责任。①

网络空间传统的（或称正式）国际造法进程正在进行中，但不能否认的是，它确实过于缓慢。虽然为网络空间建立具体的规则不可能一蹴而就，但也不能忽视网络大国在基本问题上存在实质性争议，但现实是破坏性网络行动的复杂性与频率已大幅增加，② 既有的国际法无法解决一些新问题，新的国际法规范又仍在酝酿中。为了应对这种威胁，许多利益相关方，包括国家和其他行为体已经转向非正式造法的"网络规范"——对网络空间中适当行为的期望③——来规范国家行为并限制恶意网络活动造成的损害。近年来，国际社会围绕网络空间"负责任国家行为规范"（norms of responsible state behaviors）的讨论，已成为网络空间国际造法博弈进程中的关键点和焦点。④

一 网络空间的专有模式与传统造法滞缓下的新型路径

为了系统地探讨网络空间负责任国家行为规范，下文将以参与造法的主体为参照，从多边、多利益攸关方、非政府组织三个层面来进行探讨，分别以联合国信息安全政府专家组、《巴黎倡议》和全球网络空间稳定委员会为示例，以阐释这种典型的网络空间非正式国际造法的动态过程，及其对网络空间国际法治的作用。

（一）联合国信息安全政府专家组与开放式工作组

"负责任国家行为规范"作为一个术语由美国最早提出。2011年5月，奥巴马政府发布了意义深远的政策声明《网络空间国际战略》，呼吁"打造和维护一个通过负责任行为规范来指引国家行为、维护伙伴关系并

---

① Anna-Maria Osula and Henry Rõigas eds., *International Cyber Norms: Legal, Policy & Industry Perspectives*, NATO CCD COE, 2016, p. 12.

② Adina Ponta, "Responsible State Behavior in Cyberspace: Two New Reports from Parallel UN Processes", *American Society of International Law Insights*, July 30, 2021, p. 6.

③ See Martha Finnemore and Duncan B. Hollis, "Constructing Norms for Global Cybersecurity", *American Journal of International Law*, Vol. 110, No. 3, 2016, pp. 425-479.

④ 王丹娜：《在联合国框架下构建网络空间负责任国家行为规范》，《中国信息安全》2019年第10期。

支持网络空间法治的环境"①。四个月后，中俄等国向联大提交《信息安全国际行为准则》草案。该行为准则（草案）旨在"明确各国在信息空间的权利与责任"，同时推动各国"在信息空间采取建设性和负责任的行为"，为此其提出了11条开放性行为准则，并倡导各国自愿遵守。② 对于网络空间负责任行为规范（或行为准则）的具体内涵，中俄等国和西方国家之间有着不尽相同的理解，但各国明确支持，在网络空间确立负责任的国家规范（或行为准则）是必要的。《信息安全国际行为准则》是2010年联合国政府专家组报告和美国《网络空间国际战略》后，为提供一套"负责任的国家行为准则"而作出的首次重大外交努力。③

2013年，联合国信息安全政府专家组报告（A/68/98）在正文中五次提及"负责任国家行为规范、规则和原则"。其中，第三部分名为"有关负责任国家行为规范、规则和原则的建议"，提出了11项相关建议。2015年7月，联合国信息安全政府专家组达成了共识性报告（A/70/174）。该报告一方面在国际法如何适用于网络空间问题上取得了一定的共识，另一方面还在关于负责任国家行为规范的阐述上迈出了一大步。与前述2013年报告相对应，该报告第三部分名为"负责任国家行为规范、规则和原则"，而且在篇幅上与第六部分"国际法适用于网络空间"分量相当，其中专门提出了11项"自愿、非约束性的负责任国家行为规范"④，涵盖从"负面清单"⑤式的要求各国不得进行某些行为，到鼓励各国回应他国援助请求、保障本国信通技术供应链安全、促进国家间信息分享、国际合作等翔实内容，是目前为止国际上有关这类规范共识程度最高

---

① White House, International Strategy for Cyberspace: Prosperity, Security and Openness in a Networked World, May 2011, whitehouse.gov/sites/default/files/rss_viewer/international_strategy_for_cyberspace.pdf.

② See Letter dated 12 Sept. 2011 from the Permanent Representatives of China, the Russian Federation, Tajikistan and Uzbekistan to the United Nations addressed to the Secretary-General, UN Doc A/66/359, 14 Sept. 2011.

③ Paul Meyer, "Norms of Responsible State Behaviour in Cyberspace", in Markus Christen, Bert Gordijn and Michele Loi eds., *The Ethics of Cybersecurity*, Springer, 2020, p. 351.

④ See Report of the Group of Governmental Experts on Developments in the Field of Information and Telecommunications in the Context of International Security, UN Doc. A/70/174, 22 July 2015.

⑤ 鲁传颖、杨乐：《论联合国信息安全政府专家组在网络空间规范制定进程中的运作机制》，《全球传媒学刊》2020年第1期。

的内容。而 2015 年的共识性报告也明确了"规范并无意限制或禁止符合国际法的行动"①。至此，负责任国家行为规范从萌芽期进入高速发展期，作为传统造法滞缓下的新兴路径不再"依附"于既有国际法在网络空间的适用等内容，而是作为网络空间相对独立、自成一类的规范，与既有国际法之于网络空间的适用之间呈现平行发展关系。

2020 年 10 月 30 日，以欧盟主导的联合 42 个国家建议建立一项《促进网络空间负责任国家行为规范行动纲领》（以下简称《行动纲领》）。②《行动纲领》由法国主导，由法国数字事务大使亨利-维尔迪耶在联合国裁军研究所召开的 2020 年网络稳定会议上最早提出，旨在推动开放式工作组和信息安全政府专家组已经达成的建议、规范、原则和政治承诺的落实，并且未来可以拟定新规范进行审查落实。《行动纲领》意图结束联合国框架下双轨制的讨论，并建立一个常设的联合国平台以讨论各国在特定背景下使用信通技术的国际安全，事实上就是主张将联合国的网络安全谈判制度化。截至 2021 年 12 月，新一届开放式工作组开始交换意见时，已有 54 个国家支持《行动纲领》。③ 目前看来《行动纲领》首先把重点放在既有规范的实施上，而讨论新规范则是通过五年一次的审查会议来进行。这样一来，可能与开放式工作组的主要工作并不矛盾，后者的主要任务是定义新规范，④ 但具体会如何推进还有待观察。

上述发展也推动了负责任国家行为规范的概念更为频繁地出现在各种

---

① Report of the Group of Governmental Experts on Developments in the Field of information and Telecommunications in the Context of International Security, UN Doc. A/70/174, 22 July 2015, at 7, para. 10.

② The Future of Discussions on ICTs and Cyberspace at the UN, https://front.un-arm.org/wp-content/uploads/2020/10/joint-contribution-poa-future-of-cyber-discussions-at-un-10-08-2020.pdf.

③ Statement by H. E. Nathalie Jaarsma, General Exchange of Views, 14 December 2021, https://documents.unoda.org/wp-content/uploads/2021/12/21.12.14-Netherlands-Statement-on-General-Exchange-of-Views-OEWG-in-the-Field-of-Information-and-Telecommunications-in-the-C.pdf.

④ Valentin Weber, How to Strengthen the Program of Action for Advancing Responsible State Behavior in Cyberspace, *Just Security*, February 10, 2022, https://www.justsecurity.org/80137/how-to-strengthen-the-programme-of-action-for-advancing-responsible-state-behavior-in-cyberspace/.

国际场合。例如，2015 年 11 月《二十国集团领导人安塔利亚峰会公报》①、2016 年 5 月七国集团领导人伊势志摩峰会通过的《七国集团关于网络空间原则和行动的声明》② 和《七国集团伊势志摩领导人宣言》③。2016 年 10 月《金砖国家领导人第八次会晤果阿宣言》④ 也对这一概念做出了重要阐述。2017 年，七国集团外长发表了《网络空间负责任国家行为卢卡宣言》⑤，重申了 2015 年联合国政府专家组报告中的负责任国家行为规范内容。2019 年 9 月 23 日，二十七国发表《关于在网络空间促进负责任的国家行为的联合声明》⑥。

（二）《巴黎倡议》

2018 年 11 月 12 日，第一次世界大战结束百年周年纪念日后一天，法国总统伊曼努尔·马克龙在第 13 届联合国互联网治理论坛开幕式上正式发起了《网络空间信任和安全巴黎倡议》（Paris Call for Trust and Security in Cyberspace）（以下简称《巴黎倡议》）。《巴黎倡议》是由法国牵头、微软支持的多利益攸关方倡议。⑦ 截至 2022 年 3 月，已有 81 个国家、706 个私营企业和 390 个相关组织签署了该倡议，⑧ 支持者的数量

---

① G20 由 G8 成员国、E11（中国、阿根廷、澳大利亚、巴西、印度、印度尼西亚、墨西哥、沙特阿拉伯、南非、韩国和土耳其）以及欧盟组成，涵盖了世界最主要的发达国家和发展中国家。

② G7 Principles and Actions on Cyber, p. 2, https://www.mofa.go.jp/files/000160279.pdf.

③ G7 Ise-Shima Leaders'Declaration, 26-27 May 2016, p. 15, https://www.mofa.go.jp/files/000160266.pdf.

④ 《金砖国家领导人第八次会晤果阿宣言》，第 66 段，2016 年 10 月 16 日，参见 http://www.scio.gov.cn/xwfbh/xwbfbh/wqfbh/35861/36008/xgzc36014/Document/1539414/1539414.htm。

⑤ G7 Declaration on Responsible States Behavior in Cyberspace (Lucca Declaration), 11 April 2017, https://ccdcoe.org/uploads/2018/11/G7-170411-LuccaDeclaration-1.pdf.

⑥ Joint Statement on Advancing Responsible State Behavior in Cyberspace, September 23, 2019, https://2017-2021.state.gov/joint-statement-on-advancing-responsible-state-behavior-in-cyberspace/index.html. 《关于在网络空间促进负责任的国家行为的联合声明》得到下列国家确认：澳大利亚、比利时、加拿大、哥伦比亚、捷克、丹麦、爱沙尼亚、芬兰、法国、德国、匈牙利、冰岛、意大利、日本、立陶宛、拉脱维亚、荷兰、新西兰、挪威、波兰、韩国、罗马尼亚、斯洛文尼亚、西班牙、瑞典、英国、美国。

⑦ France Diplomatie, Paris Call for Trust and Security in Cyberspace, https://pariscall.international/en/.

⑧ 实时数据请参见《巴黎倡议》官网：https://pariscall.international/en/。

还有可能继续增加。美国①与欧盟②在最初犹豫后也相继加入。《巴黎倡议》用近1/3的篇幅，纳入 9 条"负责任国家行为规范"具体倡议或主张，包括保护个人和关键基础设施、保护互联网公共核心、保护选举过程不受网络活动影响、禁止商业窃密、保护供应链安全、反对私人黑客回击等内容。虽然《巴黎倡议》中提到的负责任国家行为规范，但创新性的设想或主张并不多，主要是以往不同国际场合已有规范的"混搭"。③《巴黎倡议》建立在先前的网络规范进程之上，寻求在以国家为中心的平台外将政府和国际组织进程纳入主流。例如，《巴黎倡议》的一些原则是基于 2013 年和 2015 年联合国政府专家组的报告，而其保护互联网公共核心的呼吁则采纳了全球网络空间稳定委员会的主要规范提案。《巴黎倡议》声明的目标不是要取代以前的程序，也不是要创建另一个平台来制定新规范，而是旨在强化对既有的网络规范的认识与落实。

（三）全球网络空间稳定委员会

全球网络空间稳定委员会（Global Commission on the Stability of Cyberspace）也积极推动和影响网络空间的负责任国家行为规范。全球网络空间稳定委员会是一个非政府多方机构，于 2017 年 2 月在慕尼黑安全会议上成立，由来自 16 个国家或地区的 28 位委员组成。组成委员不仅包括技术领域的公认领袖，还包括多位前政府高级官员，其成立得到了荷兰外交部、法国外交部、新加坡网络安全局、微软公司等的支持。全球网络空间稳定委员会由海牙战略研究中心（Hague Centre for Strategic Studies）和东西方研究所（EastWest Institute）这两个智库推动，由几个私人机构和国家（主要是荷兰、法国和新加坡）资助，总部设立在荷兰海牙。④

迄今为止，全球网络空间稳定委员会总共推出了 8 条负责任国家行为

---

① The United States Supports the Paris Call for Trust and Security in Cyberspace, 10 November 2021, https://www.state.gov/the-united-states-supports-the-paris-call-for-trust-and-security-in-cyberspace/.

② EU Joins the Paris Call for Trust and Security in Cyberspace, President von der Leyen announced at Paris Peace Forum, 12 November 2021, https://ec.europa.eu/commission/presscorner/detail/en/AC_21_5996.

③ 黄志雄、潘泽玲：《〈网络空间信任与安全巴黎倡议〉评析》,《中国信息安全》2019 年第 2 期。

④ Global Commission on the Stability of Cyberspace, https://cyberstability.org/about/.

规范。2017年11月，全球网络空间稳定委员会推出了第一条名为"捍卫互联网公共核心"的国际规范，即在不影响自身权利和义务的情况下，国家和非国家主体不能从事或纵容故意并实质损害互联网核心的通用性或整体性并因此破坏网络空间稳定性的活动。① 该规范一经提出，便得到委员会内部成员以及若干外部团体的支持，并在多个高级别网络空间治理会议上被宣讲。2021年9月22日，该委员会发布了《关于解释"不干涉互联网公共核心"规范的声明》，对在援引"不干涉互联网公共核心规范"时可能忽略的问题进行了澄清。2018年5月，该委员会推出第二条名为"保护选举基础设施"的规范；2018年11月，该委员会发布了6条"新加坡一揽子规范"，分别涵盖避免篡改、禁止将信息和通信技术设备纳入僵尸网络、各国建立漏洞公平裁决程序、减少和减轻重大漏洞、作为基础防御的基本网络卫生规范和反对非国家行为体开展攻击性网络行动的内容。②

就结果而言，全球网络空间稳定委员会推出的8条负责任国家行为规范成绩斐然。互联网公共核心的概念被《巴黎倡议》和欧盟《网络安全法》等多份文件吸收。"新加坡一揽子规范"中的若干规范被纳入《巴黎倡议》（该委员会也已签署）。另外，全球网络空间稳定委员的人员组成和资金来源，却让其规范提案的公正公平打折扣；此外，作为公开的非政府实体，该委员会缺乏任何正式的权威来源来支持其提案或其实施。因此，它对网络空间国际造法的影响是间接的，即需要影响或说服其他网络规范进程认可或采纳其规范作为自己的规范。③

尽管有关负责任国家行为准则的政府间讨论取得了不同程度的进展，

---

① Global Commission on the Stability Of Cyberspace, Call to Protect the Public Core of the Internet, November 2017, https：//cyberstability.org/wp-content/uploads/2018/07/call-to-protect-the-public-core-of-the-internet.pdf. 对捍卫互联网公共核心这一规范的分析，参见徐培喜《全球网络空间稳定委员会：一个国际平台的成立和一条国际规则的萌芽》，《信息安全与通信保密》2018年第2期。

② See The Global Commission on the Stability of Cyberspace, Advancing Cyberstability, Final Report, November 2019, https：//cyberstability.org/wp-content/uploads/2020/02/GCSC-Advancing-Cyberstability.pdf.

③ Christian Ruhl, Duncan Hollis, Wyatt Hoffman and Tim Maurer, "Cyberspace and Geopolitics: Assessing Global Cybersecurity Norm Processes at a Crossroads", *Carnegie Endowment for International Peace*, 2020, p. 10.

但其他利益攸关方对这一主题的参与也在增加。私营部门、市民社会、学界和单纯的互联网用户有正当理由关心国家在网络空间的行为。除了这种特殊的、人类创造的环境绝大多数是由非政府实体拥有和经营之外，网络空间中破坏性的国家活动可能会对"网民"的利益和整个人类产生严重的有害影响。近年来，其他利益攸关方也积极就网络空间中负责任的国家行为表达自己的观点，以影响政府间的辩论。① 例如，红十字国际委员会（ICRC）提出网络行动的负责任国家行为规范应该建立在国际法的基础上；② 在联合国裁军事务办公室的支持下，非政府组织"为了和平的信通技术"（ICT4Peace）对相关学术界人士发出邀请，编辑了一本名为《使用信息通信技术的自愿性、非约束性负责任国家行为规范：相关评注》的文献。③

总体来说，网络空间的负责任国际法行为规范的推动进程是多元的，同时也是碎片化的。上文中的列举绝没有穷尽网络规范，这些规范的内容有时也会相互重叠、相互借鉴甚至相互冲突，这些看似支离破碎的过程加在一起，确如约瑟夫·奈提出的网络规范的"机制复合体"（regime complex），即"一组松散耦合的规范机制"④，目前看来充满生命力且运行良好。

二 负责任国家行为规范之法律性质：独立造法与候补规则的双重定位

（一）独立造法

负责任国家行为规范独立于沿用旧法与制定新法的纷争之外，本就不属于传统的国际公法范畴，因此能够灵活高效地协调和包容对立阵营

---

① Paul Meyer, "Norms of Responsible State Behaviour in Cyberspace", in Markus Christen, Bert Gordijn and Michele Loi eds., *The Ethics of Cybersecurity*, Springer, 2020, p. 354.

② ICRC, Norms for Responsible State Behavior on Cyber Operations Should Build on International Law, https://www.icrc.org/en/document/norms-responsible-state-behavior-cyber-operations-should-build-international-law.

③ Eneken Tikk ed., *Voluntary, Non-Binding Norms for Responsible State Behaviour in the Use of Information and Communications Technology: A Commentary*, United Nations for Disarmament Affairs, 2017.

④ Joseph Nye, "The Regime Complex for Managing Global Cyber Activities", *Global Commission on Internet Governance Paper Series*, No. 1, 2014, p. 7.

的矛盾观点,① 这对于网络空间的规范化而言是重大优势。西方国家主张负责任国家行为规范是一类自愿、不具备法律约束力的行为规范,因此它与沿用旧法而无须制定新条约的立场主张并不完全矛盾。同时,负责任国家行为规范与传统国际法之于网络空间的适用也相互独立,它作为针对网络空间而诞生的专门性规范,在一定程度上弥补了仅仅适用既有国际法的主张的局限。而中俄等国支持制定新的规则也必须接受无法直接达成硬法合意的现实,发展负责任国家行为规范这种"软法"可以视为新国际法规则的雏形和试验,由此负责任国家行为规范得到国际社会广泛认可。

不同于既有国际法之于网络空间的适用,负责任国家行为规范是一类专门针对网络空间相关问题而提出的新规范。一旦它成为应为硬法,将属于"特别法"的范畴,更加符合网络空间的现实需求,对一些既有国际法无法覆盖或规范效果不佳的问题进行有针对性的回应或预防。负责任国家行为的自愿、非约束性准则可以减少对国际和平、安全与稳定的风险,并在增加可预测性和减少误解风险方面发挥重要作用,从而有助于预防冲突。② 虽然违反负责任国家行为规范理论上不会触发国家责任,但国家会因为考虑包括成本、道义、舆论、声誉等因素而倾向于遵守它。由此,负责任国家行为规范是一种独立于旧法的适用和新法的制定的第三条道路,在可预见的将来,这类规范在网络空间国际法的发展中仍然可以找到自己存续和发展的土壤。

(二) 候补规则

从与国际法形式渊源的角度入手,负责任国家行为规范并不属于国际法,它是一种自愿性的、不具法律约束力的"软法"规范。负责任国家行为规范的地位究竟如何,2021 年的开放式工作组报告与信息安全政府专家组报告给出了一致的答案。开放式工作组报告认为:"规范并不取代或改变国家根据国际法承担的约束性义务,而是提供额外的具体指导,规

---

① 黄志雄、陈徽:《供应链安全国际法保护的困境与出路——以"太阳风"事件为切入点》,《厦门大学学报》(哲学社会科学版) 2022 年第 1 期。

② Final Substantive Report, Open-ended Working Group on Developments in the Field of Information and Telecommunications in the Context of International Security, 10 March 2021, Doc. A/AC. 290/2021/CRP. 2, paras. 24-25.

范并不寻求限制或禁止在其他方面与国际法相一致的行动。"① 政府专家组报告则表示"规范与既有国际法是相辅相成的，规范并无意要限制或禁止符合国际法的行动"②。

负责任国家行为规范也可被视为候补规则而存在。因为网络空间的独特属性，许多网络行动超出了既有国际法的有效规制范畴，国家出于各种各样的考虑，一旦接受了这类软法规范并遵守和落实了规范的内容，那么相关规范就具有随着国家实践的持续、重复和日益普遍而升格为习惯国际法的潜质。③ 关于勒索软件、关键信息基础设施、互联网公共核心的规则都可能会升格为有约束力的规则，或以条约④或以习惯法的形式。像网络空间审慎义务这类本就有一定国际法理论和实践基础的规范，更是完全具有成为习惯国际法的潜质，甚至已经得到了部分国家的承认。负责任国家行为规范正在被倡导落实于国内法。如果国家按照负责任国家行为规范而落实了国内法，那么规范实际上就起到了与法律相当的指引作用。2020年的《行动纲领》就明显体现出了这个趋势。另外，澳大利亚已经发布其如何在国内层面落实2015年联合国信息安全政府专家组共识性报告中提到的11条负责任国家行为规范的文件,⑤ 其中的国内立法同时构成了可以形成习惯国际法的国家实践和法律确信，一旦类似的情况在国际社会中不断累积和扩散，那么新的习惯国际法出现也并非遥不可及的事情。

第三节　网络空间国际造法进程中的学者倡议

即使是法律实证主义者也意识到，学者似乎在国际造法的"过程"

---

① Final Substantive Report, Open-ended Working Group on Developments in the Field of Information and Telecommunications in the Context of International Security, 10 March 2021, Doc. A/AC. 290/2021/CRP. 2, paras. 24-25.

② Group of Governmental Experts on Advancing Responsible State Behaviour in Cyberspace in the Context of International Security, 14 July, 2021, Doc. A/76/135, para. 15.

③ 黄志雄：《网络空间负责任国家行为规范：源起、影响和应对》，《当代法学》2019年第1期。

④ 郭丰：《全球网络空间治理态势与国际规范制定》，《北京航空航天大学学报》（社会科学版）2021年第5期。

⑤ Australian Implementation of Norms of Responsible State Behaviour in Cyberspace, https://www.dfat.gov.au/sites/default/files/how-australia-implements-the-ungge-norms.pdf.

中具有独特的影响力。① 在网络空间的规范化进程中，学者倡议发挥着突出的作用。与国家间造法相比，学者或智库发起的倡议政治色彩不那么浓厚，也更自由灵活，加之参与人员可以自行选定，所以一般来说成果更容易输出和传播。② 本节将对网络空间国际造法进程中的学者倡议进行讨论，在梳理代表性学术倡议后，考察其对网络空间国际造法起到的实效，并在此基础上对其法律性质做一个评判，最后将网络空间学者学说与国际法渊源的贯通衔接关系做一个总结。

一 网络空间学者倡议之实效：对塔林手册和牛津进程的考察

从全球治理的角度看，对国际法进行民间编纂，或者提出声明，是学术团体、研究机构等参与全球治理的一种方式，也是其参与国际造法进程的方式。③ 客观地说，广义上参与网络空间国际造法的学者倡议数量众多，成果斐然，本书无法进行穷尽式列举，并且有一些学术团体的倡议尚未完成，例如，国际法协会（International Law Association）法国分会自2022年起组织了针对一系列重要议题的研讨并撰写发布相关白皮书。④ 其中"国际法面临的数字挑战"是专题之一，⑤ 该专题邀请了来自不同国家与地区的网络空间国际法专家组成指导委员会，与报告员、协调员一同完成这本白皮书。迄今为止，白皮书仍然处于"酝酿"阶段。本部分只讨论网络空间学者倡议中作用极为突出的两项倡议：北约网络防御卓越中心（CCD COE）推动的塔林手册进程与牛津大学道德、法律与武装冲突研究所（ELAC）主导推动的牛津进程，通过对它们产出和推广规范的过程进行整理和论述，来考察这些学者倡议对网络空间的国际造法起到了多大的

---

① Jorg Kammerhofer, "Lawmaking by Scholars", in Catherine Brolmann and Yannick Radi eds., *Research Handbook on the Theory and Practice of International Lawmaking*, Edward Elgar Publishing, 2016, p. 305.
② 郭丰：《全球网络空间治理态势与国际规范制定》，《北京航空航天大学学报》（社会科学版）2021年第5期。
③ 王秀梅：《晚近国际法民间编纂与逐渐发展述评》，《国际法学刊》2020年第2期。
④ White Papers, International Law Association, https://www.ilaparis2023.org/en/white-paper/.
⑤ White Paper on Digital Challenges for International Law, https://www.ilaparis2023.org/en/white-paper/digital-challenges-for-international-law/.

实际效果。

(一) 塔林手册

北约网络防御卓越中心牵头制定的《塔林手册 1.0 版》及其姊妹篇《塔林手册 2.0 版》，是学者参与网络空间国际造法的典型例证。2013 年的《塔林手册 1.0 版》主要围绕"网络战"问题提出了 95 条规则，20 名编写专家全部来自北约成员国。2017 年的《塔林手册 2.0 版》是《塔林手册 1.0 版》的姊妹篇和升级版，《塔林手册 2.0 版》不仅涵盖了《塔林手册 1.0 版》所讨论的关于网络战的国际法问题，而且新增了适用于和平时期"低烈度"网络行动的国际法规则，包括主权、管辖权、审慎、国家责任、本身不受国际法禁止的网络行动、人权法、电信法、和平解决争端等 14 个分支，在平时法与战时法的双重维度初步建立了一套网络空间国际法体系。此外，《塔林手册 2.0 版》国际专家组的国际化程度也有所提高，十九名成员中有三名分别来自中国、白俄罗斯和泰国的非西方专家。[①] 目前，《塔林手册 3.0 版》的启动通知已经发布，其将会修订和扩展之前的内容。主编人员除了参与《塔林手册 2.0 版》的美国海军战争学院教授迈克尔·施密特（总主编）、爱沙尼亚网络法专家丽斯·维芙尔（执行主编），还将增加英国诺丁汉大学国际法教授马尔科·米拉诺维奇。《塔林手册 2.0 版》作为迄今为止最为详尽的大型集体研究成果，一经出版就迅速获得国际社会高度重视，对各国政府、学界和其他相关方提出各自主张产生了可观的影响，堪称以学者集体力量推动国际法发展的范例。

传统观点认为，国际法是由法律关系的主体自己制定的。当今国际社会的立法权仍专属于主权国家。在创立国际法规范方面，国家一直并将继续扮演主导的和决定性的角色。[②] 即使如此，《塔林手册 2.0 版》也对国家对网络空间国际法的理解产生了深远的影响。近年来有关国家官方立场大量引用《塔林手册 2.0 版》内容，例如法国 2019 年 9 月立场文件正文中 9 次、注释中 7 次提及该手册。德国 2021 年 3 月立场文件 5 次在正文中、37 次在注释中引用该手册。芬兰的立场文件表明主权是一项负有国际义务的适用规则时也引用了《塔林手册 2.0 版》。荷兰的立场文件也在

---

① 黄志雄：《〈塔林手册 2.0 版〉：影响与启示》，《中国信息安全》2018 年第 3 期。
② 黄惠康：《论国际法的编纂与逐渐发展——纪念联合国国际法委员会成立七十周年》，《武大国际法评论》2018 年第 6 期。

正文中2次，脚注中3次提及《塔林手册2.0版》。2021年5月，日本外务省发布的《国际法适用于网络行动的基本立场》中3处提到了塔林手册2.0版》。《塔林手册2.0版》内容在联合国信息安全政府工作组、开放式工作组等国际谈判中也被各国援引，并在谈判案文中有一定体现。上述国家立场中对《塔林手册2.0版》的援引，无论是肯定或批判，都侧面说明了其对于国家的法律确信产生了实际效果，在网络空间缺乏其他有参照指引作用的国际法规则这一特定背景下，《塔林手册2.0版》所提出和评议的国际法规范，会很大程度影响到未来的相关实践，且似乎已经作为"影子立法"而渗透进了各国的立场文件中，继续扩大影响。

（二）牛津进程

自2020年5月起，牛津大学道德、法律与武装冲突研究所与微软公司、日本政府合作，启动了"网络空间的国际法保护牛津进程"（The Oxford Process on International Law Protections in Cyberspace）（以下简称牛津进程），旨在"通过全球国际法律专家之间的协作努力，确定和澄清适用于各种背景下的网络行动的国际法规则"①。牛津进程由英国牛津大学的达坡·阿坎德教授和美国天普大学的邓肯·霍利斯教授牵头，采取不定期开展专题线上研讨会的方式并在会后发布《国际法保护牛津声明》（下称《牛津声明》）的模式来开展。

迄今为止，牛津进程已经举办了数次线上会议，先后推出了五份《牛津声明》，分别是2020年5月的《关于针对卫生保健部门的网络行动之国际法保护的牛津声明》②、2020年8月的《关于新冠疫情期间卫生保健部门国际法保护的牛津声明：保障疫苗研究》③、2020年10月的《关于针对他国通过数字手段干涉选举的国际法保护声明》④、2021年6月的

---

① About the Process, The Oxford Process, https：//www.elac.ox.ac.uk/the-oxford-process/.

② The Oxford Statement on the International Law Protections Against Cyber Operations Targeting the Health Care Sector, https：//elac.web.ox.ac.uk/the-oxford-statement-on-cyber-operations-targeting-the-healthcare-sector.

③ The Second Oxford Statement on International Law Protections of the Healthcare Sector During Covid-19：Safeguarding Vaccine Research, https：//www.elac.ox.ac.uk/the-oxford-process/the-second-oxford-statement/.

④ The Oxford Statement on International Law Protections Against Foreign Electoral Interference Through Digital Means, https：//www.elac.ox.ac.uk/the-oxford-process/the-oxford-statement-on-international-law-protections-against-foreign-electoral-interference/.

《网络空间的国际法保护牛津声明：信息行动与活动的规制》[①] 和 2021 年 10 月的《网络空间的国际法保护牛津声明：勒索软件行动的规制》[②]。截至 2022 年 3 月，以上每份《牛津声明》都得到了超过百名专家学者的署名，在国际上引起了较大反响。所有《牛津声明》都对全网公开，声明的内容同时公布在 EJIL：Talk、Just Security 以及 Opinio Juris 三大国际法博客以及牛津大学道德、法律与武装冲突研究所的官网上，广泛征集志同道合的国际法从业者或相关领域专家进行署名，对声明进行推广，从而起到提高知名度和扩大影响力的作用。除了形成声明的五次研讨会外，牛津进程还召开了两次额外的研讨会，分别以"国际法中的网络空间审慎义务：理论和实践"与"IT 供应链安全的国际规范保护"为主题，且各形成了一份研究报告，详细介绍了研讨会的讨论和达成一致的部分。[③]

牛津进程在方法论上有三个特点，首先，它着重于共识而非差异。牛津进程不一定会明确提及国际法规范，虽然它们是得出结论的基础。[④] 其次，牛津进程着眼于特定的保护对象和领域，以及实施网络行动的特定方法。它采取了一种场景导向的方式，不是抽象地阐述适用的国际法规则，而是检视针对特定保护对象、场景或使用特定方法的网络行动的国际法规则，如医疗保健部门、疫苗研发和选举过程。最后，它从应对国际社会面临的紧迫问题入手。也就是说，牛津进程具有时效性，上述保护对象和适用场景则是根据国际社会对规则需求的迫切性来选择的。[⑤] 另外，从牛津声明的内容来说，也有一些特征。第一，声明不仅澄清了国际法下的消极

[①] The Oxford Statement on International Law Protections in Cyberspace: The Regulation of Information Operations and Activities, https://www.elac.ox.ac.uk/the-oxford-process/the-oxford-statement-on-the-regulation-of-information-operations-and-activities/.

[②] The Oxford Statement on International Law Protections in Cyberspace: The Regulation of Ransomware Operations, https://www.elac.ox.ac.uk/the-oxford-process/the-oxford-statement-on-ransomware-operations/.

[③] Introduction to the Oxford Process on International Law Protections in Cyberspace, https://documents.unoda.org/wp-content/uploads/2021/12/OEWG-Side-Event-Oxford-Process-Introduction.pdf.

[④] Introduction to the Oxford Process on International Law Protections in Cyberspace, https://documents.unoda.org/wp-content/uploads/2021/12/OEWG-Side-Event-Oxford-Process-Introduction.pdf.

[⑤] Aims & Methodology, The Oxford Process, https://www.elac.ox.ac.uk/the-oxford-process/.

义务，也注重积极义务，将后者置于确保保护核心对象、服务和进程的前沿和中心。第二，它寻求确定不仅适用于国家，而且也适用于直接受国际法约束的其他行为体的规则。第三，它讨论的领域不仅包括和平时期也包括武装冲突时期。

牛津进程在国际上形成了一定规模的影响。第一份牛津声明，也就是《关于针对卫生保健部门的网络行动之国际法保护的牛津声明》被多米尼克共和国驻安理会特使荷西·韦辛格在联合国安理会"网络稳定和冲突预防"阿里亚会议中认为是关于澄清国际法如何适用于网络空间的典范。① 在此后的"针对关键基础设施的网络攻击"的安理会阿里亚会议上，负责联合国人道主义事务协调办公室的代理助理秘书长引用了前两份牛津声明。② 联合国的关键文件也提到了这一进程，如联合国人道主义事务协调办公室2021年的报告《从数字承诺到前线实践：人道主义行动中的新兴技术》③。

除此之外，牛津大学道德、法律与武装冲突研究所还以非政府组织的身份参与了联合国开放式工作组的磋商讨论并提交了包括前三份牛津声明在内的立场文件，并且对2021年开放式工作组的报告草案提交了书面意见。④ 作为一个关键和快速发展领域的规范识别和宣告进程，牛津进程可以作为其他重要倡议的补充，如联合国信息安全政府专家组、开放式工作组和塔林手册进程，因为它提供了自己独特的澄清和阐明既有规范

---

① Security Council Arria Formula Meeting: Cyber Stability and Conflict Prevention, 55 May 2020, https://vm.ee/sites/default/files/Estonia_for_UN/22-5-2020_cyber_stability_and_conflict_prevention_-3.pdf.

② Ramesh Rajasingham Opening Remarks on Contemporary Challenges on the Protection of Civilians and Humanitarian Aspects Related to Cyber-Attacks at Arria-Formula Meeting on Cyber-Attacks Against Critical Infrastructure, 26 August 2020, https://reliefweb.int/sites/reliefweb.int/files/resources/OCHA%20opening%20remarks%20for%20Arria-formula%20meeting%2026%20August%202020_clean.pdf.

③ United Nations Office for the Coordination for Humanitarian Affairs, From Digital Promise to Frontline Practice: New and Emerging Technologies in Humanitarian Action, 2021, p.47.

④ Comments on the Draft Substantive (Zero Draft) of UN Open-Ended Working Group on Developments in the Field of Information and Telecommunications in the Context of International Security, https://front.un-arm.org/wp-content/uploads/2021/02/ELAC-Comments-OEWG-Zero-Draft-1.pdf.

保护的方式。①

二 网络空间学者倡议之本质：学理解释抑或"影子立法"

网络空间的学者学说，尤其是塔林手册②和《牛津声明》，在国际法上的定位并不清晰。塔林手册与牛津进程有一些区别。从成果的形式来看，塔林手册更像是一部集大成的民间编纂，而《牛津声明》则是一份份简短的对于某一问题的书面文件。不论是制作周期还是改动频率，牛津进程都展现出更多的灵活性，而塔林手册则凭借覆盖的主题更全面、专家组的卓越贡献、北约的支持具有更多权威性。另外，塔林手册的自我定位是对既有国际法规则适用于网络空间的重述，它完全基于传统国际造法的模式，也就是对习惯国际法进行澄清这样一种路径来成文的；而牛津进程则是场景导向、对象导向的规范集合，它并不特别指出对国家的行为期望来自哪一条既存的国际法规则，可以说牛津进程的目标可以是解释既有的国际法规则，也可以是促成新的负责任国家行为规范。但不可否认的是，它们都对网络空间国际造法产生了影响，得到了主权国家的关注与参考，如新西兰在自己的立场文件中更是专门肯定了塔林手册进程和牛津进程这类专家学者对国际法如何适用于网络空间作出的贡献。③ 因为牛津进程对网络空间国际造法的影响才稍微显露，故下文主要结合塔林手册对国际造法的影响来展开阐述。

长期以来，全球范围内专家学者对网络国际法的前瞻性讨论似乎远超政府间进程，两部塔林手册作为目前国际上最具影响力的网络空间国际法的学者贡献，已经产生了广泛影响。塔林手册这种典型的学者影响立法进程的民间编纂，其实并非网络空间的独特造法现象，只是在该领域表现得极为突出。塔林手册不是对于某些问题的全新论证，而是在大体上属于对既有国际法如何适用于网络空间的重述，专家组发挥的作用主要是法律解

---

① Introduction to the Oxford Process on International Law Protections in Cyberspace, p. 7, https://documents.unoda.org/wp-content/uploads/2021/12/OEWG-Side-Event-Oxford-Process-Introduction.pdf.
② 如无特别标注，下文提到塔林手册时指的是《塔林手册1.0版》和《塔林手册2.0版》。
③ New Zealand, The Application of International Law to State Activity in Cyberspace, 1 December 2020, https://www.mfat.govt.nz/assets/Peace-Rights-and-Security/International-security/International-Cyber-statement.pdf.

释中的学理解释。但是，塔林手册显然不仅仅是学理解释。制定塔林手册的过程涉及与各国的广泛协商，这使它们有机会在形成法律编纂过程中发挥积极作用，① 可以说塔林手册从还没有定稿，就已经获得了主权国家的注意，这与大部分的学者倡议是有区别的。

《塔林手册2.0版》在序言部分②表明自身是对既有国际法，即实然法（lex lata）适用于网络空间的重述，荷兰外长也是如此形容的。③ 然而，无论从《塔林手册2.0版》本身的内容，或是从国家对塔林手册的接受程度来看，塔林手册都已经突破了学理解释的范畴，有明显的造法倾向，成为事实上的"影子立法"，并将继续对网络空间国际造法产生重大影响。从内容上看，第一，塔林手册明显涉及了既有国际法没有规定的部分，例如《塔林手册2.0版》第五章为"本身不受国际法约束的网络空间行动"④。这些内容根本没有现行法，属于国际法的灰色地带，更谈不上对其进行解释。第二，相对于网络空间的既有国际立法和国家实践，《塔林手册2.0版》具有明显的超前性。⑤ 塔林手册用假设情景，类比推理的方式来阐述既有国际法如何适用于网络空间从而扩展法律，而不是通过发展一种全新的法律范式。⑥ 这也为它带来了包括权威性在内的质疑。国家实践的缺乏、一些确实存在的实践的秘密性、国家在这个问题上的立场的刻意含糊，以及网络行动的发展仍处于不断变化的状态，都是对编纂领域是否成熟提出疑问的因素。一个典型的例子就是塔林手册中对如何判断网络空间武力攻击的门槛所推出的"规模与后果"标准。"规模与后

---

① Dan Efrony and Yuval Shany, "A Rule Book on the Shelf? Tallinn Manual 2.0 on Cyberoperations and Subsequent State Practice", *American Journal of International Law*, Vol. 112, No. 4, 2018, p. 588.

② Michael N. Schmitt ed., *Tallinn Manual 2.0 on the International Law Applicable to Cyber Operations*, Cambridge University Press, 2017, p. 3.

③ Stef Blok, Speech by Minister Blok on First Anniversary Tallinn Manual 2.0, June 20, 2018.

④ Michael N. Schmitt ed., *Tallinn Manual 2.0 on the International Law Applicable to Cyber Operations*, Cambridge University Press, 2017, pp. 168–176.

⑤ 黄志雄：《网络空间国际规则制定的新趋向——基于〈塔林手册2.0版〉的考察》，《厦门大学学报》（哲学社会科学版）2018年第1期。

⑥ Dan Efrony and Yuval Shany, "A Rule Book on the Shelf? Tallinn Manual 2.0 on Cyberoperations and Subsequent State Practice", *American Journal of International Law*, Vol. 112, No. 4, 2018, p. 583.

果"本是国际法院在尼加拉瓜诉美国案中用来区分"使用武力"与"武力攻击"时所提及,根据《国际法院规约》第 38 条,判例与权威公法学家学说均为国际法的辅助渊源,加之此种结果导向的判断标准缺乏规范性价值,① 并不能直接被视为"实然法"。综观迄今为止的国家立场文件,除了极个别国家表述过于简洁而无法判断具体立场外,大多数国家都将"规模与效果"标准奉为圭臬。除此之外,国家在关于国际法适用于网络空间的立场文件中多次就主权、不干涉、使用武力、自卫权、反措施等相关问题援引塔林手册。随着国家实践和法律确信的次第展开,塔林手册的"影子立法"迹象会越来越明显。

以塔林手册为代表的学者最突出的贡献是弥补了空白。不管最后主权国家是同意或者不同意这些学者所编纂或书写的文本,它们终究也需要参考这些文件,而仅仅参考这一行为,就能潜移默化地使之成为国家在表达法律确信或寻找国际法依据时候绕不过的标杆,就像一名学者将国家比作人,而将塔林手册比作食谱,它不一定需要被严格遵守,但它在被需要时伸手就能够得着。②

三 网络空间学者倡议与国际法渊源的贯通衔接

根据《国际法院规约》第 38 条第 1 款 d 项,权威公法学家学说被视为确定法律的辅助手段,而不是辅助的法律渊源。③ 确实,早期国际法学者,例如格劳秀斯、普芬道夫、宾客舒克和法泰尔等,对于国际法的影响是巨大的。他们的著作在外交文件中被引证,并在法院判决中也受到重视。④ 随着实在法的崛起,条约的大量订立,学者学说或倡议对于国际法的影响力在总体上是呈现逐渐式微的趋势。国际法院的判决中很少用到学者学说,⑤ 国际

---

① 张华:《网络空间适用禁止使用武力原则的法律路径》,《中国法学》2022 年第 1 期。
② Kubo Mačák, "On the Shelf, But Close at Hand: The Contribution of Non-State Initiatives to International Cyber Law", *AJIL Unbound*, Vol. 113, 2019, p. 86.
③ Jorg Kammerhofer, "Lawmaking by Scholars", in Catherine Brolmann and Yannick Radi eds., *Research Handbook on the Theory and Practice of International Lawmaking*, Edward Elgar Publishing, 2016, p. 307.
④ 王铁崖:《国际法引论》,北京大学出版社 1998 年版,第 104 页。
⑤ 国际法院对学者的引用往往出现在法官的单独意见、反对意见或国家提交的书状中。

海洋法法庭也总体上不重视学者的意见。① 但学者学说的意义不该因为司法机关很少引用而被全盘否认，因为国际法绝大多数的适用场景是在法庭之外的，并且法官或仲裁员倾向于不明确引用学者意见也可能出于其他的考虑。② 权威公法学家学说作为法律渊源，这在历史学派看来是完完全全合理的。对于冯·萨维尼等学者而言，博学的法学家是法律有机发展的重要组成部分，他们的"学说"有助于阐明国际社会的法律精神。③ 学者学说并未创立法律规则，而只是作为确定此类规则的方法，因为可以恰当地称其为确定法律的工具。④ 实际情况是，"学者不总是清楚地区分现行法和他们想要的法律"⑤。

作为学者倡议的集大成者，塔林手册对自己的定位看起来不仅仅甘于做一本"用户指南⑥"，主编迈克尔·施密特确实做过这样的尝试，他曾明确指出该手册应被视为"权威公法学家学说"。⑦ 然而，施密特指出将塔林手册视为国际法辅助渊源的论点与塔林手册序言部分的观点，即塔林手册只是对实然法的客观重述⑧相去甚远。如果认为塔林手册作为"学说"构成了一个独立的（尽管是辅助的）法律渊源，那么专家组做的不仅仅是复制粘贴既有的规则，他们为国际法增加了新的法律意义和重要性，因此绝不仅仅是对既有国际法"政策和政治中立"⑨ 的重述。诚如

---

① Sondre Torp Helmersen, "The Application of Teachings by the International Tribunal for the Law of the Sea", *Journal of International Dispute Settlement*, Vol. 11, Issue 1, 2020, pp. 20-46.

② Sondre Torp Helmersen, *The Application of Teachings by the International Court of Justice*, Cambridge University Press, 2021, pp. 52-61.

③ Wouter Werner, *Repetition and International Law*, Cambridge University Press, 2022, p. 97.

④ 郑斌：《国际法院与法庭适用的一般法律原则》，韩秀丽、蔡从燕译，法律出版社 2012 年版，第 24 页。

⑤ Hugh Thirlway, *The Sources of International Law*, Oxford University Press, 2nd edition, 2019, p. 146.

⑥ Speech by Minister Blok on First Anniversary of Tallinn Manual 2.0, June 20, 2018.

⑦ Michael N. Schmitt, "International Law in Cyberspace: The Koh Speech and Tallinn Manual Juxtaposed", *Harvard International Law Journal*, Vol. 54, 2012, pp. 13-37.

⑧ Michael N. Schmitt ed., *Tallinn Manual 2.0 on the International Law Applicable to Cyber Operations*, Cambridge University Press, 2017, p. 3.

⑨ Michael N. Schmitt ed., *Tallinn Manual 2.0 on the International Law Applicable to Cyber Operations*, Cambridge University Press, 2017, p. 3.

丹·埃夫罗尼和尤瓦尔·沙尼所言，塔林手册的自身定位是矛盾的。①

网络空间学者学说，尤其是塔林手册，是否属于"权威公法学家学说"，是一件见仁见智的事情。在引用公法学家学说方面，一般很难区分"权威"与"非权威"的界限，在实践中也很少认真做这样的区分。② 值得注意的是，塔林手册因为其专家组的人员结构及其对西方法律渊源的过度依赖确实受到了许多关于权威性的批评。③ 塔林手册的产生是西方国家主导和学者集体研究的结合，专家发声很大程度上代表了其所在国家以及其背后支持者的利益。④《塔林手册1.0版》因为专家组主要由来自英美世界的专业人士以及红十字国际委员会过去和现在的官员组成而被指出缺乏代表的多样性。⑤ 客观地说，比起第一版，《塔林手册2.0版》专家组成员的地域代表性更加多样，手册规则和评注的撰写程序也更民主，但无法否认的是，即使加入三名非西方学者，专家组成员的组成整体上仍然缺乏广泛代表性。除此之外，《塔林手册2.0版》的专家组成员的选拔标准以及其与北约间的明显联系，也是其被质疑正当性的理由。⑥

另外，塔林手册本身，不论是制定过程或是成果呈现，都有较为明显的美国印记。《塔林手册1.0版》有20名专家参与编写，其中6名来自美国；《塔林手册2.0版》有19名专家参与编写，其中6名来自美国，而且这些专家几乎都有长期在政府或军队任职的经历。两版塔林手册与美国在网络空间国际法领域的核心关切有着密切的关联和微妙的默契。⑦ 例如，

---

① Dan Efrony and Yuval Shany, "A Rule Book on the Shelf? Tallinn Manual 2.0 on Cyberoperations and Subsequent State Practice", *American Journal of International Law*, Vol. 112, No. 4, 2018, pp. 583-657.

② 何志鹏、孙璐、王彦志等：《国际法原理》，高等教育出版社2017年版，第59页。

③ Kirsten E. Eichensehr, "Book Review: Tallinn Manual on the International Law Applicable to Cyber Warfare", *American Journal of International Law*, Vol. 108, 2014, p. 588.

④ 郭丰：《全球网络空间治理态势与国际规范制定》，《北京航空航天大学学报》（社会科学版）2021年第5期。

⑤ Dieter Fleck, "Searching for International Rules Applicable to Cyber Warfare A Critical First Assessment of the New Tallinn Manual", *Journal of Journal of Conflict and Security Law*, Vol. 18, Issue 2, 2013, p. 335.

⑥ 赵骏、谷向阳：《国际法中"权威学说"功能的流变与当下意义》，《太平洋学报》2020年第7期。

⑦ 黄志雄、应瑶慧：《美国对网络空间国际法的影响及其对中国的启示》，《复旦国际关系评论》2017年第2辑。

2012 年高洪柱关于"网络空间国际法"的演讲，就引用了《塔林手册 1.0 版》主编施密特的相关文章，① 作为美国对网络空间行使自卫权这一政策的重要理论依据，其结论也与《塔林手册 1.0 版》中的观点高度吻合。而在该演讲发表后不久，施密特就在《哈佛国际法杂志》发表文章，对高洪柱演讲和《塔林手册 1.0 版》涉及的主体及基本立场进行了比较，承认该演讲所体现的美国政府见解和《塔林手册 1.0 版》专家组的观点存在"惊人的一致"。② 类似的情况在《塔林手册 2.0 版》出版前后再次发生。在 2016 年 10 月 "伊根演讲"中，伊根对塔林手册项目在填补网络空间国家实践和法律确信相对空白情况的意义予以高度肯定。③ 几天后，施密特在博客上发表《美国关于网络空间国际法的透明度》一文，其中也对"伊根演讲"加以褒扬，再次肯定了其中的许多主张。④ 美国军方也认为《塔林手册 2.0 版》⑤ 经常被视为迄今为止武装冲突法和诉诸武力权适用于网络空间方面最重要的工作。⑥ 国防部新一版的《战争手册》中也多次提及塔林手册。⑦

　　两版塔林手册的公开和广泛传播充分说明了"权威学说"可能被带有目的性地创制和修订。⑧ 无论是否将塔林手册视为权威学说，不可否认它已经实质性影响了网络空间国际造法的进程。

---

　　① Harold H. Koh, "International Law in Cyberspace", *Harvard International Law Journal*, Vol. 54, 2012, p. 6.

　　② Michael N. Schmitt, "International Law in Cyberspace: The Koh Speech and Tallinn Manual Juxtaposed", *Harvard International Law Journal*, Vol. 54, 2012, p. 15.

　　③ Brian J. Egan, "International Law and Stability in Cyberspace", *Berkeley Journal of International Law*, Vol. 35, Issue 1, 2017, p. 171.

　　④ Michael N. Schmitt, US Transparency Regarding International Law in Cyberspace, *Just Security*, November 15, 2016, https://www.justsecurity.org/34465/transparency-international-law-cyberspace/.

　　⑤ Michael N. Schmitt ed., *Tallinn Manual 2.0 on the International Law Applicable to Cyber Operations*, Cambridge University Press, 2017.

　　⑥ J Galbraith, "U.S. Military Undergoes Restructuring to Emphasize Cyber and Space Capabilities", *American Journal of International Law*, Vol. 113, No. 3, 2019, pp. 634–640.

　　⑦ The United States of America Department of Defence, Law of War Manual, 2016.

　　⑧ 赵骏、谷向阳：《国际法中"权威学说"功能的流变与当下意义》，《太平洋学报》2020 年第 7 期。

第四节　中心与外围：国际法渊源下网络空间国际软法的相对位置

一　网络空间国际软法作为新旧法之争的第三条道路

选择软法规范作为管理网络安全领域的一种方法，被广泛理解为传统国际造法的一种替代方案。① 软法是相对于硬法的概念。一个规范在单一时间点（例如制定阶段）上作为法律的地位是否明确，是一个重要问题，但国际造法不是静止的规则罗列，而是一个动态的过程。我们应更多地关注作为社会互动过程的一部分的法，这种社会互动过程可以塑造共同的社会理解。将法律分类为"硬"或"软"也不是绝对的，绝对化的定性过于狭隘地关注司法机构对法律的解释和运用，未能捕捉到法律如何作为互动过程的一部分随着时间的推移而规范运行。

不能因为国际软法不属于《国际法院规约》第38条列举的情形，就把它从网络空间国际造法中忽略。一些观点认为软法这个术语毫无意义甚至是危险的。② 另一些则认为软法是有意义的概念类别，却不能在正式的国际法渊源框架中找到匹配的位置。③ 也有学者认为从互动理论的视角观察，软法规范有时候发挥着比正式法律渊源更大的强制力。④ 尽管表面看上去软法在具有判决效力的国际裁决允许的判决根据中并不起作用，但这些软法规范在法庭、国家和其他行为体实际的推理中起作用。⑤

按照麦克·赖斯曼的理论，国际法的规范性可以由三个变量来衡量，

---

① Martha Finnemore and Duncan B. Hollis, "Constructing Norms for Global Cybersecurity", *American Journal of International Law*, Vol. 110, No. 3, 2016, p. 441.

② Jan Klabbers, "The Redundancy of Soft Law", *Nordic Journal of International Law*, Vol. 65, 1996, pp. 167–182; Prosper Weil, "Towards Relative Normativity in International Law", *American Journal of International Law*, Vol. 77, 1983, pp. 413–442.

③ Pierre-Marie Dupuy, "Soft Law and the International Law of the Environment", *Michigan Journal of International Law*, Vol. 12, Issue 2, 1991, p. 435.

④ [加拿大] 伊曼纽尔·阿德勒、文森特·波略特主编：《国际实践》，秦亚青、孙吉胜、魏玲等译，上海人民出版社2015年版，第138页。

⑤ Chrisine Chinkin, "The Challenge of Soft Law: Development and Change in International Law", *International and Comparative Law Quarterly*, Vol. 38, No. 4, 1989, pp. 850–866.

规范内容、权威信号以及控制意图。① 三个变量都可能呈现出软性，规范性内容可能过于宽泛、权威信号可能不清晰、控制意图可能欠缺。在网络空间的国际软法通常是以行为规范的模式，表达鼓励或禁止国家做某一行为的期望，这种情况下，规范性的内容一般更趋于具体，但是权威信号和控制意图都不太明显，从而被归类为自愿、不具约束力的负责任国家行为规范。正是因为此类软法的权威信号和控制意图不明显，国家需要付出的主权成本非常小，并且不用担心国家责任的问题，国家在博弈中会更乐意采纳，而因为规范性内容趋于具体，很容易形成具有类似法律外观的文本内容，从而为国际软法发挥实际效果形成良好的基础。

如前所述，网络空间国际造法的核心争议之一就是既有国际法适用于网络空间是否能令人满意，是否能解决网络空间的所有问题。对这个问题，国际社会形成了一定程度的对立，以美西方为首的国家认为既有国际法适用于网络空间，就足以解决网络空间的法治化问题，以中俄为首的新兴国家则认为鉴于网络空间的独特性，应该订立新的国际法，尤其是以条约的形式来针对网络空间创设专门性国际法规范。在这种阵营化的对立严重的情况下，发展国际软法是双方都倾向的选择，对西方国家而言，发展软法可以弥补适用既有国际法的不足，并能利用多利益攸关方模式和依托其成熟的市民社会来巩固其话语权优势来形成有利于自己的行为规范；对于中俄等新兴国家而言，发展网络空间国际软法是创设普遍的专门性条约可行性不高情况下的务实选择，将国际软法，尤其是负责任国家行为规范视为网络空间法治化过程中的中间阶段，并视机遇而将一些软法进行硬化，从而达到为网络空间订立专门性国际法规范的目的。所以，网络空间国际软法可以视为在如何适用既有国际法争议很大和创设新的专门性国际法规范面临困境的情况下的网络空间国际造法的第三种道路，作为既有国际法如何适用于网络空间的重要补充而发挥作用。几乎可以肯定的是，网络空间国际软法将会保持蓬勃发展的趋势并持续影响国际法规则的形成、理解与改变。

---

① Michael Reisman, "International Lawmaking: A Process of Communications", *Proceedings of ASIL Annual Meeting*, Vol. 75, 1981, p. 101-120; Michael Reisman, "A Hard Look at Soft Law", *American Society of International Law Proceedings*, Vol. 82, 1988, p. 373.

二　软法规范如何作用于网络空间国际造法

网络空间国际软法的发展路径有二：一是可能会继续作为行为规范而存在；二是可能会发生"软法硬化"的现象而升格为国际法规范。无论遵循哪种发展趋势，对网络空间国际法治而言都是大有裨益的。

首先，网络空间国际软法可与硬法规范平行发展，① 即澄清与发展国际法规范和倡导非正式的软法规则同时进行，互不干扰。非正式的国际造法限制了国家的权力，从而挑战了传统国际法渊源在解释和预测网络空间国家行为方面的力量。软法具有的成本低、程序简、修订易、弹性大的优势②让它能很快填补网络空间国际法的空白领域。国际软法并不一定需要通过被包装成速成习惯国际法的方式来"跻身"国际法渊源的范畴，从当下全球治理的角度，国际软法的功能、地位不仅未因其法律属性、效力而减弱，反而越发彰显其重要性。③ 软法存在的意义之一就在于其为立法者提供了替代性的可选择工具，即其是不具备严格法律约束力却又可随着实践发展灵活调整的规范性指导。④ 网络空间国际治理有其自身特点，不仅主权国家举足轻重，非国家行为体也扮演了相当重要的角色。一个典型的现象是大量网络空间标准协议、技术规范、基础资源并非由政府把控，而是掌握在非政府组织、互联网公司或技术社群等手里。国际网络空间治理应该坚持多边参与、多方参与。⑤ 数量众多的网络空间非国家倡议平台作为规范的孵化器而存在，这些倡议孵化出网络空间的行为规范，凭借其合理性和适当性尝试走向"内化"，从而在国际社会累积认可。从这个意思上讲，软法中很多部分可能比硬法具有更多的实际效果，也要认识到，软法对国际法的补充也可能不是符合国际社会利益的，因为最终的造法权

---

① Dan Efrony and Yuval Shany, "A Rule Book on the Shelf? Tallinn Manual 2.0 on Cyberoperations and Subsequent State Practice", *American Journal of International Law*, Vol. 112, No. 4, 2018, pp. 583-657.

② 石亚莹：《论软法的优势和作用——以国际法为视角》，《法学杂志》2015年第6期。

③ 何志鹏、魏晓旭：《速成习惯国际法的重思》，《东北师大学报》（哲学社会科学版）2020年第1期。

④ 参见［美］W. 迈克尔·赖斯曼著，万鄂湘、王贵国、冯华建主编《国际法：领悟与构建（W. 迈克尔·赖斯曼论文集）》，法律出版社2007年版，第148页。

⑤ 习近平：《在全国网络安全和信息化工作会议上的讲话》，载中共中央党史和文献研究院编《习近平关于网络强国论述摘编》，中央文献出版社2021年版，第163页。

威还是掌握在国家手中，国家应该积极关注和回应这些规范，无论是报以正面或负面的态度。正如有学者指出："非政府团体提出的对国际法的解释或适用可能不反映许多或大多数国家的做法或法律观点。各国的相对沉默可能导致网络领域的不可预测性，各国可能会猜测彼此对适用法律框架的看法。在具体的网络事件中，这种不确定性可能引起各国的误解和误判，可能导致升级，在最坏的情况下，可能导致冲突。"①

其次，国际软法可作为硬法的过渡形式或缓冲手段。② 软法可以通过缓慢的规则性粘连而转变为硬法，③ 从而实现真正的"软法硬化"。一项国际软法的形成对未来的国际实践和国际立法都具有参考甚至指导意义。④ 网络空间的软法规范，尤其是负责任国家行为规范中的相当一部分具有升格为习惯国际法的潜质。目前，它们作为软法规范，经历着规范生命周期中的"扩散"的阶段，成为网络空间国际法规则产生的中间阶段。网络空间的软法规范可以被视为"规范制定的实验室"，随着规范行为的频繁化和形式化，主权国家将节约规制成本而加强政治合作，有可能就此质变为硬法，转化成条约或者被理解为习惯的基础。⑤

---

① Brian J. Egan, "International Law and Stability in Cyberspace", *Berkeley Journal of International Law*, Vol. 35, Issue 1, 2017, pp. 171-172.
② 尚杰：《国际软法问题研究》，博士学位论文，吉林大学，2015 年，第 32 页。
③ ［美］W. 迈克尔·赖斯曼著，万鄂湘、王贵国、冯华建主编：《国际法：领悟与构建（W. 迈克尔·赖斯曼论文集）》，法律出版社 2007 年版，第 148 页。
④ Dinah Shelton, "Soft Law", in David Armstrong ed., *Routledge Handbook of International Law*, Routledge, 2009, pp. 68-72.
⑤ 何志鹏、孙璐：《国际软法何以可能：一个以环境为视角的展开》，《当代法学》2012 年第 1 期。

第五章　网络空间国际造法的体系化观察

　　国际社会没有像国内那样成熟的立法程序与体系，国际法无法凌驾于国家之上，[1] 它不仅缺乏权威的中央立法机构，而且是一个相对缓慢的渐进过程。尽管近年来国际法已经取得了突飞猛进的发展，但其初级法的状态并没有根本改变。[2] 当前的国际法，仍处于以约定为主要模式、以横向为基本状态的时代。国际法渊源的视角让我们能从法的表现形式方面入手，它能很好地将网络空间纷繁复杂的国际造法现象根据其是否确定了法律上的权利和义务而进行类型化，但也要注意，不应对国际法渊源理论框架，尤其是《国际法院规约》第 38 条存有形式主义幻想，[3] 即认为它能周延地涵盖和解释网络空间国际造法的所有问题。

　　在对网络空间国际造法的核心争议——旧法之适用、新法之产生和软法之发展等进行阐述之后，下文将总结一些体系性观察，并试图结合核心争议及其发展趋势，从网络空间国际造法的中国应对出发提出相关建议。首先，从路径来说，网络空间国际造法呈现出三轨并进的格局，传统的造法模式在网络空间仍然缓慢发展，既有国际法适用于网络空间作为基石而存在，主要涉及国际法规则从旧到新的适应性改良。专门性条约和新习惯国际法的形成需要从无到有的长期努力，作为造法的愿景发挥作用。非正式的造法模式与传统的造法模式在网络空间平行存在，并很可能在未来发生交叉。多利益攸关方模式下的国际软法规范成为网络空间国际造法的重要补充。其次，从造法的成果来看，相关的国际法规则、原则与规范呈现

---

[1] [法] 雷蒙·阿隆：《和平与战争：国际关系理论》，朱孔彦译，中央编译出版社 2013 年版，第 685 页。

[2] John Murphy, *The United States and the Rule of Law in International Affairs*, Cambridge University Press, 2004, p. 12.

[3] Jean d'Aspremont, *Formalism and the Sources of International Law: A Theory of the Ascertainment of Legal Rules*, Oxford University Press, 2011, p. 222.

出异质互补的趋势，共同指引网络空间的国际秩序。旧法与新法直接呈现出嵌套和互相渗透的关系。软法被视为国际规范产生的试验产品，可能会在未来升格为国际法，国际社会将会依赖这种软硬兼施的复合型规范结构来构建和维持网络空间的国际秩序。最后，中国作为一个网络大国，需要分类施策地参与网络空间国际造法进程，为网络空间国际法治贡献中国智慧、提出中国方案。

第一节 网络空间国际造法路径：三轨并进格局

国际造法所关注的，是创造新的规则，或者修改、废除旧规则的一系列机制和程序。[1] 网络空间国际造法，可以说从形式到内容，从核心到边缘都在不断的变化中。网络空间的国际造法并非线性的过程，它必定伴随着挫折或迂回，这都属于正常情况，一时的滞缓并不应被过分强调。[2] 网络空间国际造法既包括传统的造法模式，即既有国际法的适用与专门性条约和新习惯国际法的形成，也包括非正式造法，国家以及非国家行为体采取软法的模式来参与网络空间规范化，尤其是以负责任国家行为规范的形式。概言之，网络空间国际造法呈现出旧法、新规与软规范三轨并进的格局。

一 传统国际造法模式仍在网络空间缓慢发展

迄今为止，国际社会已经就既有国际法可以适用于网络空间达成了多次的共识。在此基础上，国家将继续就既有国际法如何适用与网络空间展开进一步的造法进程。除了既有国际法的适用，国家对于是否需要订立新的网络空间专门性国际法规范莫衷一是。传统的造法模式在网络空间通过从旧到新与从无到有两种方式缓慢发展。

（一）从旧到新：既有国际法适用于网络空间

鉴于国际造法的阵营化与战略选择，既有国际法如何适用于网络空间规范会成为网络空间国际造法的重要基石，是一个长期性的问题。既有国

---

[1] Antonio Cassese and Joseph Weiler, *Change and Stability in International Law-Making*, De Gruyter, 2010, p. 38.

[2] François Delerue, *Cyber Operations and International Law*, Cambridge University Press, 2020, p. 27.

际法在网络空间的适用，从形式上看，没有创立新的法律范式，而是一种法律的延伸（law stretching）。① 法律在和社会循环交互互动中进行改革。② 同样的规则文本，一百年前与现在的适用情形显然发生了变化，经过国家的解释与澄清，国际法规范的内涵在网络空间获得了实质上的更新。这种隐蔽的国际造法方式通常是通过法律识别、解释和推理来完成。法律解释就是法律解释，并非对规则的修订与重写，③ 国际法适用于网络空间，在许多情况下超过法律解释与适用的范畴，意味着对既有国际法规范的二次造法，属于"旧瓶装新酒"的情况。

对于既有的条约来说，条约缔约国就某一条款的具体解释达成的合意被认为是"有权解释"，在解释过程中具有重要的意义，《维也纳条约法公约》也作为公认的指引来规范和限制对条约的解释。④ 对于习惯国际法的解释则更是充满了不确定性。习惯国际法的创设、确认与解释的过程本身就带有相当的模糊性，争议一直存在。⑤ 尽管速成国际法的理论很早就被提出，这种不成文的造法本质上仍是保守和回溯性质的。⑥ 习惯法规则的存在和内容的不确定性使机会主义者能够主张缺乏国家实践或法律确信的任何内容。在网络空间造法中，对于既有国际法的澄清，主要涉及的是习惯国际法如何适用于网络空间的问题，从国际、国别和学者三个层面进行。目前看来，国家之间对包括《联合国宪章》在内的既有国际法规范如何适用于网络空间分歧较大，尤其是在与国际和平与安全、国家底线利益紧密相关的高政治领域。例如，国家主权、不干涉内政、禁止使用武

---

① Jean d'Aspremont, "Cyber Operations and International Law: An Interventionist Legal Thought", *Journal of Conflict and Security Law*, Vol. 21, Issue 3, 2016, p. 582.

② Victoria Nourse and Gregory Shaffer, "Varieties of New Legal Realism: Can a New World Order Prompt a New Legal Theory", *Cornell Law Review*, Vol. 95, No. 1, 2009, pp. 127-136.

③ Alan Boyle and Christine Chinkin, *The Making of International Law*, Oxford University Press, 2007, p. 277.

④ Zhixiong Huang and Kubo Mačák, "Towards the International Rule of Law in Cyberspace: Contrasting Chinese and Western Approaches", *Chinese Journal of International Law*, Vol. 16, Issue 2, 2017, para. 280.

⑤ Jorg Kammerhofer, "Uncertainty in the Formal Sources of International Law: Customary International Law and Some of its Problems", *European Journal of International Law*, Vol. 15, Issue 3, 2004, p. 523.

⑥ Alan Boyle and Christine Chinkin, *The Making of International Law*, Oxford University Press, 2007, p. 52.

力、自卫权、武装冲突法等问题往往是造成国家间立场对峙严重、多边平台协商无果的主要原因。国际法本质上是国家利益的产物，① 网络空间中，各国追求的利益差异较大，在可预见的将来，各国仍将在既有国际法适用于网络空间的问题上展开长期、深度的博弈。

（二）从无到有：网络空间专门性条约的制定与新习惯国际法的形成

首先，在专门性条约制定方面。网络空间还在等待自己的国际法"立宪时刻"②，缺少一个代表性的事件将各国的外交代表拉回谈判桌前。专门性的"宪章性"条约，作为规范网络空间的"特别法"，具有必然性，但它的过程也可预见地充满艰辛。以美国为代表的一些有互联网技术优势的国家反对制定新条约，认为既有的国际法可以一种可行的方式作用于网络空间。西方学者也大多持相同观点，例如弥尔顿·穆勒曾在《永别了，规范》一文中直言：条约永远不会达成，但如果真的达成了，对美国而言也没有好处。③ 多边条约的制定涉及经过深思熟虑和理性的努力，通过适用于所有国家的一般规则来满足人们的需求。④ 多边条约的造法过程，一定程度上体现了平等与民主，但是成本高昂，耗时耗力，需要对主权较大程度的让渡，目前来说政治意愿较为缺乏。

有学者用外空法或者极地法的造法过程来预判网络空间的"宪章性"条约，这种观察可能还需更多考虑。虽然迄今为止不论是外层空间或南极地区，都已经有了"1+N"的国际法造法模式，但这种模式在网络空间很难复制。网络空间制定宪章性条约的难度要远远大于其他具有"公域"性质的领域，因为大多数甚至可以说所有国家都是潜在的网络空间全面条约的利益攸关方。同样为公域的南极或者外空相关条约的制定，都只涉及

---

① M. Cherif Bassiouni, "Revisiting the Architecture of Crimes Against Humanity", in Leila Nadya Sadat ed., *Forging a Convention for Crimes Against Humanity*, Cambridge University Press, 2011, p. 43.

② Anne-Marie Slaughter and William Burke-White, "An International Constitutional Moment", *Harvard International Law Jounral*, Vol. 43, 2002, pp. 1-2.

③ Milton Mueller, A Farewell to Norms, Internet Governance Project, September 4, 2018, https://www.internetgovernance.org/2018/09/04/a-farewell-to-norms/.

④ Oscar Schachter, "Entangled Treaty and Custom", in Yoram Dinstein ed., *International Law at a Time of Perplexity: Essays in Honour of Shabtai Rosenne*, Martinus Nijhoff Publishers, 1989, pp. 717, 720.

了数量很少的国家。《南极条约》由 12 个国家谈判达成，其中包括 7 个对南极洲提出领土要求的国家。同样，《外空条约》是在只有苏联和美国才有能力进行外空活动时签署的，因此本质上是在冷战对手之间达成一致。美国和苏联在 1966 年 6 月提出了条约草案，9 月就大部分条款达成了协议，当年 12 月联合国大会便批准了该条约，并于 1967 年 1 月开放签署。不难看出，作为利益相关方的国家数量的增加让多边协议更难达成，严重阻碍网络条约的谈判。① 实际上，随着有能力涉足外空的国家越来越多，外空的条约制定也陷入了停滞，自《月球协定》过后也没有普遍的多边条约再出现，而是转向了联合国大会的决议以及其他软法倡议。

网络空间的普遍性条约存在实际困难，也和目前国际社会真正意义上的普遍性多边条约进程陷入滞缓的大趋势相符合。② 从 21 世纪以来，普遍性多边条约的数量就呈下降趋势，条约停滞是风险的产物，即新多边条约的制定将中断正在进行的国际合作和限制通过其他手段适应新事态发展的选择，③ 并不一定表明在某一特定问题领域的国际合作或治理的崩溃，它可能是国际法律框架按照设计的方式发挥作用的一个征兆。④

2024 年 8 月，《联合国打击网络犯罪公约》案文得以通过。一方面，这是多边主义的传统造法模式的阶段性胜利。另一方面，本书对此持谨慎乐观的态度。设想如果关键的网络大国（如已对此发表反对意见的美国与欧盟国家）不愿意签署这项条约，或者签署但不批准这项条约，那么即使这项条约文本被起草，是否会出现类似《月球协定》的尴尬局面？没有关键大国参与的条约，很难提供全球层面的国际法指导。虽然全球层面的条约面临较大困难，但是区域或双边的国际条约仍然存在相当的造法空间。例如，网络犯罪领域的《欧洲委员会网络犯罪公约》《非洲联盟网络安全和个人数据保护公约》《阿拉伯国家联盟打击信息技术犯罪公约》的成功缔结，完全说明了制定新条约的可行性。

---

① Kristen E. Eichensehr, "The Cyber-Law of Nations", *Georgetown Law Journal*, Vol. 103, 2015, p. 358.

② Andreas Motzfeldt Kravik, "An Analysis of Stagnation in Multilateral Law-Making and Why the Law of the Sea Has Transcended the Stagnation Trend", *Leiden Journal of International Law*, Vol. 34, No. 4, 2021, p. 935.

③ Brian Israel, "Treaty Stasis", *AJIL Unbound*, Vol. 108, 2014, p. 68.

④ Brian Israel, "Treaty Stasis", *AJIL Unbound*, Vol. 108, 2014, p. 69.

其次，在网络空间新习惯国际法的形成方面。网络空间新习惯国际法的形成面临国家实践难以识别，法律确信难以证明以及国家实践与法律确信相矛盾的困境。网络空间活动迄今为止的发展时间还不长并不能作为否定网络空间习惯国际法形成的理由，国家实践要求的普遍性与一致性也并非固有障碍，国家实践与法律确信的侧重可以调整。在网络空间中，主权国家对于法律确信的明确表达对于形成新的习惯国际法大有裨益。即使目前并没有一项规则被普遍认可为网络空间新的习惯国际法，但我们有理由期盼一个从量变到质变的过程。

不论是新的网络空间习惯国际法的形成，或者是既有习惯国际法的内涵和外延发生变更，从造法的角度来说，都是国家有目的地去影响国际造法的过程，这也让国际法不用只依靠多边条约繁琐、缓慢、成本高昂的造法进程，也不用面对缔结协议时国际体系和国内政府的政治阻碍。[1] 在这个过程中，各国发挥的作用大小是不一样的。这个情况虽然在一般国际造法中就已出现，但在网络空间尤其明显，这是因为网络空间并非真正的国际公域而是一个人造的空间。订立网络空间规则的时候，不平等地参与是常态。美国国际法学者在 20 世纪就已经建议美国将国际造法工作的重点从条约和国际组织转向习惯国际法。这种主张是由于美国拥有更大的财富和军事力量，在非正式造法环境中比在联合国和多边谈判会议等更正式的程序领域更能影响造法结果。[2] 条约这种形式上需要缔约国签署或批准的书面文件，使得强国与弱国之间形成了形式上的平等，因为没人能强迫另一国加入条约，这需要当事国的明示同意。习惯国际法则不然，它没有订立的程序，它的识别有相当大的任意性。在网络活动中，强国不仅可以提供国家实践，也能影响甚至引领其他国家的实践。此外，尽管所有国家都持有法律确信，但很大程度上那是强国强加于弱者的产物。[3] 形式上的主权平等在网络空间规则构建中被严重消磨，这样的造法态势下，发展中国家如果没有实践引领的能力，也不积极表达法律确信，很可能会因为成为

---

[1] Andrew T. Guzman, "Saving Customary International Law", *Michigan Journal of International Law*, Vol. 27, No. 1, 2005, pp. 165-166.

[2] Michael Reisman, "The Cult of Custom in the Late 20th Century", *California Western International Law Journal*, Vol. 17, 1987, pp. 133-124.

[3] Michael Byers, "Power, Obligation, and Customary International Law", *Duke Journal of Comparative & International Law*, Vol. 11, No. 1, 2001, pp. 81-88.

沉默的大多数而被造法过程裹挟而面临话语权的丧失。

二 非正式造法与传统造法模式平行或交叉

　　法律概念前所未有地扩展到从未被认为是属于正当法律的规范性领域。① 虽然"开明的"② 实证主义保留了形式渊源的中心地位作为国际法律话语的核心，但网络空间的国际造法需要采取更灵活的态度，承认国家行为模式的变化，以及确定国家同意和同意证据的更广泛的方法。③ 此外，所谓的"软法"是丰富规则意涵和感知法律变化的一个重要手段。④ 非正式的国际造法已经构成了全球规范过程的重要组成部分。⑤ 这些规范化的努力表面上不属于"法律"的传统范围，⑥ 但确实属于网络空间国际造法过程的组成部分。网络空间非正式造法，不论是国家主导的，还是非国家行为体驱动的，都成为网络空间国际法的重要补充。

　　全球性问题与跨国行为主体多元化的结合，削弱了主权国家的政治意识形态。⑦ 非国家驱动的倡议大量存在于网络空间，这些过程也应被视为网络空间国际造法的一部分。"多利益攸关方"的网络空间治理模式决定了非正式造法的现象会在网络空间普遍存在。首先，非国家行为体在网络空间治理方面行使重要职能。一个典型的例子就是 IETF（the Internet Engineering Task Force）让主要的互联网服务提供商和网络公司加快从互联网协议版本 4（IPv4）到互联网协议版本 6（IPv6）的过渡。IPv6 是 IETF 开发的，以允许互联网的持续增长，因为在 IPv4 下可用的 43 亿个 IP 地

---

① Gennady Danilenko, *Law-Making in the International Community*, Martinus Nijhoff Publishers, 1993, p. 20.

② Bruno Simma and Andreas L. Paulus, "The 'International Community': Facing the Challenge of Globalization", *European Journal of International Law*, Vol. 9, Issue 2, 1998, p. 307.

③ Alan Boyle and Christine Chinkin, *The Making of International Law*, Oxford University Press, 2007, p. 12.

④ Bruno Simma and Andreas L. Paulus, "The 'International Community': Facing the Challenge of Globalization", *European Journal of International Law*, Vol. 9, Issue 2, 1998, p. 308.

⑤ Joost Pauwelyn, Ramses A Wessel and Jan Wouters eds., *Informal International Lawmaking*, Oxford University Press, 2012, p. 1.

⑥ Joost Pauwelyn, Ramses A Wessel and Jan Wouters eds., *Informal International Lawmaking*, Oxford University Press, 2012, p. 1.

⑦ 江河：《从大国政治到国际法治：以国际软法为视角》，《政法论坛》2020 年第 1 期。

址已经用尽。其次，在国家还未正式从国际法层面管理网络空间时，一些非国家行为体已经构建了松散的秩序。最后，非国家行为体是网络空间最主要的用户。一些私主体拥有支持网络领域的大部分基础设施，这种所有权结构意味着私主体可能负责执行政府作出的政策选择。

非正式造法在网络空间的广泛存在，是在传统造法模式限于滞缓下的很好的替代路径，它不仅可以与传统的条约和习惯国际法的形成平行存在，独立运行，也能在一些时候产生交叉，例如某些非国家倡议被国家广泛认可而被吸收成为条约或习惯国际法的一部分，实现"软法硬化"。从这个角度出发，多元的主体参与造法的过程，所有对国际行动的合法性进行回顾性或前瞻性评估的主体及其随后的反应都构成了国际法的决策过程。[1] 这种"参与型国际造法模式"[2] 确实在网络空间中体现得较为突出。

一个需要认清的问题是，非国家行为体参与国际软法倡议的创制与推广，和网络空间这种"多利益攸关方"的自下而上的治理模式，非常符合美国的利益，这种模式所放大的许多民间的声音，包括技术公司和非国家行为体，都与美国有联系或分享美国的价值观。[3] 在数量繁多的网络空间非政府驱动的倡议中，绝大多数都是由美国或者欧洲国家的市民社会、技术团体或者公司、智库提出的，很少有看见来自广大发展中国家的倡议。客观地说，非国家行为体参与造法，通常只代表一小部分群体的利益，并且由于其在资金方面有严重依赖，规范的议题和内容都受到赞助者利益的影响。

这种非正式国际造法中，虽然非国家驱动的软法倡议可以成为网络空间国际造法的重要补充，但是这种发达国家与发展中国家规范倡导者之间的不平衡是明显的，加强企业、学者、市民社会、非政府组织在国际造法中的作用的结果可能是通过进一步偏向网络技术优势国家的议程设置和规

---

[1] Michael Reisman, "Unilateral Action and the Transformation of the World Constitutive Process: The Special Problem of Humanitarian Intervention", *European Journal of International Law*, Vol. 11, Issue 1, 2000, p. 13.

[2] 李洪峰：《非政府组织制度性参与国际法律体系研究》，中国社会科学出版社2014年版，第79页。

[3] Kristen E. Eichensehr, "The Cyber-Law of Nations", *Georgetown Law Journal*, Vol. 103, 2015, p. 347.

范推广来复制既有的国家权力结构。① 事实上，网络空间国际造法的"范式转变"可能仅仅是在一个后殖民、后冷战的世界里，确认网络技术优势国家利益的另一种方式。它可以通过"多利益攸关方"的治理模式和网络规范倡议的优势进一步巩固既有的国际格局，广大发展中国家的利益不会因为从传统造法到非正式造法的"范式转变"而得到更多的体现。

第二节　网络空间国际造法内容：异质互补成果

国际造法应当坚持客观性原则，认识国际社会发展的客观需要，并在国际社会实践检验的基础上坚持守成与创新的统一。② 从国际造法的进程来看，既有国际法适用于网络空间的适应性改良和为网络空间"量身定制"的新规则互动并行，还有软法倡议作为重要补充。从国际造法的成果来看，总体而言网络空间三轨并进下的造法成果呈现异质互补的规范结构。

一　调旧育新：旧法与新规的嵌套渗透

从网络空间国际造法的路径来看，既有国际法规范的适应性改良和网络空间专门性造法，是相互嵌套的，也会继续相互渗透。既存的国际规则、制度和认识往往不容易变更，但它们本身并非一成不变。③ 国际造法是一种近乎持续的活动，其部分原因就是韦恩·桑德霍尔兹和艾力克·斯通·斯威特所说的"规范变化循环"：在既定的规范结构中，行动引发争端。基于对先例的类推，争议就接踵而至。这些话语的结果（也包括权力的部署）会对这些规则加以改进，使它们更强或更弱，更清晰或更模糊。这一循环重新回到其起点即规范结构时，该规范结构已经发生变化。

---

① Alan Boyle and Christine Chinkin, *The Making of International Law*, Oxford University Press, 2007, p. 89.
② 古祖雪：《国际造法：基本原则及其对国际法的意义》，《中国社会科学》2012年第2期。
③ ［澳］克里斯蒂安·罗伊-斯米特、［英］邓肯·斯尼达尔：《牛津国际关系手册》，方芳、范鹏、詹继续等译，译林出版社2019年版，第683页。

改变后的规范会为随后的行动、争端和话语确立其背景。① 也就是说,既有国际法规范的内容会随着实践的变化而变化,"事随势迁,而法必变"②。当前讨论的焦点不是国际法是否适用,而是国际法如何适用。③

一方面,旧法的延伸适用中必然会涉及对既有国际法规范内涵与外延的修改,即"二次造法"。法律适用与二次造法之间的界限并非泾渭分明。例如《联合国宪章》中的相关规定制定于 1945 年,制定者们显然不可能预见网络空间的情况,这些规则并非为了网络空间而制定,它们的适用必然会遇到问题。解释框定了界限,对既有法律框架的延伸需要人们对其正统解释有一定的自由。激进的正统解释显然不允许干涉主义的国际律师将既有制度的适用扩大到它们最初并非为之设计的现象。这就是为什么干涉主义通常要求在法律论证的传统形式约束下(比如解释方面)有一定的自由,④ 而这种自由已经突破了法律解释与适用的界限而走向了重新造法。一个典型的例子就是网络空间中判断"武力攻击"的标准,目前各国似乎都倾向于采纳"规模与效果"标准,且不论"规模与效果"标准并非完全的实然法,网络空间如何认定没有造成可以类比的物理损害后果的网络攻击行为,在既有国际法中没有明确规定,一旦按照"功能主义",即损害功能的正常实现为参考标准,就已经完成对"武力攻击"这一国际法规范内涵的实质性扩展。另外,武装冲突法的区分原则中战斗员必须"公开携带武器"的要求,在网络空间的可操作性似乎大打折扣,必须在对原有规则进行扬弃的基础上展开适用,这个过程也涉及对既有国际法规则适用于网络空间的修改。

另一方面,法律不可能凭空而生,在调旧育新的过程中,一些新的规则慢慢成形,在大多数情况下,新规的产生过程中,旧法都有迹可循。例如网络犯罪、网络反恐的公约,它们的制定离不开参考既有类似情形下的

---

① Wayne Sandholtz and Alec Stone Sweet, "Law, Politics, and International Governance" in Christian Reus-Smit ed., *The Politics of International Law*, Cambridge University Press, 2004, p. 258.

② (清)王夫之:《读通鉴论》卷五《成帝》,舒士彦点校,中华书局 1975 年版,第 274 页。

③ Duncan B. Hollis, "A Brief Primer on International Law and Cyberspace", *Carnegie Endowment for International Peace*, 2021, p. 1.

④ Jean d'Aspremont, "Cyber Operations and International Law: An Interventionist Legal Thought", *Journal of Conflict and Security Law*, Vol. 21, Issue 3, 2016, pp. 575-593.

法律文件，比如跨境有组织犯罪、在航空器内实施恐怖主义活动的国际规制；关于集体反措施的网络空间造法，也必须建立在既有的集体安全机制以及反措施制度的基础之上；网络空间审慎义务的讨论，无论具体是否包含事前的预防抑或只是终止正在进行的恶意网络行为，都不能绕开国际法院在科孚海峡案中创立下的规则范式。保护医疗设施不受网络行动侵害的软法倡议也建立在既有的国际人道法与国际人权法基础之上。虽然新的网络空间专门性条约目前还很少，新的习惯法也仍在酝酿之中，但我们有理由相信，在造法的进程中，旧法与新规会呈现出嵌套渗透的趋势。

二 软法倡议：从规范到规则的试验产品

全球化日益纵深，为那些在形式上没有演化为国际法主要法律渊源的规范逐步形成国际软法体系创造了社会基础。① 网络空间的软法，很大程度上可以被视为从规范到规则的试验品，丰富了国际造法的内涵并提供了宽松的容错空间。

（一）实效优于外观：对国家造法权威的软侵蚀

随着全球治理的兴起，虽然国家的造法权威在渐渐被稀释，国家中心治理的主导地位受到来自超国家中心的挑战，但总体而言，国家中心的治理结构并没有被推翻。加之在网络时代，具备实力优势的国家往往更加依赖信通技术的互联互通，

"玻璃房困境"② 决定了此类国家更需确保网络空间稳定和安全。故不论是网络实力强大的国家，还是其他国家，都需要网络空间的规范化。在硬法难以达成合意的情况下，大量的非国家驱动的软法倡议在网络空间表现突出。国家会遵循一些软法倡议，按照其提出的行为规范来行事，赋予这些软法规范实际的效果，然而从表现形式看，这些软法倡议并不具备法的外观。诚然，国家遵循行为规范，动机可能不只是因为恐惧违反它而面临的国家责任，也就是基于威胁的遵从，还可能是基于计算的遵从以及基于信念的遵从。③ 但无论遵从原因如何，国家如果事实上遵守了这些软

---

① László Blutman, "In the Trap of a Legal Metaphor: International Soft Law", *International and Comparative Law Quarterly*, Vol. 59, 2010, p. 606.

② Kubo Mačák, "On the Shelf, But Close at Hand: The Contribution of Non-State Initiatives to International Cyber Law", *AJIL Unbound*, Vol. 113, 2019, p. 82.

③ 何志鹏：《国际法治论》，北京大学出版社 2016 年版，第 290—296 页。

法倡议提出的行为规范，那么这些软法还真的软吗？一国以违反这些行为规范为由将对另一国进行舆论和道义上的谴责，并采取单边制裁的方式强迫其按照规范行事，这样的规范实际上达到了作为法律规范的效果。

国家作为规范倡导者之一扮演关键角色，虽然其动机往往受本国利益以及功利主义的驱动。而除国家之外的造法参与者，提出了形形色色的软法倡议，这些软法倡议很可能构成网络空间国际造法的一个至关重要的中间阶段，它们允许试验和快速修改，能使造法朝着拘束力增强的方向发展。① 总结而言，软法倡议作为从规范到规则的试验产品，使立法过程比传统的国家驱动的规范制定过程更具多元性和包容性，但同时国家的立法权威也在一定程度上被侵蚀。

（二）规范梯级的"流水线"趋势

软法规范主要存在和作用于国际关系中与国家的底线需求、核心利益以及基本关切距离较远的"软领域"。互联网的开放性和"去中心化"为多元主体的参与提供了可能，但平衡和吸纳多元利益的民主协商机制尚未形成。软法是次生的，国家才是国际造法的权威主体，但这并不妨碍非国家行为体在网络空间国际造法中起到枢纽作用。即使各自主张不同，以中俄为首的发展中国家和以北约与欧盟为首的西方国家都注重网络空间软法的作用。一方面，中俄等国视软法为在主要反映西方国家利益的既有国际法体系外开拓更多可塑空间的关键途径；另一方面，西方国家则认为凭借其国际法底蕴和悠久而成熟的市民社会对网络空间软法的多元参与，有利于进一步维护既有的国际法秩序和优势。②

软法的产生和扩散，形成了一定的程度的"流水线"趋势，已有丰富经验的规范倡导者会利用其经验和影响力重复地推出新的议题选项和软法规范。例如，在网络空间软法规范中具有重要地位的全球网络空间稳定委员会，在 2017 年提出"不干涉公共核心"规范取得广泛反响后，又接连推出了包括"新加坡一揽子协议"在内的多条行为规范，熟练运用其影响力推动"规范扩散"。又如牛津进程，自 2020 年开始至 2022 年年末

---

① See Mary O'Connell, "The Role of Soft law in a Global Order", in Dinah Shelton ed., *Commitment and Compliance: The Role of Non-Binding Norms in the International Legal System*, Oxford University Press, 2000, p.100.

② 黄志雄、陈徽：《网络空间供应链国际规范研究——构建供应链生态系统总体安全观》，《法学论坛》2021 年第 1 期。

已经接连发布了五项牛津声明，涉及了包括干涉网络选举、勒索软件、保护医疗设备不受恶意网络行动侵害在内的多个网络空间规则博弈热点话题，并且以非政府团体身份参与联合国开放式工作组讨论。塔林手册也在不断更新演进中，"塔林3.0"进程也已经启动。这些源源不断的软法倡议摆在国家面前，虽然确实可能出现国家"挑选"规范平台与选择性适用规范内容的情况，但换个角度说，软法倡议虽然给了国家选择的机会，省去了从零开始的规范塑造成本，但只给了有限的选择，给了国家对特定软法倡议做出积极或消极回复的选项。真实的情况可能是，大多数国家不太可能完全抛开软法选项，从零开始构思新的选项而完全不受前者影响。不能过于乐观地认为软法倡议的大量涌现会帮助提升网络空间国际造法的民主化。[1] 软法规范的推广本就带有一定的精英主义色彩，[2] 很多情况下只反映少数群体的利益，并非在广泛协商的基础上制定。利益没有被反映的群体很可能因为没有能力模仿和熟练运用"流水线"操作推广规范或者声音过于微弱而被淹没在数量众多的软法倡议中。软法规范作为网络空间国际造法的补充需要市民社会的成熟机制与良好基础，加之网络空间有非常强的技术依赖，发展中国家看似有了更多的选择，但其实没有哪一个选择会体现它们的利益，甚至被进一步挤压了参与规则塑造的空间。

三　刚柔并济：硬法与软法的关联互补

网络空间中的造法成果之间整体上是异质互补的关系，国际社会需要依赖这种复合型规范结构来构建网络空间国际秩序。国家在不同的语境下选择不同的规范形式，软法与硬法之间由于存在差异，彼此之间具有互相依存性，软法可以建立在硬法的基础上，硬法也建立在软法的基础上。[3]

既有的国际法原则、规则继续是网络空间国际制度赖以建立的基础，而且不会因其他形式的国际造法而失去其地位，它们是基石的存在，软法与既有的国际法规范呈现出外围与中心的相对位置关系。我们必须强调的

---

[1] Kenneth Anderson and David Reiff, "Global Civil Society: A Skeptical View", in Helmut Anheier, Mary Kaldor and Marlies Glasius eds., *Global Civil Society*, Sage Publications, 2004, p. 33.

[2] Alan Boyle and Christine Chinkin, *The Making of International Law*, Oxford University Press, 2007, p. 87.

[3] Gregory C. Shaffer and Mark A. Pollack, "Hard vs. Soft Law: Alternatives, Complements, and Antagonists in International Governance", *Minnesota Law Review*, Vol. 94, 2010, p. 491.

是其他形式的国际法对当代国际法制度起到有益和必要的补充作用，而并非因为一时的缔约挫折而强调条约时代的结束。① 软法规范与硬法并行存在，是严格意义上的国际法规范的重要补充，它不仅可以提供习惯国际法存在和演变的证据，而且能提供创设或改变习惯国际法的"国家实践"或"法律确信"。如联合国信息安全政府专家组报告中负责任国家行为规范提出了保护 ICT 供应链安全规范属于规范的"扩散"，如果相关国家对此规范进行"内化"，在国内法层面立法对 ICT 供应链安全进行保护，在国际层面表明自身的法律确信，那么关于供应链安全的"应然法"就很可能被确立。国际软法可以作为网络空间多边条约缔结过程的一部分，② 目前可以被视为试验品。国家出于各种各样的原因，不可能无视软法。一些软法规范并没有被并入条约，却也体现着对网络空间行为的共同理解，但软法也是有局限性的，互联网的开放性和"去中心化"为多元主体的参与提供了可能，这种多元主体参与造法并不是一种新现象，但它已发展到前所未有的程度，在网络空间软法倡议蓬勃发展的同时，平衡和吸纳多元利益的民主协商机制尚未形成，这也是为什么硬法是必须存在的。因为软法结构松散，去中心化，相互之间可能重复、矛盾、冲突，且无法保证被遵守，国际法对于促进网络空间负责任国家行为规范而言至关重要。③ 软法倡议为网络空间的行为设定了共同期望，而国际法则为网络空间的行为设定了底线。除了这种关联互补的关系，我们还应察觉到，网络空间国际造法似乎在朝着软法与硬法相对化的方向发展，对于本来就处于原始状态的网络空间国际法规范体系进一步增加了效力与边界的问题。

第三节　网络空间国际造法的中国应对

习近平总书记强调要"努力把我国建设成网络强国"④。《中华人民共

---

① Humberto Cantú-Rivera, "The Expansion of International Law Beyond Treaties", *AJIL Unbound*, Vol. 108, 2014. pp. 70–73.

② Alan Boyle and Christine Chinkin, *The Making of International Law*, Oxford University Press, 2007, p. 247.

③ Harriet Moynihan, "The Vital Role of International Law in the Framework for Responsible State Behaviour in Cyberspace", *Journal of Cyber Policy*, Vol. 6, 2021, pp. 394–410.

④ 习近平:《努力把我国建设成为网络强国（2014 年 2 月 27 日）》，载《习近平谈治国理政》（第一卷），外文出版社 2018 年版，第 197 页。

和国国民经济和社会发展第十三个五年规划纲要》指出:"牢牢把握信息技术变革趋势,实施网络强国战略。"① 网络空间国际法强国是我国网络强国战略的重要基石,是我国建设网络空间强国的必由之路。网络空间国际造法作为网络空间国际法规范的创设、澄清、修改、废止的动态过程,对我国的重要性不言而喻。经过前文对国际法渊源视角下网络空间国际造法的核心争议的阐述与体系性观察的总结,可从以下两个维度来讨论中国如何应对网络空间国际造法中的种种挑战。

一 分类施策参与网络空间国际造法

根据约瑟夫·奈的界定,国家对于权力的追求,不仅包括其内部的军事力量、经济力量等硬实力,还在很大程度上包括政治与观念的影响等软实力。② 参与并影响网络空间国际法规则、原则、规范的塑造过程,是一个国家软实力的体现。网络空间国际造法进程目前尚处于起步阶段,存在很大的发展空间。在这个领域,中国不再是规则的后来者,在参与和影响造法方面面临难得的历史机遇。网络空间国际造法相关国际法规则"方兴未艾",中国虽然大有可为,但必须看到的是,我国目前的国际法底蕴和话语权与西方相比还有一定差距,要想在网络空间国际造法中发挥实质性作用仍然面对许多挑战,我国应充分认识网络空间国际造法的过程体系性与内容多元性,针对核心争议分类施策地参与网络空间国际造法。

(一) 以既有国际法之适用为"主战场"

联合国秘书长安东尼奥·古特雷斯在 2018 年的慕尼黑安全会议开幕致辞中表示:"现在已是对国际法律框架在网络空间中如何适用进行严肃讨论的理想时机"。③ 毫无疑问,既有国际法适用于网络空间是整个网络空间国际造法中基础性、长期性的问题。那些在进入互联网时代之前各国基于物理世界的国际交往设计的国际规则,特别是以主权原则及其衍生规

---

① 《中华人民共和国国民经济和社会发展第十三个五年规划纲要》,载全国人民代表大会常务委员会办公厅编《中华人民共和国第十二届全国人民代表大会第四次会议文件汇编》,人民出版社 2016 年版,第 101 页。

② [美] 约瑟夫·奈:《软实力》,马娟娟译,中信出版社 2013 年版,第 12 页。

③ António Guterres, "Address at the Opening Ceremony of the Munich Security Conference", 16 February 2018.

则、禁止使用武力原则为典型的国际法基本原则和规则共同组成了现代国际秩序的基石。对于这些既有国际法规范如何在网络空间进行澄清和适用，是未来相当长一段时间内国家博弈的"主战场"。

我国在相关议题上要注意"攻防兼备"，既加强对网络主权、不干涉内政等方面规则的澄清，也要防范西方国家将有关诉诸武力权及其例外、武装冲突法等既有国际法规则加以扩大解释并类推适用于网络空间。例如，在网络主权问题上，我国一贯主张，网络主权是国家主权在网络空间的自然延伸，是一国基于国家主权对本国境内网络设施、网络主体、网络行为以及相关网络数据和信息等所享有的对内最高权利和对外独立权。自2011年与俄罗斯共同提交《信息安全行为准则》并明确提出"与互联网相关的公共政策问题的决策权属于各国的主权"以来，我国在网络主权问题上的研究已取得显著进展，且积极参与政府间相关谈判。尤其是在联合国信息安全开放式工作组中，我国提交了题为《中方关于网络主权的立场》的官方文件，进一步细化了网络主权的内涵。从权利维度看，我国将网络主权细化为独立权、平等权、管辖权和防卫权；从义务维度，则将网络主权的落地措施具体化为不侵犯他国、不干涉别国内政、审慎预防义务和保障义务，全面夯实了网络主权概念的国际法属性。尽管近年来英国仍未承认网络主权为具有法律约束力的国际法规则，但美国、德国、荷兰、法国等国在关于国际法适用于网络空间的立场文件中，均对网络主权问题进行了明确宣示，并且许多国家通过立法、行政及司法等实践活动，积极行使网络主权。这些事实进一步证明，我国关于网络主权的主张不仅具备合法、公平的法理基础，而且与多数国家的规则诉求相契合，实质上为澄清现有国际法在网络空间的适用提供了重要的理论支持和实践依据。

为了能抓住造法的机会，近年来越来越多的国家通过高官演讲、发布本国的立场文件等方式，就国际法如何适用于网络空间的相关问题提出明确的立场主张。在其他参与网络空间国际造法的行为体，不论是别国或是非国家行为体（如非政府组织或者跨国企业）踊跃进言献策的时候，如果保持沉默或者只是表面参与，实际上恐怕是将规则解释或塑造的权利拱手让出。① 中国政府可通过翔实的法律论证和说理，以白皮书形式出台一

---

① Michael N. Schmitt, "International Cyber Norms: Reflections on the Path Ahead", *Militair Rechtelijk Tijdschrift*, 2018, p. 5.

份关于网络空间国际法治的立场文件,系统、全面地阐述对于网络空间国际法的基本主张和立场,当然重点包括对于既有国际法适用于网络空间的争议问题的理解。另外,与历史不同,国际法是可以调整甚至改写的。国家对于国际法的理解并非一成不变,如果将来国家利益关切发生改变,相关立场也可以随时更新,国际法渊源之一的习惯国际法的发展甚至很大程度上从破坏原有的规则开始。立场更新,还能体现出我国对于某些网络空间国际法问题的持续关注和深入思考,在国际规则博弈中获得更多的可信度。

(二) 以专门性条约与新习惯国际法之产生为"战略机遇"

在肯定既有国际法在网络空间的适用的基础上,我国应该继续推进对网络空间量身制定的新国际法规范的创设。为网络空间制定"特别法"是有必要性的。在网络空间治理的一些新问题上,既有国际法或存在规范"真空",或尚待澄清。

在制定网络空间的专门性条约方面,鉴于在较短时期内要出现"宪章性"条约可能性较小。我国可以聚焦关切,从具体的网络事务方面,例如网络反恐、网络犯罪这种从微观上看最具可操作性的、亟待解决的规制对象方面取得缔约进展。目前看来,打击网络犯罪领域已经存在一些造法进展,联合国大会审议通过的第74/247号决议设立了一个特设政府间专家委员会,该委员会代表所有区域且不限成员名额,旨在拟订一项全面国际公约,用以规制"为犯罪目的使用信息和通信技术行为"。① 就发展中国家而言,该公约谈判的启动,很大程度上可以视作其在网络犯罪领域取得了争取规则话语权方面的阶段性胜利。②《联合国打击网络犯罪公约》的案文虽在2024年顺利通过,但其中内容很大程度与《布达佩斯公约》实质性类似,我国仍需对后续进程保持谨慎乐观,团结金砖国家和上海合作组织成员国,为协调打击网络犯罪提出兼顾主权维护与有效协作的中国方案。③ 另外,可以考虑从区域的方面开始订立条约,在相对较小范围内

---

① Countering the Use of Information and Communications Technologies for Criminal Purposes, 20 January 2020, UN Doc. A/RES/74/247.

② 张鹏、王渊洁:《积极参与联合国打击网络犯罪公约谈判 构建网络空间命运共同体》,《中国信息安全》2020年第9期。

③ 王肃之:《网络犯罪国际立法的模式之争与中国方案》,《南大法学》2021年第5期。

找寻重叠共识,[①] 相对而言更容易实现,这种"投石问路"的方法也有利于修订文本和积累共识。

在形成新的习惯国际法方面,虽然还没有广泛承认的网络空间专有的习惯国际法,但是相关国家显然更倾向于用习惯国际法的方式,进行潜移默化地造法。例如,一些国家在网络空间国际法的立场文件中表明对在网络空间行使集体反措施权利的支持,以及通过双边或者小多边声明的方式来试图确立"网络商业间谍"的国际法规则。这些造法的尝试,于我国而言多有不利,因此我国应该表明自己的立场。除此之外,应该认清当代习惯国际法已经从无意识形成转为"有意塑造",因而我国需要加强实践引领,立足于通过实质性地引领国际议题、主导规则内容、影响相关国际规则的制定和形成,从而使得有关规则真正反映和维护本国利益。

(三) 以国际软法之发展为"突破方向"

第一,"软硬兼施"。在网络空间国际造法中,我国不仅要关注国际条约、习惯等"硬法"规则,还要重视国际组织决议、非约束性行为规范等"软法"的重要价值。在网络空间中,我国坚持的是"多边+多方"主张,即强调政府在网络空间治理中的核心地位。[②] 这种主张与中国的非政府组织、市民社会、跨国企业、学术团体等除主权国家外的利益攸关方自下而上影响规则塑造和解释的"巧实力"经验不足等,具有一定关系。欧洲国家在国际法舞台上能发挥作用,除了自身实力,很大程度得益于它对自己的身份定位,那就是"国际规范的制定者""观念创新的大机器"以及"区域一体化的示范者"。[③] 鼓励并促进我国的市民社会、非政府组织等在网络空间的博弈中广泛参与、积极表态,是很好的举措,但不得不承认,这些理想的变化需要时间。具体而言,中国作为网络空间的核心利益攸关方之一,应当"区分主次",引领谈判议题、引导规范内容,充分发挥话语权和影响力;在规范倡导者可以利用的组织性平台方面,可以结

---

① John Rawls, *A Theory of Justice*, Harvard University Press, 1971, pp. 387-388.

② 例如,《网络空间国际合作战略》提出:"各利益攸关方……应发挥预期自身角色相匹配的作用,政府应在互联网治理特别是公共政策和安全中发挥关键的主导作用。"中华人民共和国外交部、国家互联网信息办公室:《网络空间国际合作战略》,2017年3月1日。

③ 王逸舟:《创造性介入——中国之全球角色的生成》,北京大学出版社2013年版,第23页。

合乌镇世界互联网大会、上海合作组织、亚非法协等机制，推广软法性质的倡议性文件或进程，丰富我国非国家行为体参与网络空间国际规则特别是软法倡议的实践活动，以此作为我国政府主张和倡议的重要补充。

第二，我国还应警惕和防范部分国家试图将以"软法"形式确立的相关行为规范发展为事实上的"硬法"。① 2022 年的《行动纲领》就旨在推动开放式工作组和信息安全政府专家组已经达成的建议、规范、原则和政治承诺的落实。对此，我国应对一些国家试图绕过缔结多边条约的方式而削弱我国在网络造法中话语权的举动加以甄别，防止部分国家以规范属于软法倡议为幌子而将其事实上确立为国际法规范。对于北约智库"网络合作防御卓越中心"发起完成的《塔林手册 2.0 版》，我国应本着"一分为二、趋利避害"的态度辩证看待。一方面，从最终成果来看，《塔林手册 2.0 版》在网络主权、管辖权等相关问题上的核心观点，在一定程度上符合国际法和我国利益，且其中包含的部分原则具有一定的参考价值，值得我国在制定网络空间治理策略时加以借鉴。另一方面，考虑到部分国家可能通过援引《塔林手册 2.0 版》中的观点，推动所谓的"影子立法"，我国应警惕其潜在的法律"硬化"趋势。此类行为可能意图通过非正式的学术成果，逐步将某些理论转化为国际法的实然规则。鉴于此，我国应在对《塔林手册 2.0 版》进行评估时，区分其学术讨论性质与实际法律效力，并针对其中某些仅为学术观点、并非具备国际法效力的内容，进行批判性分析和澄清，防止其被不当引用或误解为具有法律约束力的规则。

二　明确利益关切多法并举取得战略主动

（一）以网络实力为支撑：突破互联网核心技术瓶颈

互联网是网络空间中最大的网络，它被设计成"开放、极简和中立的"。然而互联网的架构却要依情况而定，它是"一种选择——并非命运，并非注定，也并非自然法"②。中国是一个特殊的大国，既是最大的发展中国家，又是少数能与发达国家平起平坐的国家。在网络空间的某些

---

① 黄志雄：《网络空间负责任国家行为规范：源起、影响和应对》，《当代法学》2019 年第 1 期。

② Jack Goldsmith and Tim Wu, *Who Controls the Internet? Illusions of a Borderless World*, Oxford University Press, 2006, p. 90.

技术处于世界领先水平，但在一些互联网核心技术领域的瓶颈较为突出。"建设网络强国，要有自己的技术，有过硬的技术。"① 互联网核心技术受制于人，不仅对国家安全来说是巨大的隐患，也让我国在国际法规则谈判时受到掣肘。参与并影响网络空间国际造法是一国软实力的体现，但必须承认，软实力的真正力量，必须依赖于硬实力之上。② 虽然网络空间实力的具体发展并非本书讨论范围，但是我国如能在互联网实力方面有所加强，会增加谈判的底气。例如，如果我国能在归因技术方面日趋成熟，不仅能解决基于归因的许多矛盾，还能在需要指证他国违法或被污蔑时拿出证据。

(二) 以求同存异为理念：寻求公共产品与本国利益的平衡

在第二届世界互联网大会开幕式上，习近平主席指出："推动制定各方普遍接受的网络空间国际规则……研究制定全球互联网治理规则，使全球互联网治理体系更加公正合理，更加平衡地反映大多数国家意愿和利益。"③ 主权国家之间在价值体系、意识形态与国家利益等方面各有追求，使得其在网络空间国际法领域的目标、诉求和具体主张存在差异甚至一定程度的对立。我国应立足求同存异，在各国有共同利益的部分重点参与造法。国际法既是一门技术，又是一门艺术，它是在博弈斗争中妥协的结果，实现着各方利益的微妙平衡。虽然现实主义国际关系的底色让各国必先着眼于维护和促进本国的利益，但是，在网络空间这样一个互联互通、休戚与共的没有物理界限的领域，各国面临的安全威胁与对秩序的需求是共通的，这实质性加大了各国通过网络空间国际造法来开展合作，维护共同利益的紧迫性。

作为一个负责任的大国，中国应该在网络空间国际造法过程中秉持求同存异的理念，务实凝聚共识，将一些争议先搁置。为了能在造法中取得最大共识，中国应该学习将本国利益包装入国际公共产品。国际法律制度是典型的人工的国际公共产品。④ 务实地说，严格意义上的国际公共产品

---

① 习近平：《努力把我国建设成为网络强国（2014年2月27日）》，载《习近平谈治国理政》（第一卷），外文出版社2018年版，第198页。
② 何志鹏：《国际法治论》，北京大学出版社2016年版，第219页。
③ 习近平：《在第二届世界互联网大会开幕式上的讲话》，载习近平《论党的宣传思想工作》，中央文献出版社2020年版，第175页。
④ 徐崇利：《国际公共产品理论与国际法原理》，《国际关系与国际法学刊》2012年。

应在全球范围内具有非竞争性和非排他性特点,但实际上很少有产品同时具有这两个特点。① 无论如何,面对网络空间治理中的国际公共产品供给不足和国际社会对网络安全、秩序与发展的共同期待,我国从自身利益与实际能力出发,应当且能够推出公共产品,逐渐打破西方标准与话语的垄断,不断引入中国视角,融入中国话语。②

(三) 以立场关切为基点:聚焦矛盾、落实案文

无论是代表国家明示同意的条约,或是代表国家默示同意的习惯国际法,都同时体现了国家的言与行。在国家实践趋于保密的网络空间,国家的表达就显得非常关键,国家对于"国际法如何适用于网络空间"的表达,既可以被视为国家实践,又可以被视为法律确信,对网络空间习惯国际法的形成具有重要价值。

中国在各种场合参与网络空间国际造法,不论是主动的或是回应性的,都应该有明确的立场关切和翔实的法律论证。国际法是一套话语体系,③ 是一种"工具理性",④ 它能辅助我国塑造和维护国家利益,⑤ 但它同时也是斗争博弈的意志协调产物。目前对于网络空间国际造法的许多争议问题,中国似乎都还处于观望的状态,采取中庸态度。这种谨慎是有意义的,但也是有代价的。我国应当明确国际法在网络空间适用的官方立场,加强多边、区域间议题磋商。近年来,我国围绕网络主权和网络空间命运共同体等理念,提出了一些有关网络空间国际规则制定的主张,在国际社会上也产生了较大影响。与美国等主要西方大国相比,我国在积极推动规则讨论和制定层面,仍然存在不小的差距。例如,在网络主权、不干涉内政(选举)、保护关键基础设施等重要议题上,美国、英国、法国等国在不同场合积极发表官方主张,试图对相关国际法理论的内涵与外延加以新的解释,引领其他国家参与到网络空间国际法规则的话题讨论当中。

---

① 石静霞:《"一带一路"倡议与国际法——基于国际公共产品供给视角的分析》,《中国社会科学》2021 年第 1 期。

② 吴志成、李金潼:《国际公共产品供给的中国视角与实践》,《政治学研究》2014 年第 5 期。

③ 车丕照:《国际法的话语价值》,《吉林大学社会科学学报》2016 年第 6 期。

④ C. Wilfred Jenks, "Craftsmanship in International Law", *The American Journal of International Law*, Vol. 50, No. 1, 1956, pp. 32-60.

⑤ 何志鹏:《国家利益维护:国际法的力量》,法律出版社 2018 年版,第 317 页。

对此，我国在议题主导和规则博弈层面仍处于被动地位，需要认真总结、借鉴别国的有效经验，在网络空间国际规则"建章立制"阶段有所作为。

中国在提出相关立场主张的时候，需要聚焦矛盾，所有的主张都尽可能有详尽的法律分析和论证。例如，中国在主张国际人道法适用于网络空间与引起网络空间军事化、军备竞赛的紧张氛围之间的因果关系问题上，可能并没有很强的说服力。当然，这种详尽是总体而言的，在某些国内相关部门确实没有达成共识或者比较一致地认识不应该积极表达的领域，表态可以适当简略。除此之外，有效参与网络空间国际造法需要落实到案文上，只是宣示性的立场重复，对塑造网络空间国际规则而言，意义有限。在提供公共产品时，文案要"脱敏"处理，要注意尽量避免使用会让国际社会产生怀疑和犹豫的过于本土化的内容表述，这会让中国方案向国际社会推广时，遇到更大的阻力，影响国际社会的接受程度。

（四）多主体密切联动：政企学等结合

中国有效参与网络空间国际造法，需要从政府部门、技术企业、学者智库三方面加强互补协作以及优化资源配置，以求形成供需配合对接的有效机制。随着网络空间国际法治的发展，中国参与网络空间的国际规则塑造与秩序构建，政府和军队部门的决定性作用固然是毋庸置疑的，而企业和学者非政府力量也有可能发挥难以替代的补充作用。

"权威学说"是我国构建国际法话语权的重要载体。[1] 长期以来，全球范围内的专家学者对网络国际法的前瞻性讨论似乎在引领着政府间的造法进程，两版塔林手册就是其中的集大成者。在学者前瞻性研究的基础上，相关国家近期纷纷阐发有关网络空间适用国际法的立场文件，在很多方面吸纳了学者倡议和智库研究的共识，显示出学术界与国家之间的"合流"。[2] 由高校和智库在乌镇世界互联网大会上推出的《网络主权：理论与实践》已经连续三年进行更新，[3] 是有益的学者参与造法的尝试，但总体而言，我国在网络空间以学者倡议影响国际造法的成绩目前不是很乐观，国际上能掷地有声的中国学者声音很少。同样作为新疆域的外空，也

---

[1] 赵骏、谷向阳：《国际法中"权威学说"功能的流变与当下意义》，《太平洋学报》2020年第7期。

[2] 张华：《网络空间适用禁止使用武力原则的法律路径》，《中国法学》2022年第2期。

[3] 《网络主权：理论与实践（3.0版）》，https://www.wicwuzhen.cn/web21/information/Release/202109/t20210928_23157328.shtml。

面临学者影响力偏弱的类似问题。① 这一情况亟待改善，应当引起重视。具体而言，中国学者可以尝试关注和参与《塔林手册3.0版》的进程，对相关规则发表意见，并深度参与。专家学者的智力支撑和国际发声，可以避免政府"孤军奋战"，多方力量形成合力。这种软实力的形成，必须未雨绸缪，及早进行持续的能力和制度建设。

另外，国内学者与政府实务部门有必要进一步展开沟通与合作，效仿美国"旋转门制度"，做好联系、协作以及学术成果转化的工作，优势互补。我国应该建立吸收网络空间国际造法领域专家学者常态化参与决策咨询、实务工作和国际对话的机制，整合相关研究力量，培养出在国际场合能发出中国见解的领军人物。国内学者可跟进与深入了解网络空间国际造法的前沿动态，也能及时提供法律支撑，从而在国际法学界提出掷地有声的论证，积极为中国主张发声，为进一步在网络空间国际造法中烙上中国印记提供更多的法理和规则层面的方案。

---

① 冯国栋：《国际空间外交博弈视角下的外层空间法律学说演变及中国应对》，《国际展望》2014年第6期。

结　　论

恩格斯曾提出："社会发展初期存在一种需要，即需要某一共同的规则规范日复一日的产品生产、分配与交换行为，从而让个人遵守生产与交换的相关条件。此规则最初是一种习惯，逐渐发展为法律。而维护法律的公权力，即国家，也会随着法律的产生而诞生。"[①] 恩格斯的这段论述表明新的法律规则的产生是出于客观需要。正如国内社会中重要的社会关系被以法律的方式确立一样，国际造法活动也都遵循国际社会的现实需求。现代科学技术对法律的影响深远，信息通信技术更是如此。网络空间因为其互联互通、跨境、即时、匿名等特性，在为人类社会提供了前所未有的便利的同时，也给国际社会的公平、安全与稳定带来了巨大挑战，在此背景下，网络空间的建章立制是必然趋势。

本书试图以国际法的形式渊源这样的内部视角为基础，同时结合国际造法的过程，也就是从主体、平台、结果等外部视角来共同观察网络空间的国际造法，完成从国际法规则的结果导向到国际造法的过程导向的拓展，以期能社会地思考，法律地行动。

国际法渊源视角下的条约和习惯仍然是网络空间国际造法的核心部分，但我们必须要承认，随着"法律规范制定的多元主义"[②] 在网络空间成为既定事实，国家的造法权威在某种程度上被稀释了，非国家行为体参与到网络空间国际造法的进程中来，但这并没有改变国际法"国家本位"的基本秩序。以法的表现形式为判断标准的国际法渊源，并不能完全涵盖网络空间国际造法的全部内容。我们必须跳出这种思维定式，加入过程动态的视角来体系化地观察网络空间国际造法，尤其要考虑到非国家行为体及其倡导的国际软法对网络空间国际造法的影响。

[①] 《马克思恩格斯选集》（第三卷），人民出版社 2012 年版，第 260 页。

[②] Jean d'Aspremont, *Formalism and the Sources of International Law: A Theory of the Ascertainment of Legal Rules*, Oxford University Press, 2011, pp. 2–3.

国际法存在体系化理想，网络空间也是如此，但就目前的进展来看，碎片化的现实提醒我们网络空间的国际造法征程才刚刚开始，大国围绕新秩序、新规则的博弈日益激烈。国际法渊源的视角下，网络空间国际造法的争议不仅体现在既有国际法规范如何适用于网络空间，也体现在对制定网络空间的特别法，不论是专门性条约或是新习惯国际法上。由于政治角力和战略选择，传统的国际造法模式，尤其是条约的谈判，在网络空间进展并不顺利。在此情形下，非正式的国际造法蓬勃发展，尤其是网络空间国际规范大量涌现，成为与传统造法模式平行且可能交叉的造法路径。由此，网络空间国际造法形成了旧法、新规、软规范三轨并进的格局。

以色列副总检察长罗伊·斯恰多夫在发表关于国际法适用于网络空间的演讲时，曾做了一个精彩的比喻：把陆地、天空和海洋领域的国际法想象成独立的树，每棵树都有自己的枝叶，每棵树都结出自己的果实。每棵树都是由共同的成分维持的——土壤、水、阳光——但每棵树的生长方式都不同，这取决于外部条件、播种的种子类型以及根系的生长方式。我们现在有了一棵新树，它的根刚刚开始成形——网络行动国际法是一个新兴领域。它产生于同样的国际法根基和国际体系的核心原则，它的叶子和果实将与其他法律领域具有某些相似之处——但我们并不期望它一旦完全成熟，会和其他树是相同的。① 网络空间国际造法的问题，虽然与其他国际法分支的造法问题存在相似之处，但它确实也是独一无二的。网络空间国际造法总是在实然法走向应然法的过程之中，作为"一般法"的既有国际法规范与作为"特别法"的网络空间新条约、习惯和软法规范存在嵌套与互相渗透的关系，形成了一套机制复合体，并共同组成了网络空间异质互补的规范结构。

网络空间是一个新领域，国际造法方兴未艾，为我国深度有效参与造法进程提供了前所未有的机遇。我国不再是一个"后来者"，而是有机会将自身的利益和诉求融入规则塑造的过程中。习近平总书记2016年10月在主持第三十六次中共中央政治局集体学习时，对网络强国建设提出

---

① Roy Schondorf, "Israel's Perspective on Key Legal and Practical Issues Concerning the Application of International Law to Cyber Operations", December 9, 2020, https://www.ejiltalk.org/israels-perspective-on-key-legal-and-practical-issues-concerning-the-application-of-international-law-to-cyber-operations/.

"加快提升我国对网络空间的国际话语权和规则制定权"的要求。① 我国需要加强对网络空间国际造法的研究,以构建网络空间命运共同体为理念指引,分类施策地就核心争议问题贡献中国智慧、提出中国方案。

---

① 《中共中央政治局就实施网络强国战略进行第三十六次集体学习》,中央政府网,2016年10月9日,http://www.gov.cn/xinwen/2016-10/09/content_5116444.htm。

参考文献

一 马克思列宁主义经典著述

《马克思恩格斯选集》（第三卷），人民出版社2012年版。

习近平：《在网络安全和信息化工作座谈会上的讲话》（2016年4月19日），人民出版社2016年版。

习近平：《习近平谈治国理政》（第一卷），外文出版社2018年版。

习近平：《论坚持推动构建人类命运共同体》，中央文献出版社2018年版。

习近平：《论党的宣传思想工作》，中央文献出版社2020年版。

中共中央党史和文献研究院编：《习近平关于网络强国论述摘编》，中央文献出版社2021年版。

中共中央党史和文献研究院编：《习近平关于中国特色大国外交论述摘编》，中央文献出版社2020年版。

二 中文著作

白桂梅：《国际法》（第三版），北京大学出版社2015年版。

陈一峰：《论当代国际法上的不干涉原则》，北京大学出版社2013年版。

陈金钊、焦宝乾、桑本谦等：《法律解释学》，中国政法大学出版社2006年版。

蔡从燕：《类比与国际法发展的逻辑》，法律出版社2012年版。

蔡翠红：《中美关系中的网络政治研究》，复旦大学出版社2019年版。

方滨兴主编：《论网络空间主权》，科学出版社2017年版。

黄志雄主编：《网络主权论——法理、政策与实践》，社会科学文献出版社 2017 年版。

黄志雄主编：《网络空间国际规则新动向：〈塔林手册 2.0 版〉研究文集》，社会科学文献出版社 2019 年版。

黄瑶：《国际法关键词》，法律出版社 2004 年版。

黄瑶等：《联合国全面反恐公约研究：基于国际法的视角》，法律出版社 2010 年版。

何志鹏：《国际法哲学导论》，社会科学文献出版社 2013 年版。

何志鹏：《国际法治论》，北京大学出版社 2016 年版。

何志鹏、孙璐、王彦志等：《国际法原理》，高等教育出版社 2017 年版。

何志鹏：《国家利益维护：国际法的力量》，法律出版社 2018 年版。

贾兵兵：《国际公法：和平时期的解释与适用》（第二版），清华大学出版社 2022 年版。

江国青：《演变中的国际法问题》，法律出版社 2002 年版。

姜世波：《习惯国际法的司法确定》，中国政法大学出版社 2010 年版。

古祖雪：《国际法：作为法律的存在和发展》，厦门大学出版社 2018 年版。

居梦：《网络空间国际软法研究》，武汉大学出版社 2021 年版。

雷磊：《类比法律论证——以德国学说为出发点》，中国政法大学出版社 2011 年版。

李龙主编、汪习根执行主编：《法理学》，武汉大学出版社 2011 年版。

李浩培：《国际法的概念和渊源》，贵州人民出版社 1994 年版。

李永胜：《论受害国以外的国家采取反措施问题》，法律出版社 2012 年版。

梁西主编：《国际法》（第三版），武汉大学出版社 2011 年版。

梁慧星：《民法解释学》，中国政法大学出版社 1995 年版。

刘志云：《当代国际法的发展：一种从国际关系理论视角的分析》，法律出版社 2010 年版。

刘志云：《现代国际关系理论视野下的国际法》，法律出版社 2006 年版。

刘衡：《国际法之治：从国际法治到全球治理——欧洲联盟、世界贸易组织与中国》，武汉大学出版社 2014 年版。

罗国强：《国际法本体论》（第二版），中国社会科学出版社 2015 年版。

鲁传颖：《网络空间治理与多利益攸关方理论》，时事出版社 2016 年版。

欧阳安：《国际法原理》，中国社会科学出版社 2011 年版。

皮勇：《防控网络恐怖活动立法研究》，法律出版社 2017 年版。

邵津主编：《国际法》（第四版），北京大学出版社、高等教育出版社 2011 年版。

孙笑侠、夏立安主编：《法理学导论》，高等教育出版社 2004 年版。

王铁崖主编：《国际法》，法律出版社 1995 年版。

王铁崖：《国际法引论》，北京大学出版社 1998 年版。

王列、杨雪冬编译：《全球化与世界》，中央编译出版社 1998 年版。

王泽鉴：《法律思维与民法实例：请求权基础理论体系》，中国政法大学出版社 2001 年版。

王利明：《法学方法论》，中国人民大学出版社 2011 年版。

王逸舟：《创造性介入——中国之全球角色的生成》，北京大学出版社 2013 年版。

王秋玲：《国际法基本理论的新发展》，知识产权出版社 2008 年版。

汪劲：《环境法学》（第四版），北京大学出版社 2018 年版。

魏敏主编：《海洋法》，法律出版社 1987 年版。

徐培喜：《网络空间全球治理：国际规则的起源、分歧及走向》，社会科学文献出版社 2018 年版。

杨泽伟：《国际法》（第三版），高等教育出版社 2017 年版。

杨泽伟：《中国能源安全法律保障研究》，中国政法大学出版社 2009 年版。

张文显主编：《法理学》（第五版），高等教育出版社、北京大学出版社 2018 年版。

张文显主编：《全球治理与国际法》，法律出版社 2020 年版。

张乃根：《条约解释的国际法》（上下），上海人民出版社 2019 年版。

郑斌：《国际法院与法庭适用的一般法律原则》，韩秀丽、蔡从燕译，法律出版社 2012 年版。

曾令良、余敏友主编：《全球化时代的国际法——基础、结构与挑战》，武汉大学出版社 2005 年版。

周鲠生：《国际法》（全二册），商务印书馆 1976 年版。

周忠海主编：《国际法》（第二版），中国政法大学出版社 2013 年版。

朱文奇主编：《国际法学原理与案例教程》（第四版），中国人民大学出版社 2018 年版。

中国国际法学会主办：《中国国际法年刊》（2013），法律出版社 2014 年版。

中国国际法学会主办：《中国国际法年刊》（2015），法律出版社 2016 年版。

中国国际法学会主办：《中国国际法年刊》（2016），法律出版社 2017 年版。

三　外文译著

［美］阿瑟·努斯鲍姆：《简明国际法史》，张小平译，法律出版社 2011 年版。

［美］何塞·E. 阿尔瓦雷茨：《作为造法者的国际组织》，蔡从燕等译，法律出版社 2011 年版。

［英］安德鲁·克拉彭：《布赖尔利万国公法》（第 7 版），朱立江译，中国政法大学出版社 2018 年版。

［意］安东尼奥·卡塞斯：《国际法》，蔡从燕等译，法律出版社 2009 年版。

［英］安托尼·奥斯特：《现代条约法与实践》，江国青译，中国人民大学出版社 2005 年版。

［日］村濑信也：《国际立法——国际法的法源论》，秦一禾译，中国人民公安大学出版社 2012 年版。

［英］戴维·赫尔德、安东尼·麦克格鲁编：《治理全球化：权力、权威与全球治理》，曹荣湘、龙虎译，社会科学文献出版社 2004 年版。

［苏联］格·伊·童金：《国际法理论问题》，刘慧珊、刘文宗、王可菊等译，世界知识出版社 1965 年版。

［美］杰克·戈德史密斯、［美］埃里克·波斯纳：《国际法的局限

性》，龚宇译，法律出版社 2010 年版。

［英］哈特：《法律的概念》（第三版），许家馨、李冠宜译，法律出版社 2018 年版。

［英］J.G. 斯塔克：《国际法导论》，赵维田译，法律出版社 1984 年版。

［德］卡尔·拉伦茨：《法学方法论》，陈爱娥译，商务印书馆 2003 年版。

［奥］凯尔森：《法与国家的一般理论》，沈宗灵译，中国大百科全书出版社 1996 年版。

［泰］克里安沙克·基蒂猜沙里：《网络空间国际公法》，程乐、裴佳敏、王敏译，中国民主法制出版社 2020 年版。

［澳］克里斯蒂安·罗伊-斯米特、［英］邓肯·斯尼达尔：《牛津国际关系手册》，方芳、范鹏、詹继续等译，译林出版社 2019 年版。

［美］劳拉·德拉迪斯：《互联网治理全球博弈》，覃庆玲、陈慧慧等译，中国人民大学出版社 2017 年版。

［法］雷蒙·阿隆：《和平与战争：国际关系理论》，朱孔彦译，中央编译出版社 2013 年版。

［美］劳伦斯·莱斯格：《代码 2.0：网络空间中的法律》（修订版），李旭、沈伟伟译，清华大学出版社 2018 年版。

［美］路易斯·亨金：《国际法：政治与价值》，张乃根、马忠法、罗国强等译，中国政法大学出版社 2005 年版。

［美］迈克尔·施密特总主编、［爱沙尼亚］丽斯·维芙尔执行主编：《网络行动国际法塔林手册 2.0 版》，黄志雄等译，社会科学文献出版社 2017 年版。

［美］罗纳德·德沃金：《认真对待权利》，信春鹰、吴玉章译，上海三联书店 2008 年版。

［加拿大］罗杰·塞勒：《法律制度与法律渊源》，项焱译，武汉大学出版社 2010 年版。

［加］罗比特·杰克逊、［丹］乔格·索伦森：《国际关系理论与方法》（第四版），吴勇、宋德星译，中国人民大学出版社 2012 年版。

［英］马尔科姆·N. 肖：《国际法》（第六版）（上下），白桂梅、高健军、朱利江等译，北京大学出版社 2011 年版。

［德］斯蒂芬·霍贝、伯恩哈德·施密特—泰德、凯—伍·施罗格主编：《科隆空间法评注 第一卷：〈外空条约〉》，李寿平等译，世界知识出版社2017年版。

［美］W.迈克尔·赖斯曼著，万鄂湘、王贵国、冯华建主编：《国际法：领悟与构建（W.迈克尔·赖斯曼论文集）》，法律出版社2007年版。

［德］乌尔里希·贝克：《风险社会：新的现代性之路》，张文杰、何闻博译，译林出版社2018年版。

［英］伊恩·布朗利：《国际公法原理》，曾令良、余敏友等译，法律出版社2007年版。

［加拿大］伊曼纽尔·阿德勒、文森特·波略特主编：《国际实践》，秦亚青、孙吉胜、魏玲等译，上海人民出版社2015年版。

［古罗马］优士丁尼：《法学阶梯》，徐国栋译，中国政法大学出版社1999年版。

［美］约瑟夫·奈：《软实力》，马娟娟译，中信出版社2013年版。

［英］詹宁斯、瓦兹修订：《奥本海国际法》（第一卷第一分册），王铁崖、陈公绰、冯宗舞等译，中国大百科全书出版社1995年版。

四　中文期刊

车丕照：《国际法的话语价值》，《吉林大学社会科学学报》2016年第6期。

陈红松、王辉、黄海峰：《从网络空间国际准则看国际关键信息基础设施保护及启示建议》，《中国信息安全》2021年第1期。

陈一峰：《国际造法问题的理论再造——评村濑信也〈国际立法——国际法的法源论〉》，《国际法研究》2014年第1期。

陈一峰：《国际法不禁止即为允许吗？——"荷花号"原则的当代国际法反思》，《环球法律评论》2011年第3期。

陈海明：《国际软法论纲》，《学习与探索》2018年第11期。

蔡从燕：《从国际法的视角分析网络空间国际法律》，《信息安全与通信保密》2019年第1期。

戴丽娜、郑乐锋：《联合国网络安全规则进程的新进展及其变革与前景》，《国外社会科学前沿》2020年第4期。

邓华：《国际法院认定习惯国际法之实证考察——对"两要素"说的坚持抑或背离?》，《武大国际法评论》2020年第1期。

［美］蒂姆·毛瑞尔：《联合国网络规范的出现：联合国网络安全活动分析》，曲甜、王艳编译，《汕头大学学报》（人文社会科学版）2017年第5期。

方芳、杨剑：《网络空间国际规则：问题、态势与中国角色》，《厦门大学学报》（哲学社会科学版）2018年第1期。

法国国防部：《适用于网络空间行动的国际法》，王岩译，《武大国际法评论》2019年第6期。

冯国栋：《国际空间外交博弈视角下的外层空间法律学说演变及中国应对》，《国际展望》2014年第6期。

古祖雪：《国际造法：基本原则及其对国际法意义》，《中国社会科学》2012年第2期。

黄惠康：《论国际法的编纂与逐渐发展——纪念联合国国际法委员会成立七十周年》，《武大国际法评论》2018年第6期。

黄德明、杨凯：《中国对网络反恐国际法的参与》，《山东师范大学学报》（人文社会科学版）2018年第1期。

黄志雄：《2011年"伦敦进程"与网络安全国际立法的未来走向》，《法学评论》2013年第4期。

黄志雄：《论间谍活动的国际法规制——兼评2014年美国起诉中国军人事件》，《当代法学》2015年第1期。

黄志雄：《网络空间国际法治：中国的立场、主张和对策》，《云南民族大学学报》（哲学社会科学版）2015年第4期。

黄志雄：《国际法在网络空间的适用：秩序构建中的规则博弈》，《环球法律评论》2016年第3期。

黄志雄：《网络空间规则博弈中的"软实力"——近年来国内外网络空间国际法研究综述》，《人大法律评论》2017年第3期。

黄志雄：《布莱恩·依根"国际法与网络空间的稳定"演讲解读》，《汕头大学学报》（人文社会科学版）2017年第7期。

黄志雄：《网络空间国际规则制定的新趋向——基于〈塔林手册2.0版〉的考察》，《厦门大学学报》（哲学社会科学版）2018年第1期。

黄志雄：《网络空间负责任国家行为规范：源起、影响和应对》，《当代法学》2019年第1期。

黄志雄：《〈塔林手册2.0版〉：影响与启示》，《中国信息安全》2018年第3期。

黄志雄：《网络空间国际规则博弈态势与因应》，《中国信息安全》2018年第2期。

黄志雄：《互联网监管的"道路之争"及其规则意蕴》，《法学评论》2019年第5期。

黄志雄：《网络空间负责任国家行为规范：源起、影响和应对》，《当代法学》2019年第1期。

黄志雄、潘泽玲：《〈网络空间信任与安全巴黎倡议〉评析》，《中国信息安全》2019年第2期。

黄志雄、应瑶慧：《论区分原则在网络武装冲突中的适用——兼评〈塔林手册2.0版〉相关内容》，《云南民族大学学报》（哲学社会科学版）2019年第5期。

黄志雄、陈徽：《网络空间供应链国际规范研究——构建供应链生态系统总体安全观》，《法学论坛》2021年第1期。

黄志雄、孙芸芸：《网络主权原则的法理宣示与实践运用——再论网络间谍活动的国际法规制》，《云南社会科学》2021年第6期。

何志鹏、孙璐：《国际软法何以可能：一个以环境为视角的展开》，《当代法学》2012年第1期。

何志鹏、尚杰：《中国软法研究：成就与问题》，《河北法学》2014年第12期。

何志鹏、尚杰：《国际软法的效力、局限及完善》，《甘肃社会科学》2015年第2期。

何志鹏：《全球治理中的国际软法》，《人民法治》2016年第9期。

何志鹏：《逆全球化潮流与国际软法的趋势》，《武汉大学学报》（哲学社会科学版）2017年第4期。

何志鹏、都青：《从自由到治理：海洋法对国际网络规则的启示》，《厦门大学学报》（哲学社会科学版）2018年第1期。

何志鹏：《硬实力的软约束与软实力的硬支撑——国际法功能重思》，《武汉大学学报》（哲学社会科学版）2018年第4期。

何志鹏：《作为软法的〈世界人权宣言〉的规范理性》，《现代法学》

2018 年第 5 期。

何志鹏：《以诺为则：现代性国际法的渊源特质》，《当代法学》2019年第 6 期。

何志鹏、魏晓旭：《速成习惯国际法的重思》，《东北师大学报》（哲学社会科学版）2020 年第 1 期。

何志鹏、申天娇：《国际软法在全球治理中的效力探究》，《学术月刊》2021 年第 1 期。

胡健生、黄志雄：《打击网络犯罪国际法机制的困境与前景——以欧洲委员会〈网络犯罪公约〉为视角》，《国际法研究》2016 年第 6 期。

胡凌：《"马的法律"与网络法》，《网络法律评论》2010 年第 1 期。

贾桂德：《关注"新疆域"秩序，服务国际法治建设》，《国际展望》2014 年第 6 期。

江河：《从大国政治到国际法治：以国际软法为视角》，《政法论坛》2020 年第 1 期。

姜文忠：《习惯和条约的国际造法功能比较》，《法学》2001 年第 4 期。

姜作利：《评 WTO 争端解决程序中法律解释的适用法——发展中国家的视角》，《当代法学》2014 年第 4 期。

居梦：《网络空间国际软法之比较研究》，《广西社会科学》2020 年第 5 期。

[坦桑尼亚] 肯尼迪·加斯顿：《亚非法协在打击网络犯罪国际合作方面的工作》，《信息安全与通信保密》2018 年第 1 期。

郎平：《全球网络空间规制制定的合作与博弈》，《国际展望》2014 年第 6 期。

郎平：《网络恐怖主义的界定、解读与应对》，《信息安全研究》2016 年第 10 期。

李伟芳：《论国际法渊源的几个问题》，《法学评论》2005 年第 4 期。

李猛：《全球治理变革视角下人类命运共同体理念的国际法渊源及其法治化路径研究》，《社会科学研究》2019 年第 4 期。

李艳：《网络空间治理的学术研究视角及评述》，《汕头大学学报》（人文社会科学版）2017 年第 7 期。

李彦：《网络犯罪国际法律机制建构的困境与路径设计》，《云南民族大学学报》（哲学社会科学版）2019 年第 6 期。

刘晗、叶开儒：《网络主权的分层法律形态》，《华东政法大学学报》2020 年第 4 期。

刘碧琦：《论国际法在网络空间适用的依据和正当性》，《理论月刊》2020 年第 8 期。

刘碧琦：《论国际法类推适用的有效性——以〈塔林手册〉为视角》，《社会科学家》2021 年第 5 期。

罗国强：《一般法律原则的困境与出路——从〈国际法院规约〉第 38 条的悖论谈起》，《法学评论》2010 年第 2 期。

鲁传颖、杨乐：《论联合国信息安全政府专家组在网络空间规范制定进程中的运作机制》，《全球传媒学刊》2020 年第 1 期。

卢英佳：《网络安全与国际法规则——英国皇家国际事务研究所〈国际法对国家型网络攻击的适用〉报告简析》，《中国信息安全》2020 年第 6 期。

罗豪才、毕洪海：《通过软法的治理》，《法学家》2006 年第 1 期。

罗欢欣：《国家在国际造法进程中的角色与功能——以国际海洋法的形成与运作为例》，《法学研究》2018 年第 4 期。

史久镛：《国际法上的禁止使用武力》，《武大国际法评论》2017 年第 6 期。

史晓曦：《作为国际法规范的"保护的责任"——以国际法渊源为基准》，《国际政治研究》2017 年第 5 期。

石静霞：《"一带一路"倡议与国际法——基于国际公共产品供给视角的分析》，《中国社会科学》2021 年第 1 期。

石亚莹：《论软法的优势和作用——以国际法为视角》，《法学杂志》2015 年第 6 期。

汤岩：《国际法的形式渊源理论反思》，《河北法学》2015 年第 9 期。

唐岚：《从 WannaCry 事件看网络空间国际规则的困境及思考》，《云南民族大学学报》（哲学社会科学版）2019 年第 6 期。

田立：《国际安全视角下的中国参与网络空间国际法建构的路径选择》，《云南社会科学》2021 年第 6 期。

王虎华：《国际法渊源的定义》，《法学》2017 年第 1 期。

王虎华、肖灵敏：《再论联合国安理会决议的国际法性质》，《政法论丛》2018 年第 6 期。

王贵国：《网络空间国际治理的规则及适用》，《中国法律评论》2021 年第 2 期。

王超：《主权原则在网络空间适用的理论冲突及应对》，《法学》2021 年第 3 期。

王秀梅：《晚近国际法民间编纂与逐渐发展述评》，《国际法学刊》2020 年第 2 期。

王肃之：《网络犯罪国际立法的模式之争与中国方案》，《南大法学》2021 年第 5 期。

王丹娜：《在联合国框架下构建网络空间负责任国家行为规范》，《中国信息安全》2019 年第 10 期。

王国语：《外空、网络法律属性与主权法律关系的比较分析》，《法学评论》2019 年第 5 期。

王秋玲：《国际法表现形式与渊源之我见》，《当代法学》2003 年第 4 期。

吴志成、李金潼：《国际公共产品供给的中国视角与实践》，《政治学研究》2014 年第 5 期。

吴迪：《国际法语境下的法律解释：服从与创造》，《北京邮电大学学报》（社会科学版）2016 年第 1 期。

吴丙新：《扩张解释与类推解释之界分——近代法治的一个美丽谎言》，《当代法学》2008 年第 6 期。

吴海文、张鹏：《打击网络犯罪国际规则的现状、争议和未来》，《中国应用法学》2020 年第 2 期。

徐宏：《构建打击网络犯罪的国际合作机制》，《信息安全与通信保密》2018 年第 1 期。

徐崇利：《全球治理与跨国法律体系：硬法与软法"中心—外围"之构造》，《国外理论动态》2013 年第 8 期。

严阳：《刍论全球治理中的国际软法——以兴起、表现形式及特点为视角》，《理论月刊》2016 年第 7 期。

余成峰：《从马的法律到黑箱之法》，《读书》2019 年第 3 期。

［美］约瑟夫·奈：《网络规范还处于早期阶段》，鲁传颖编译，《信息安全与通信保密》2017 年第 10 期。

徐龙第：《网络空间国际规范：效用、类型与前景》，《中国信息安全》2018 年第 2 期。

徐培喜：《米歇尔 Vs. 米盖尔：谁导致了 UNGGE 全球网络安全谈判的破裂？》，《信息安全与通信保密》2017 年第 10 期。

徐崇利：《国际公共产品理论与国际法原理》，《国际关系与国际法学刊》2012 年。

朱莉欣：《构建网络空间国际法共同范式——网络空间战略稳定的国际法思考》，《信息安全与通信保密》2019 年第 7 期。

赵骏、谷向阳：《国际法中"权威学说"功能的流变与当下意义》，《太平洋学报》2020 年第 7 期。

张相君：《论国际秩序规则供给的路径选择——基于人类命运共同体理念》，《国际观察》2019 年第 5 期。

张华：《反思国际法上的"司法造法"问题》，《当代法学》2019 年第 2 期。

张华：《网络空间适用自卫权的法律不确定性与中国立场表达——基于新近各国立场文件的思考》，《云南社会科学》2021 年第 6 期。

张华、黄志雄：《网络主权的权利维度及实施》，《网络传播》2021 年第 1 期。

张鹏、王渊洁：《积极参与联合国打击网络犯罪公约谈判构建网络空间命运共同体》，《中国信息安全》2020 年第 9 期。

周汉华：《论互联网法》，《中国法学》2015 年第 3 期。

中国信息安全测评中心：《防范和打击网络恐怖主义 维护和塑造国家网络安全》，《中国信息安全》2021 年第 2 期。

五 中文学位论文

姜世波：《习惯国际法的司法确定》，博士学位论文，山东大学，2009 年。

朱雁新：《计算机网络攻击之国际法问题研究》，博士学位论文，中国政法大学，2011 年。

尚杰：《国际软法问题研究》，博士学位论文，吉林大学，2015 年。

高潮：《国际法战略的基本问题及其中国立场》，博士学位论文，吉林大学，2017 年。

严阳：《国际软法基本理论问题研究》，博士学位论文，武汉大学，2017年。

居梦：《网络空间国际软法问题研究》，博士学位论文，武汉大学，2019年。

刘碧琦：《国际法在网络空间的适用问题研究》，博士学位论文，武汉大学，2020年。

六 外文著作

Aharon Barak, *Purposive Interpretation in Law*, Princeton University Press, 2005.

Alan Boyle and Christine Chinkin, *The Making of International Law*, Oxford University Press, 2007.

Anna-Maria Osula and Henry Rõigas eds., *International Cyber Norms: Legal, Policy & Industry Perspectives*, NATO CCD COE, 2016.

Anthony Aust, *Modern Treaty Law and Practice*, Cambridge University Press, 3rd edition, 2013.

Anthony D'amato, *The Concept of Custom in International Law*, Cornell University Press, 1971.

Bin Cheng, *Studies in International Space Law*, Clarendon Press, 1997.

Brian D. Lepard, *Customary international Law: A New Theory with Practical Applications*, Cambridge University Press, 2010.

Carmen E. Pavel, *Law Beyond the State: Dynamic Coordination, State Consent, and Binding International Law*, Oxford University Press, 2021.

Catherine Brolmann and Yannick Radi eds., *Research Handbook on the Theory and Practice of International Lawmaking*, Edward Elgar Publishing, 2016.

Charles de Visscher, *Theory and Reality in Public International Law*, Princeton University Press, 1957.

Christian Djeffal, *Static and Evolutive Treaty Interpretation: A Functional Reconstruction*, Cambridge University Press, 2016.

Christian Reus-Smit ed., *The Politics of International Law*, Cambridge University Press, 2004.

David Armstrong ed., *Routledge Handbook of International Law*, Routledge, 2009.

Dinah Shelton ed., *Commitment and Compliance: The Role of Non-Binding Norms in the International Legal System*, Oxford University Press, 2003.

Eirik Bjorg, *The Evolutionary Interpretation of Treaties*, Oxford University Press, 2014.

Fernando Lusa Bordin, *The Analogy between States and International Organizations*, Cambridge University Press, 2018.

François Delerue, *Cyber Operations and International Law*, Cambridge University Press, 2020.

Georg Schwarzenberger, *International Law as Applied by International Courts and Tribunals*, Vol. 1, Stevens and Sons Ltd., 3rd edition, 1957.

H. L. A. Hart, *The Concept of Law*, 2nd edition, Clarendon Press, 1997.

Hugh Thirlway, *The Sources of International Law*, Oxford University Press, 2nd edition, 2019.

Jack Goldsmith and Tim Wu, *Who Controls the Internet: Illusions of a Borderless World*, Oxford University Press, 2006.

James Crawford ed., *Brownlie's Principle of Public International Law*, Oxford University Press, 9th edition, 2019.

Jean d'Aspremont, *Formalism and the Sources of International Law: A Theory of the Ascertainment of Legal Rules*, Oxford University Press, 2011.

Jean d'Aspremont and Sahib Singh eds., *Concepts for International Law: Contributions to Disciplinary Thought*, Edward Elgar Publishing, 2019.

Jeffrey L. Dunoff and Mark A. Pollack eds., *Interdisciplinary Perspectives on International Law and International Relations: The State of the Art*, Cambridge University Press, 2012.

Jens David Ohlin, Kevin Govern and Claire Finkelstein eds., *Cyber War: Law and Ethics for Virtual Conflicts*, Oxford University Press, 2015.

John Murphy, *The United States and the Rule of Law in International Affairs*, Cambridge University Press, 2004.

John Rawls, *A Theory of Justice*, Harvard University Press, 1971.

Joost Pauwelyn, Ramses A Wessel and Jan Wouters eds., *Informal International Lawmaking*, Oxford University Press, 2012.

Jovan Kurbalija, *An Introduction to Internet Governance*, 4th edition, DiploFoundation, 2010.

Jutta Brunnée and Stephen Toope, *Legitimacy and Legality in International Law: An Interactional Account*, Cambridge University Press, 2010.

Karine Bannelier and Theodore Christakis, *Cyber-Attacks Prevention-Reactions: The Role of States and Private Actors*, Les Cahiers de la Revue Défense Nationale, 2017.

Karl Engisch, *Einführung in das juristische Denken*, 2nd edition, Kohlhammer, 1959.

Katharina Ziolkowski ed., *Peacetime Regime for State Activities in Cyberspace: International Law, International Relations and Diplomacy*, NATO CCD COE, 2013.

Malcolm Shaw, *International Law*, 9th edition, Cambridge University Press, 2021.

Martti Koskenniemi, *From Apology to Utopia: The Structure of International Legal Argument*, Cambridge University Press, 2005.

Michael Byers, *Custom, Power and the Power of Rules: International Relations and Customary International Law*, Cambridge University Press, 1999.

Michael N. Schmitt ed., *Tallinn Manual 2.0 on the International Law Applicable to Cyber Operations*, Cambridge University Press, 2017.

Mohamed Shahabuddeen, *Precedent in the World Court*, Cambridge University Press, 1996.

Myres S. McDougal, Harold D. Lasswell and Ivan A. Vlasic, *Law and Public Order in Space*, Yale University Press, 1963.

Nazli Choucri, *Cyberpolitics in International Relations*, The MIT Press, 2012.

Nicholas Tsagourias and Russell Buchan eds., *Research Handbook on International Law and Cyberspace*, Edward Elgar Publishing, 2nd edition, 2021.

Neil Mac Cormick, *Legal Reasoning and Legal Theory*, Clarendon Press, 1978.

Nisuke Ando et al. eds., *Liber Amicorum Judge Shigeru Oda* (*Vol.1*), Kluwer, 2002.

Pitt Cobbett, *Leading Cases on International Law*, Sweet and Maxwell, 4th edition, 1922.

Philippe Sands, Jacqueline Peel, Adriana Fabra and Ruth MacKenzie, *Principles of International Environmental Law*, Cambridge University Press, 3rd edition, 2012.

Richard K. Gardiner, *Treaty Interpretation*, Oxford University Press, 2008.

Robert Jennings and Arthur Watts eds., *Oppenheim's International Law*, I, Longman, 9th edition, 1996.

Rosalyn Higgins, *Problems and Process: International Law and How We Use it*, Clarendon Press, 1994.

Rüdiger Wolfru, *Max Planck Encyclopedia of Public International Law*, Oxford University Press, 2012.

Russell Buchan, *Cyber Espionage and International Law*, Hart Publishing, 2019.

Samantha Besson and Jean d'Aspremont eds., *The Oxford Handbook on Sources of International Law*, Oxford University Press, 2017.

Samantha Besson and John Tasioulas eds., *The Philosophy of International Law*, Oxford University Press, 2010.

Sondre Torp Helmersen, *The Application of Teachings by the International Court of Justice*, Cambridge University Press, 2021.

Stein Schjolberg and Solange Ghernaouti-Helie, *A Global Treaty on Cybersecurity and Cybercrime*, 2nd edition, AiTOslo, 2011.

Vaughan Lowe and Malgosia Fitzmaurice eds., *In Fifty Years of the International Court of Justice: Essays in Honour of Sir Robert Jennings*, Cambridge University Press, 1996.

William R. Slomanson, *Fundamental Perspective on International Law*, 6th edition, Wadsworth Publishing, 2010.

Wouter Werner, *Repetition and International Law*, Cambridge University Press, 2022.

Yves Sandoz, Christophe Swinarski and Bruno Zimmermann eds., *Commentary on the Additional Protocols of 8 June 1977 to the Geneva Conventions of 12 August 1949*, ICRC, 1987.

七 外文论文

Adina Ponta, "Responsible State Behavior in Cyberspace: Two New Reports from Parallel UN Processes", *American Society of International Law Insights*, 2021.

Ahmed Ghappour, "Tallinn, Hacking, and Customary International Law", *AJIL Unbound*, Vol. 111, 2017.

Alain Pellet, "The Normative Dilemma: Will and Consent in International Law-Making", *Australian Yearbook of International Law*, Vol. 12, 1992.

Alex Grigsby, "The End of Cyber Norms", *Survival*, Vol. 59, 2017.

Andrew T. Guzman, "Saving Customary International Law", *Michigan Journal of International Law*, Vol. 27, No. 1, 2005.

Anne-Marie Slaughter and William Burke-White, "An International Constitutional Moment", *Harvard International Law Journal*, Vol. 43, 2002.

Anthea Elizabeth Roberts, "Traditional and Modern Approaches to Customary International Law: A Reconciliation", *American Journal of International Law*, Vol. 95, No. 4, 2001.

Arnold N. Pronto, "Some Thoughts on the Making of International Law", *European Journal of International Law*, Vol. 19, No. 3, 2008.

Bin Cheng, "United Nations Resolutions on Outer Space: Instant International Customary Law", *Indiana Journal of International Law*, Vol. 5, 1965.

Brian J. Egan, "International Law and Stability in Cyberspace", *Berkeley Journal of International Law*, Vol. 35, Issue 1, 2017.

Brunnee Jutta and Toope Stephen, "International Law and Constructivism: Elements of an International Theory of International Law", *Columbia Journal of Transnational Law*, Vol. 39, 2009.

B. S. Chimni, "Customary International Law: A Third World Perspective", *American Journal of International Law*, Vol. 112, No. 1, 2018.

Chrisine Chinkin, "The Challenge of Soft Law: Development and Change in International Law", *International and Comparative Law Quarterly*, Vol. 38, No. 4, 1989.

C. Ahlborn, "The Use of Analogies in Drafting the Articles on the Responsibility of International Organizations: An Appraisal of the 'Copy-Paste Approach' ", *International Organisations Law Review*, Vol. 53, 2012.

C. Wilfred Jenks, "Craftsmanship in International Law", *The American Journal of International Law*, Vol. 50, No. 1, 1956.

Dapo Akande, Antonio Coco and Talita de Souza Dias, "Drawing the Cyber Baseline: The Applicability of Existing International Law to the Governance of Information and Communication Technologies", *International Law Studies*, Vol. 99, No. 4, 2022.

Daniel Bodansky, "The United Nations Framework Convention on Climate Change: A Commentary", *Yale Journal of International Law*, Vol. 18, 1993.

Dan Efrony and Yuval Shany, "A Rule Book on the Shelf? Tallinn Manual 2.0 on Cyberoperations and Subsequent State Practice", *American Journal of International Law*, Vol. 112, No. 4, 2018.

Darien Pun, "Rethinking Espionage in the Modern Era", *Chicago Journal of International Law*, Vol. 18, No. 1, 2017.

David Johnson and David Post, "Law and Borders: The Rise of Law in Cyberspace", *Stanford Law Review*, Vol. 48, 1996.

Dieter Fleck, "Searching for International Rules Applicable to Cyber Warfare—A Critical First Assessment of the New Tallinn Manual", *Journal of Journal of Conflict and Security Law*, Vol. 18, Issue 2, 2013.

Duncan B. Hollis, "A Brief Primer on International Law and Cyberspace", *Carnegie Endowment for International Peace*, 2021.

E. Boyle, "Some Reflections on the Relationship of Treaties and Soft Law", *International and Comparative Law Quarterly*, Vol. 48, 1999.

François Delerue, "Reinterpretation or Contestation of International Law in Cyberspace", *Israel Law Review*, Vol. 52, No. 3, 2019.

Frank Easterbrook, "Cyebrspace and the Law of the Horse", *University of Chicago Law Forum*, 1996.

Frederic L. Kirgis, "Custom on a Sliding Scale", *American Journal of In-

ternational Law, Vol. 81, 1987.

Gary Brown and Keira Poellet, "The Customary International Law of Cyberspace", *Strategic Studies Quarterly*, Vol. 6, No. 3, 2012.

Gary P. Corn and Robert Taylor, "Sovereignty in the Age of Cyber", *AJIL Unbound*, Vol. 111, 2017.

Gregory C. Shaffer and Mark A. Pollack, "Hard vs., Soft Law: Alternatives, Complements, and Antagonists in International Governance", *Minnesota Law Review*, Vol. 94, 2010.

Harold Hongju Koh, "International Law in Cyberspace", *Harvard International Law Journal Online*, Vol. 54, 2012.

Harriet Moynihan, "The Application of International Law to State Cyberattacks Sovereignty and Non-intervention", *Chatham House Research Paper*, Dec. 2019.

Humberto Cantú-Rivera, "The Expansion of International Law Beyond Treaties", *AJIL Unbound*, Vol. 108, 2014.

Ian Brownlie, "International law at the Fiftieth Anniversary of the United Nations", *Recueil des cours de l'Académie de La Haye*, Vol. 255, 1995.

Ido Kilovaty, "The Elephant in the Room: Coercion", *AJIL Unbound*, Vol. 113, 2019.

Jan Klabbers, "The Redundancy of Soft Law", *Nordic Journal of International Law*, Vol. 65, 1996.

Jan Klabbers, "The Undesirability of Soft Law", *Nordic Journal of International Law*, Vol. 67, 1998.

Jean d'Aspremont, "Cyber Operations and International Law: An Interventionist Legal Thought", *Journal of Conflict and Security Law*, Vol. 21, Issue 3, 2016.

Jeff Kosseff, "Collective Countermeasures in Cyberspace", *Notre Dame Journal of International and Comparative Law*, Vol 10, No. 1, 2020.

Robert Jennings, "The Progressive Development of International Law and its Codification", *British Year Book of International Law*, Vol. 24, 1947.

John Arquilla and David F. Ronfeldt, "Cyberwar is Coming", *Comparative Strategy*, Vol. 12, No. 2, 1993.

Josef L. Kunz, "International Law by Analogy", *American Journal of International Law*, Vol. 45, 1951.

Joseph Nye, "The Regime Complex for Managing Global Cyber Activities", *Global Commission on Internet Governance Paper Series*, No. 1, 2014.

Julius Stone, "NonLiquet and the Function of Law in the International Community", *British Yearbook of International Law*, Vol. 35, 1959.

Kenneth W. Abbott and Duncan Snidal, "Hard and Soft Law in International Governance", *International Organization*, Vol. 54, 2000.

Kirsten E. Eichensehr, "Book Review: Tallinn Manual on the International Law Applicable to Cyber Warfare", *American Journal of International Law*, Vol. 108, 2014.

Kirsten E. Eichensehr, "The Cyber–Law of Nations", *Georgetown Law Journal*, Vol. 103, 2015.

Kubo Mačák, "From Cyber Norms to Cyber Rules: Re-engaging States as Law-makers", *Leiden Journal of International Law*, Vol. 30, 2017.

Kubo Mačák, "Is the International Law of Cyber Security in Crisis?", in N. Pissanidis, Henry Rõigas and Matthijs A. Veenendaal eds., *Cyber Power*, NATO CCD COE, 2016.

Kubo Mačák, "Military Objectives 2.0: The Case for Interpreting Computer Data as Objects under International Humanitarian Law", *Israel Law Review*, Vol. 48, 2015.

Kubo Mačák, "On the Shelf, But Close at Hand: The Contribution of Non-State Initiatives to International Cyber Law", *AJIL Unbound*, Vol. 113, 2019.

László Blutman, "In the Trap of a Legal Metaphor: International Soft Law", *International and Comparative Law Quarterly*, Vol. 59, 2010.

Lawrence Lessig, "The Horse of Law: What Cyber Law Might Teach", *Harvard Law Review*, Vol. 113, No. 2, 1999.

Luke Chircop, "A Due Diligence Standard of Attribution in Cyberspace", *International and Comparative Law Quarterly*, Vol. 67, 2018.

Ma Xinmin, "What Kind of Internet Order Do We Need", *Chinese*

Journal of International Law, Volume 14, Issue 2, 2015.

Mark A. Lemley, "Place and Cyberspace", *California Law Review*, Vol. 91, No. 2, 2003.

Markus Christen, Bert Gordijn and Michele Loi eds., "The Ethics of Cybersecurity", *Springer*, 2020.

Martha Finnemore and Sikkink Kathryn, "International Norm Dynamics and Political Change", *International Organization*, Vol. 52, No. 4, 1998.

Martha Finnemore and Duncan B. Hollis, "Constructing Norms for Global Cybersecurity", *American Journal of International Law*, Vol. 110, No. 3, 2016.

Mary Ellen O'Connell, "Attribution and Other Conditions of Lawful Countermeasures to Cyber Misconduct", *Notre Dame Journal of International and Comparative Law*, Vol. 10, Issue 1, 2020.

Matthew C. Waxman, "Cyber- Attacks and the Use of Force: Back to the Future of Article 2 (4) ", *Yale Journal of International Law*, Vol. 36, 2011.

Michael Akehurst, "Custom as a Source of International Law", *British Yearbook of International Law*, Vol. 47, Issue 1, 1975.

Michael Byers, "Power, Obligation, and Customary International Law", *Duke Journal of Comparative & International Law*, Vol. 11, No. 1, 2001.

Michael Reisman, "International Lawmaking: A Process of Communications", *Proceedings of ASIL Annual Meeting*, Vol. 75, 1981.

Michael Reisman, "The Cult of Custom in the Late 20th Century", *California Western International Law Journal*, Vol. 17, 1987.

Michael Reisman, "A Hard Look at Soft Law", *American Society of International Law Proceedings*, Vol. 82, 1988.

Michael Reisman, "The Supervisory Jurisdiction of the International Court of Justice: International Arbitration and International Adjudication", *Collected Courses of the Hague Academy of International Law*, Vol. 258, 1996.

Michael N. Schmitt, "Estonia Speaks Out on Key Rules for Cyberspace", *Just Security*, 2019.

Michael N. Schmitt, "International Cyber Norms: Reflections on the Path Ahead", *Militair Rechtelijk Tijdschrift*, 2018.

Michael N. Schmitt, "International Law in Cyberspace: The Koh Speech and Tallinn Manual Juxtaposed", *Harvard International Law Journal*, Vol. 54, 2012.

Michael N. Schmitt, "Notion of Objects during Cyber Operations: A Risposte in Defence of Interpretive and Applicative Precision", *Israel Law Review*, Vol. 48, 2015.

Michael N. Schmitt, "Taming the Lawless Void: Tracking the Evolution of International Law Rules for Cyberspace", *Texas National Security Review*, Volume 3, Issue 3, 2020.

Michael N. Schmitt, "The Defense Department's Measured Take on International Law in Cyberspace", *Just Security*, 2020.

Michael N. Schmitt, "The Sixth United Nations GGE and International Law in Cyberspace", *Just Security*, 2021.

Michael N. Schmitt and Liis Vihul, "Sovereignty in Cyberspace: Lex Lata Vel Non?", *AJIL Unbound*, Vol. 111, 2017.

Michael N. Schmitt and Sean Watts, "Collective Cyber Countermeasures?", *Harvard National Security Journal*, Vol. 12, 2021.

Monica Hakimi, "Making Sense of Customary International Law", *Michigan Law Review*, Vol. 118, 2020.

Nicholas Tsagourias, "Cyber Attacks, Self-defence and the Problem of Attribution", *Journal of Conflict and Security Law*, Vol. 17, 2012.

Oona A. Hathaway et al., "The Law of Cyber-Attack", *California Law Review*, Vol. 100, 2012.

Paul Przemysław Polański, "Cyberspace: A New Branch of International Customary Law?", *Computer Law and Security Review*, Vol. 33, Issue 3, 2017.

Pierre-Marie Dupuy, "Soft Law and the International Law of the Environment", *Michigan Journal of International Law*, Vol. 12, Issue 2, 1991.

Prosper Weil, "Towards Relative Normativity in International Law", *American Journal of International Law*, Vol. 77, 1983.

Rebecca Crootof, "Autonomous Weapon Systems and the Limits of Analogy", *Harvard National Security Journal*, Vol. 9, 2019.

Robert Barnsby and Shane Reeves, "Give Them an Inch, They'll Take a Terabyte: How States May Interpret Tallinn Manual 2.0's International Human

Rights Law Chapter", *Texas Law Review*, Vol. 95, No. 7, 2017.

R. R. Baxter, "International Law in 'Her Infinite Variety'", *International and Comparative Law Quarterly*, Vol. 29, 1980.

Rosalyn Higgins, "Policy Considerations and the International Judicial Process", *International and Comparative Law Quarterly*, Vol. 17, 1968.

Scott Brewer, "Exemplary Reasoning: Semantics, Pragmatics, and the Rational Force of Legal Argument by Analogy", *Harvard Law Review*, Vol. 109, 1996.

Sandesh Sivakumaran, "Techniques in International Law Making: Extrapolation, Analogy, Form and the Emergence of an International Law of Disaster Relief", *European Journal of International Law*, Vol. 28, No. 4, 2017.

Samuli Haataja, "Cyber Operations and Collective Countermeasures under International Law", *Journal of Conflict and Security Law*, Vol. 25, No. 1, 2020.

Simon Chesterman, "The Spy Who Came from the Cold War: Intelligence and International Law", *Michigan Journal of International Law*, Vol. 27, 2006.

Stefan Talmon, "Determining Customary International Law: The ICJ's Methodology between Induction, Deduction and Assertion", *European Journal of International Law*, Vol. 26, Issue 2, 2015.

Sondre Torp Helmersen, "The Application of Teachings by the International Tribunal for the Law of the Sea", *Journal of International Dispute Settlement*, Vol. 11, Issue 1, 2020.

J Galbraith, "U. S. Military Undergoes Restructuring to Emphasize Cyber and Space Capabilities", *American Journal of International Law*, Vol. 113, No. 3, 2019.

Victoria Nourse and Gregory Shaffer, "Varieties of New Legal Realism: Can a New World Order Prompt a New Legal Theory", *Cornell Law Review*, Vol. 95, No. 1, 2009.

Zhixiong Huang and Kubo Mačák, "Towards the International Rule of Law in Cyberspace: Contrasting Chinese and Western Approaches", *Chinese Journal of International Law*, Vol. 16, Issue 2, 2017.

八　其他

《网络主权：理论与实践（3.0 版）》，2021 年 9 月 28 日，https：//www.wicwuzhen.cn/web21/information/Release/202109/t20210928_23157328.shtml。

《习近平访美中方成果清单发表》，2015 年 9 月 26 日，人民网：http：//politics.people.com.cn/n/2015/0926/c1001-27637282.html。

《二十国集团领导人安塔利亚峰会公报》，2015 年 11 月 15—16 日，新华网：http：//www.xinhuanet.com/world/2015-11/17/c_1117160248.htm。

《金砖国家领导人第八次会晤果阿宣言》，2016 年 10 月 16 日，中华人民共和国国务院新闻办公室：http：//www.scio.gov.cn/xwfbh/xwbfbh/wqfbh/35861/36008/xgzc36014/Document/1539414/1539414.htm。

1986 Convention on Early Notification of a Nuclear Accident, 1439 UNTS 275.

1986 Convention on Assistance in the Case of a Nuclear Accident or Radiological Emergency, 1457 UNTS 133.

1994 Convention on Nuclear Safety, 1963 UNTS 293.

1997 Joint Convention on the Safety of Spent Fuel Management and on the Safety of Radioactive Waste Management, 36 ILM 1436.

About the Process, The Oxford Process, https：//www.elac.ox.ac.uk/the-oxford-process/.

Acting Assistant Secretary-General for Humanitarian Affairs, Ramesh Rajasingham Opening Remarks on Contemporary Challenges on the Protection of Civilians and Humanitarian Aspects Related to Cyber-Attacks at Arria-Formula Meeting on Cyber-Attacks Against Critical Infrastructure, 26 August 2020, https：//reliefweb.int/sites/reliefweb.int/files/resources/OCHA%20opening%20remarks%20for%20Arria-formula%20meeting%2026%20August%202020_clean.pdf.

Advancing Responsible State Behaviour in Cyberspace in the Context of International Security（A/C.1/73/L.37），Seventy-third session, UN Doc. A/C.1/73/L.37.

Agreement between the Governments of the Member States of the Shanghai Cooperation Organization on Cooperation in the Field of International Information Security, 61st Plenary Meeting, Dec. 2, 2008.

Aims and Methodology of The Oxford Process, https://www.elac.ox.ac.uk/the-oxford-process/.

António Guterres, Address at the Opening Ceremony of the Munich Security Conference, 16 February 2018.

Asylum (*Colombia v. Peru*), Judgment of 20 November 1950.

Australia's Comments on the Initial "Pre-draft" of the Report of the UN Open Ended Working Group in the Field of Information and Telecommunications in the Context of International Security, 16 April 2020, https://front.un-arm.org/wp-content/uploads/2020/04/final-australia-comments-on-oewg-pre-draft-report-16-april.pdf.

Australia's International Cyber Engagement Strategy, 2017, https://www.dfat.gov.au/sites/default/files/DFAT%20AICES_AccPDF.pdf.

Austria, Comments on Pre-Draft Report of the Open-Ended Working Group on Developments in the Field of Information and Telecommunication in the Context of International Security, 31 March 2020, https://front.un-arm.org/wp-content/uploads/2020/04/comments-by-austria.pdf.

CCDCOE to Host the Tallinn Manual 3.0 Process, https://ccdcoe.org/news/2020/ccdcoe-to-host-the-tallinn-manual-3-0-process/.

Chart of Signatures and Ratifications of Treaty, https://www.coe.int/en/web/conventions/full-list?module=signatures-by-treaty&treatynum=185.

China's Submissions to the Open-ended Working Group on Developments in the Field of Information and Telecommunications in the Context of International Security, September 2019, https://www.un.org/disarmament/wp-content/uploads/2019/09/china-submissions-oewg-en.pdf.

Christopher Painter, Testimony Before Policy Hearing Titled: Cybersecurity: Setting the Rules for Responsible Global Behavior, May 14, 2015, https://2009-2017.state.gov/s/cyberissues/releasesandremarks/243801.htm.

Constitution and Convention of the International Telecommunication Union, Dec. 22, 1992, 1825 UNTS 330.

Council of Europe, Convention on Cybercrime, ETS No. 185.

Countering the Use of Information and Communications Technologies for Criminal Purposes, 20 January 2020, UN Doc. A/RES/74/247.

Countering the Use of Information and Communications Technologies for Criminal Purposes, Resolution Adopted by the General Assembly on 27 December 2019, A/RES/74/247.

Cyber Attacks against Estonia (2007), https://cyberlaw.ccdcoe.org/wiki/Cyber_attacks_against_Estonia_ (2007).

David E. Sanger, U. S. and China Seek Arms Deal for Cyberspace, New York Times, 19 September 2015.

Declaration by Miguel Rodríguez, Representative of Cuba, At the Final Session of Group of Governmental Experts on Developments in the Field of Information and Telecommunications in the Context of International Security, June 23, 2017.

Declaration of General Staff of the Armed Forces of the Islamic Republic of Iran Regarding International Law Applicable to the Cyberspace, July 2020.

Declaration on Principles of International Law concerning Friendly Relations and Co-operation among States in accordance with the Charter of the United Nations, 4 October 1970, UN Doc. A/RES/25/2625.

Department of Justice, Two Chinese Hackers Associated with the Ministry of State Security Charged with Global Computer Intrusion Campaigns Targeting Intellectual Property and Confidential Business Information, December 20, 2018.

Department of Justice, U. S. Charges Five Chinese Military Hackers for Cyber Espionage Against U. S. Corporations and A Labor Organization for Commercial Advantage, May 19, 2014.

Developments in the Field of Information and Telecommunications in the Context of International Security, 11 December 2018, A/RES/73/27.

Developments in the Field of Information and Telecommunications in the Context of International Security, 4 January 2021, A/RES/75/240.

Droit International Appliqué Aux Opérations Dans Le Cyberespace, https://www.justsecurity.org/wp-content/uploads/2019/09/droit-internatappliqué-aux-opérations-cyberespace-france. pdf.

Edith M. Lederer, UN Gives Green Light to Draft Treaty to Combat Cybercrime, December 28, 2019, https://apnews.com/article/79c7986478e5f4-55f2b281b5c9ed2d15.

EU Joins the Paris Call for Trust and Security in Cyberspace, President Von Der Leyen Announced at Paris Peace Forum, 12 November 2021, https://ec.europa.eu/commission/presscorner/detail/en/AC_21_5996.

EU Statement in Support of the Council of Europe Convention on Cybercrime, 15 January 2020, https://eeas.europa.eu/delegations/council-europe_en/73052/EU%20Statement%20in%20support%20of%20the%20Council%20of%20Europe%20Convention%20on%20Cybercrime.

Final Substantive Report, Open-ended Working Group on Developments in the Developments in the Field of Information and Telecommunications in the Context of International Security, 10 March 2021, Doc. A/AC. 290/2021/CRP. 2.

Fisheries Case (*the United Kingdom v. Norway*), Merits, Judgment, 1951.

Fisheries Jurisdiction (*the United Kingdom v. Iceland*), Merits, Judgment, 1974.

Framework for the U. S. -India Cyber Relationship, https://in.usembassy.gov/framework-u-s-india-cyber-relationship/.

France Diplomatie, Paris Call for Trust and Security in Cyberspace, https://pariscall.international/en/.

France, Ministry of the Armies, International Law Applied to Operations in Cyberspace 2019.

From the Permanent Representatives of China, Kazakhstan, Kyrgyzstan, the Russian Federation, Tajikistan and Uzbekistan to the United Nations Addressed to the Secretary-General (Jan. 9, 2015), UN Doc. A/69/723, Annex.

G7 Declaration on Responsible States Behavior in Cyberspace (Lucca Declaration), 11 April 2017, https://ccdcoe.org/uploads/2018/11/G7-170411-LuccaDeclaration-1.pdf.

G7 Ise-Shima Leaders' Declaration, 26-27 May 2016, https://

www. mofa. go. jp/files/000160266. pdf.

G7 Principles and Actions on Cyber, https: //www. mofa. go. jp/files/000160279. pdf.

Gentini Case (*Italy vs. Venezuela*) 10 RIAA 551.

Georgia-Russia Conflict (2008), https: //cyberlaw. ccdcoe. org/wiki/Georgia-Russia_conflict_ (2008).

German, Position Paperon the Application of International Law in Cyberspace, March 2021.

Global Commission on the Stability Of Cyberspace, Call to Protect the Public Core of the Internet, November 2017, https: //cyberstability. org/wp-content/uploads/2018/07/call-to-protect-the-public-core-of-the-internet. pdf.

ICRC, Norms for Responsible State Behavior on Cyber Operations Should Build on International Law, https: //www. icrc. org/en/document/norms-responsible-state-behavior-cyber-operations-should-build-international-law.

International Law and Cyberspace: Finland's National Positions, https: //um. fi/documents/35732/0/Cyber+and+international+law%3B+Finland%27s+views. pdf/41404cbb-d300-a3b9-92e4-a7d675d5d585? t=1602758856859.

International Law Association, Final Report of the Committee on the Formation of Customary (General) International Law, Statement of Principles Applicable to the Formation of General Customary International Law, 2000.

International Law Commission, Draft Articles on State Responsibility, Part 2, Art. 5 (1), Report of the ILC to the United Nations General Assembly, UN Doc. A/44/10, 1989.

International Law Commission, Fragmentation of International Law: Difficulties Arising from The Diversification and Expansion of International Law, A/CN. 41/L. 682, 13 April 2006.

International Law Commission, Second Report on Identification of Customary International Law, UN Doc. A/CN. 4/672, 22 May 2014.

Introduction to the Oxford Process on International Law Protections in Cyberspace, https: //documents. unoda. org/wp-content/uploads/2021/12/OEWG-Side-Event-Oxford-Process-Introduction. pdf.

Jeremy Wright, Attorney General of the UK, Cyber and International Law in the 21st Century, 23 May 2018, https：//www. gov. uk/government/speeches/cyber-and-international-law-in-the-21st-century.

John Barlow, A Cyberspace Independence Declaration, 8 February 1996, https：//www. eff. org/cyberspace-independence.

Joint Statement on Advancing Responsible State Behavior in Cyberspace, September 23, 2019, https：//2017–2021. state. gov/joint-statement-on-advancing-responsible-state-behavior-in-cyberspace/index. html.

Joseph Men, Elites Disagree at London Cyber Conference, Financial Times, November 3, 2011, https：//www. ft. com/content/24e4c0d1-aac1-390f-a980-57777d8cc262.

Joseph S. Nye Jr. Nuclear Lessons for Cyber Security, Strategic Studies Quarterly, Vol. 5, 2011, pp.18–38, https：//dash. harvard. edu/bitstream/handle/1/8052146/Nye-NuclearLessons. pdf.

Kersti Kaljulaid, President of Estonia, Opening at CyCon 2019, May 29, 2019, https：//www. president. ee/en/official-duties/speeches/15241-president-of-the-republic-at-the-opening-of-cycon-2019/index. html/.

Maritime Delimitation and Territorial Questions between Qatar and Bahrain (*Qatar v. Bahrain*), Merits, Judgment, 2001.

Mary Ellen O'Connell and Louise Arimatsu, Cyber Security and International Law, Chatham House Meeting Summary, 29 May 2012, p.9, https：//www.chathamhouse. org/sites/default/files/public/Research/International%20Law/290512-summary. pdf.

Michael N. Schmitt, France's Major Statement on International Law and Cyber：An Assessment, Just Security, Sept. 16, 2019, https：//www. justsecurity. org/66194/frances-major-statement-on-international-law-and-cyber-an-assessment/.

Michael N. Schmitt, Noteworthy Releases of International Cyber Law Positions Part I：NATO, Aug 27, 2020, https：//lieber. westpoint. edu/nato-release-international-cyber-law-positions-part-i/.

Michael N. Schmitt, US Transparency Regarding International Law in Cyberspace, Just Security, November 15, 2016, https：//www. justsecurity.

org/34465/transparency-international-law-cyberspace/.

Michael P. Fischerkeller, Current International Law Is Not an Adequate Regime for Cyberspace, Lawfare, April 22, 2021, https://www.lawfareblog.com/current-international-law-not-adequate-regime-cyberspace.

Military and Paramilitary Activities in and against Nicaragua (Nicaragua v. The United States of America), Merits, Judgment, ICJ Reports 1986.

Military and Paramilitary Activities in and against Nicaragua (*Nicaragua v. United States of America*), Merits, Judgement of 27 June 1986, ICJ Reports 1986.

Milton Mueller, A Farewell to Norms, Internet Governance Project, September 4, 2018, https://www.internetgovernance.org/2018/09/04/a-farewell-to-norms/.

Ministry of Foreign Affairs of Japan, Basic Position of the Government of Japan on International Law Applicable to Cyber Operations, May 28, 2021.

Ministry of Foreign Affairs of the Czech Republic, Comments Submitted by theCzechRepublic in Reaction to the Initial "Pre-draft" Report of the Open-Ended Working Group on Developments in the Field of Information and Telecommunications in the Context of International Security, https://front.un-arm.org/wp-content/uploads/2020/04/czech-republic-oewg-pre-draft-suggestions.pdf.

NATO, Allied Joint Publication-3.20 Allied Joint Doctrine for Cyberspace Operation, 2020, https://assets.publishing.service.gov.uk/government/uploads/system/uploads/attachment_data/file/899678/doctrine_nato_cyberspace_operations_ajp_3_20_1_.pdf.

New Zealand, The Application of International Law to State Activity in Cyberspace, 1 December 2020, https://www.mfat.govt.nz/assets/Peace-Rights-and-Security/International-security/International-Cyber-statement.pdf.

North Sea Continental Shelf (Federal Republic of Germany/Netherlands; Federal Republic of Germany/Denmark), ICJ Reports 1969.

Nuclear Tests (*Australia v. France*), ICJ, Judgment of 20 December 1974.

Open-ended Working Group on Developments in the Field of Information and Telecommunications in the Context of International Security Submission by the Islamic Republic of Iran, September 2019, https://unoda-web.s3.amazonaws.com/wp-content/uploads/2019/09/iran-submission-oewg-sep-2019.pdf.

Prosecutor vs. Pavo and Zenga, IT-96-21-T, Judgment, 16 November 1998.

Remarks By Hon. Paul C. Ney, Jr., DOD General Counsel Remarks at U. S. Cyber Command Legal Conference, March 2, 2020, https://www.defense.gov/News/Speeches/Speech/Article/2099378/dod-general-counsel-remarks-at-us-cyber-command-legal-conference/.

Remarks By Hon. Paul C. Ney, Jr., DOD General Counsel Remarks at U. S. Cyber Command Legal Conference, March 2, 2020.

Report of the Group of Governmental Experts on Advancing Responsible State Behaviour in Cyberspace in the Context of International Security, UN Doc. A/76/135, 14 July 2021.

Report of the Group of Governmental Experts on Developments in the Field of Information and Telecommunications in the Context of International Security, UN Doc. A/70/174, 22 July 2015.

RES 2625 Friendly Relations Declaration, UN General Assembly, 1970.

Robert Hannigan, Ex Director of GCHQ, in an Interview with Wired, February 2018, Burgess, M. (2018), "We need a global cyberwar treaty, says the former head of GCHQ", Wired UK, https://www.wired.co.uk/article/gchq-uk-robert-hannigan-cyberwar-definition; Microsoft has called for a "Digital Geneva Convention", Smith, B. (2017), "The Need for a Digital Geneva Convention", keynote speech, https://1gew6o3qn6vx9kp3s42ge0y1-wpengine.netdna-ssl.com/wp-content/uploads/2017/03/Transcript-of-Brad-Smiths-Keynote-Address-at-the-RSA-Conference-2017.pdf.

Roy Schondorf, Israel's perspective on Key Legal and Practical Issues Concerning the Application of International Law to Cyber Operations, December 9, 2020, https://www.ejiltalk.org/israels-perspective-on-key-legal-and-practical-issues-concerning-the-application-of-international-law-to-cyber-operations/.

Second Additional Protocol to the Convention on Cybercrime on Enhanced Co‐operation and Disclosure of Electronic Evidence, 17 November 2021, https://search. coe. int/cm/pages/result_details. aspx? objectid = 09000016-80a48e4d.

Security Council Arria Formula Meeting: Cyber Stability and Conflict Prevention, 55 May 2020, https://vm. ee/sites/default/files/Estonia_for_UN/22-5-2020_cyber_stability_and_conflict_prevention_-3. pdf.

Speech by Minister Blok on First Anniversary Tallinn Manual 2. 0, Speech, June 20, 2018.

Statement by H. E. Nathalie Jaarsma, General Exchange of Views, 14 December 2021, https://documents. unoda. org/wp‐content/uploads/2021/12/21. 12. 14‐Netherlands‐Statement‐on‐General‐Exchange‐of‐Views‐OEWG‐in‐the‐Field‐of‐Information‐and‐Telecommunications‐in‐the‐C. pdf.

Stuxnet (2010), https://cyberlaw. ccdcoe. org/wiki/Stuxnet_ (2010).

Tech Accord, Cybersecurity Tech Accord, https://cybertechaccord. org/.

The Charter of Trust Takes a Major Step Forward with Cybersecurity, SGS, https://www. sgs. com/en/news/2019/02/the‐charter‐of‐trust‐takes-a-major-step-forward-with-cybersecurity.

The Future of Discussions on ICTs and Cyberspace at the UN, https://front. un‐arm. org/wp‐content/uploads/2020/10/joint‐contribution‐poa‐future-of-cyber-discussions-at-un-10-08-2020. pdf.

The Global Commission on the Stability of Cyberspace, Advancing Cyberstability, Final Report, November 2019, https://cyberstability. org/wp-content/uploads/2020/02/GCSC-Advancing-Cyberstability. pdf.

The Initial "Pre‐draft" of the Report of the OEWG on Developments in the Field of Information and Telecommunications in the Context of International Security Preliminary Reflection by the Islamic Republic of Iran, April 2020, https://front. un‐arm. org/wp‐content/uploads/2020/04/iran‐preliminary‐on-oewg-pre-draft-15-april-2020-1. pdf.

The Oxford Statement on International Law Protections Against Foreign Electoral Interference Through Digital Means, https://www.elac.ox.ac.uk/the-oxford-process/the-oxford-statement-on-international-law-protections-against-foreign-electoral-interference/.

The Oxford Statement on International Law Protections in Cyberspace: The Regulation of Information Operations and Activities, https://www.elac.ox.ac.uk/the-oxford-process/the-oxford-statement-on-the-regulation-of-information-operations-and-activities/.

The Oxford Statement on International Law Protections in Cyberspace: The Regulation of Ransomware Operations, https://www.elac.ox.ac.uk/the-oxford-process/the-oxford-statement-on-ransomware-operations/.

The Oxford Statement on the International Law Protections Against Cyber Operations Targeting the Health Care Sector, https://elac.web.ox.ac.uk/the-oxford-statement-on-cyber-operations-targeting-the-healthcare-sector.

The Second Oxford Statement on International Law Protections of the Healthcare Sector During Covid-19: Safeguarding Vaccine Research, https://www.elac.ox.ac.uk/the-oxford-process/the-second-oxford-statement/.

The United Kingdom of Great Britain and Northern Ireland, Non-Paper on Efforts to Implement Norms of Responsible State Behaviour in Cyberspace, as Agreed in UN Group of Government Expert Reports of 2010, 2013 and 2015, September 2019, https://www.un.org/disarmament/wp-content/uploads/2019/09/uk-un-norms-non-paper-oewg-submission-final.pdf.

The United States Comments on the Chair's Pre-draft of the Report, April 2020, https://front.un-arm.org/wp-content/uploads/2020/04/oewg-pre-draft-usg-comments-4-6-2020.pdf.

The United States of America Department of Defence, Law of War Manual, 2016.

The United States Supports the Paris Call for Trust and Security in Cyberspace, 10 November 2021, https://www.state.gov/the-united-states-supports-the-paris-call-for-trust-and-security-in-cyberspace/.

The White House, Cyberspace Policy Review: Assuring a Trusted and

Resilient Information and Communications Infrastructure, https://www.energy.gov/sites/default/files/cioprod/documents/Cyberspace_Policy_Review_final.pdf.

Theresa Hitchens, Multilateral Approaches to Cyber Security, High-Level Seminar Cybersecurity: Global Responses to a Global Challenge, 21 March 2014, https://expydoc.com/doc/4205004/madrid--21-march-2014.

UN Doc. A/CN. 4/L. 908.

United Nations Convention on Countering the Use of Information and Communications Technologies for Criminal Purposes, https://www.unodc.org/documents/Cybercrime/AdHocCommittee/Comments/RF_28_July_2021_-_E.pdf.

United Nations General Assembly, Developments in the Field of Information and Telecommunications in the Context of International Security (29 October 2018), Seventy-third session, UN Doc. A/C. 1/73/L. 27/Rev. 1.

United Nations General Assembly, Official Compendium of Voluntary National Contributions on the Subject of How International Law Applies to the Use of Information and Communications Technologies by States Submitted by Participating Governmental Experts in the Group of Governmental Experts on Advancing Responsible State Behaviour in Cyberspace in the Context of International Security Established Pursuant to General Assembly Resolution 73/266, UN Doc. A/76/136, 13 July 2021.

United Nations General Assembly, Report of the Croup of Governmental Experts on Developments in the Field of Information and Telecommunications in the Context of International Security, 22 July 2015, UN Doc. A/70/174.

United Nations General Assembly, Report of the Group of Governmental Experts on Developments in the Field of Information and Telecommunications in the Context of International Security, 24 June 2013, UN Doc. A/68/98.

United Nations Office for the Coordination for Humanitarian Affairs, From Digital Promise to Frontline Practice: New and Emerging Technologies in Humanitarian Action, 2021.

United States, Department of State, Statement on Consensus Achieved by the UN Group of Governmental Experts on Cyber Issues, 7 June 2013.

Valentin Weber, How to Strengthen the Program of Action for Advancing Responsible State Behavior in Cyberspace, Just Security, February 10, 2022, https://www.justsecurity.org/80137/how-to-strengthen-the-programme-of-action-for-advancing-responsible-state-behavior-in-cyberspace/.

Verbatim Record of the Fifty-Sixth Annual Session: Nairobi, 1-5 May 2017, AALCO/56/ NAIROBI/2017/VR.

Vienna Convention on the Law of Treaties, 1155 UNTS 331, 23 May 1969 (entered into force 27 January 1980).

White House, International Strategy for Cyberspace: Prosperity, Security and Openness in a Networked World, May 2011, whitehouse.gov/sites/default/files/rss_viewer/international_strategy_for_cyberspace.pdf.

White Paper on Digital Challenges for International Law, https://www.ilaparis2023.org/en/white-paper/digital-challenges-for-international-law/.

White Papers, International Law Association, https://www.ilaparis-2023.org/en/white-paper/.

后　　记

本书的完成和顺利出版，离不开多方面的支持与帮助。

衷心感谢中南财经政法大学法学院的出版资助。正是学院的慷慨支持，使得本书的出版得以顺利实现。这不仅是对青年学者研究工作的认可，也是推动网络空间国际法研究的积极助力。

向我的导师黄志雄老师致以深深的谢意。从硕士到博士阶段，黄老师始终是我学术道路上的引路人。他不仅在学术上为我树立了严谨治学的榜样，更在思想上给予了我深刻的启迪，使我能够坚定地投身于网络空间国际法研究这一前沿领域。黄老师是我进入这一学术领域的启蒙者，也是激励我不断追求卓越的精神动力。本书能够付梓，凝结了他多年来对我的悉心培养和指导。

感谢中国社会科学出版社的梁剑琴编辑以及所有参与本书出版工作的同仁。梁编辑以高度的专业精神和严谨的工作态度，对本书的内容和形式进行了精细化的审校。在编辑过程中，她提出了许多宝贵的意见，为本书的质量提升做出了重要贡献。同时，也感谢其他工作人员在出版流程中所付出的努力，他们的辛勤工作确保了本书的顺利出版。

感谢中南财经政法大学的研究生占雨昕、欧宝盛同学对本书格式校对工作的参与与支持。他们对书稿的细节进行了逐字逐句的审核，使得本书在形式上更加严谨规范，特致谢忱。

最后，我要向我的家人表达最深切的感谢。是他们无私的支持和长久的陪伴，成为我学术道路上不可或缺的精神支柱。尤其是我的先生，他以极大的宽容和鼓励为我提供了坚实的后盾，让我能够专注于学术研究和书稿写作。无论是漫长的研究过程还是繁琐的写作阶段，他始终给予我最大的理解和关怀。在这本书的每一页背后，都有家人的默默支持和付出。

本书以网络空间国际造法为研究对象，并试图从国际法渊源的视角探讨这一领域的新发展。我深知，个人的研究能力和学术视野终究有限，本书难免存在不足和疏漏，真诚地欢迎读者批评指正。希望本书能为中国参与网络空间国际法治的建设提供一些启发，为推进网络空间国际治理体系的完善贡献微薄之力。

  本书的出版是一个阶段性的成果，也是新征程的起点。我将继续努力，深耕网络空间国际法领域，期望能为学术发展和实践进步贡献更多力量。再次感谢每一位为本书的完成和出版付出心血的朋友和同仁。

应瑶慧

2024 年 12 月于文溯楼